编委会主任／潘　敏

SHANGHAI JINGSHEN WENMING JIANSHE LANPISHU

上海精神文明建设蓝皮书（2021）

主编／王玉梅　杨　雄

上海人民出版社
SHANGHAI PEOPLE'S PUBLISHING HOUSE

《上海精神文明建设蓝皮书》(2021)编委会

摘　要

岁序更迭，风云际会。2019 年和 2020 年是极不平凡的两年——放眼寰宇，国际经济、政治、文化、科技等诸方面的格局正发生深刻而复杂的调整，新旧力量此消彼长，世界局势在波诡云谲中孕育着新一轮变革，新冠肺炎疫情的全球大流行，作为影响深远的新变量，推动着世界“百年未有之大变局”加速演进并为之注入了新的不确定性；回首海内，2019 年是新中国成立 70 周年，2020 年是“十三五”规划的收官之年和实现全面小康的决胜时刻，同时也是全国人民直面疫情对经济社会发展的冲击而在党中央坚强领导下积极应对、共克时艰的一年，即将到来的 2021 年既是建党 100 周年也是“十四五”规划的开局之年。这是中华民族伟大复兴事业的关键时刻，筚路蓝缕、风雨兼程的历史记忆与砥砺前行、继往开来的当今现实在这里交汇，挑战与机遇、困难与发展于此刻并存。

时代需要呼唤着对精神文明建设的重视。在实现中华民族伟大复兴的历程中，精神文明建设作为与物质文明建设相并行、两促进的重要力量，与前者同样不可忽视。“十四五”规划将“社会文明程度得到新提高”列为未来五年的战略目标之一，精神文明建设既是丰富人民精神文化生活、构建美好精神家园的方式，也是提升中华文化影响力、中华民族软实力以及强化人民政治认同、思想认同、情感认同的坚实阵地。王沪宁同志在全国精神文明表彰大会上强调，党中央和习近平总书记对精神文明建设高度重视、寄予厚望，激励干部群众不断增强“四个意识”、坚定“四个自信”、做到“两个维护”，坚定信心、振奋精神、团结一心奋进新征程。“心有所信，方能行远”，在经济发展和社会建设的远航中，传承历史、扎根实践、面向未来的精神文明，是我们避开暗礁险滩、放棹浩渺鲸波的司南，指引我们劈波斩浪而致千里。

时代经验也为精神文明建设提供着鲜活的素材。党中央和习近平总书记就精神文明建设所提出的一系列重要论述和新判断、新要求，是精神文明建设扎实的理论基础；新中国成立70年来的伟大成就、全面小康社会的实现以及疫情防控的显著成效，均深刻体现了社会主义、爱国主义和集体主义的精神，令爱国情怀与“四个自信”激荡于万民心间，为精神文明建设提供了生动的现实案例。

当此之际，上海积极响应党中央关于精神文明建设的战略部署，深入贯彻落实习近平总书记关于精神文明建设的重要指示和考察上海时的重要讲话精神，始终对精神文明建设给予高度重视、大力推动，为谱写新时代上海改革发展新篇章、主动服务和融入全国发展新格局凝聚强大的精神力量。两年以来，上海以“人民城市人民建，人民城市为人民”为宗旨，运用红色历史、抗疫故事等多种“教材”，打通街道、学校、少年宫等多点阵地，纳入新媒体、大数据等多样工具，涵盖党建、生态、交通、餐饮、艺术、城市规划等多类领域，推动着精神文明建设和社会主义核心价值观培育的不断深入。

本书在上海市精神文明建设委员会办公室的指导下，由上海社会科学院研究团队及相关领域专家，通过1篇总报告、10篇专题报告和23篇案例报告，对上海两年来的精神文明建设工作进行了总结。总报告结合国际形势和中央要求，归纳了上海精神文明建设的新态势，描述了上海在过去两年精神文明建设中取得的新发展，展望了“十四五”期间上海精神文明建设的新蓝图。专题报告聚焦“构建‘上海特色’新时代文明实践中心”“上海红色基因的城市精神”“青少年爱国主义教育的上海实践”“进博会与上海城市精神”“抗击疫情”“垃圾分类”“兼具城区智能品质和乡村本土特色的乡村治理模式”等这两年的重点工作和热点话题，就上海何以将精神文明建设与历史、时代和城市特质相合进行了深入分析。案例报告则在城镇、街道、社区以及医院、企业等微观层面总结了部分精神文明建设政策的具体探索，为此后及他地的精神文明建设提供上海首创、基层始创、实践原创的经验和借鉴。

关键词： 上海特色　精神文明　社会主义核心价值观

目　录

总　报　告

专　题　报　告

案 例 报 告

总 报 告

凝心聚力再出发

——上海精神文明建设报告（2019—2020）

杨　雄　张虎祥

摘　要： 当今世界正面临“百年未有之大变局”，我国也正处于中华民族伟大复兴的关键时期，2020 年暴发的新冠肺炎疫情对我国及上海产生了极为严峻的挑战。面对经济社会发展与疫情防控的双重挑战，两年来，上海始终将习近平新时代中国特色社会主义思想作为理论指引，结合庆祝新中国成立 70 周年、习近平总书记视察上海重要讲话贯彻落实，以培育和践行社会主义核心价值观为主线，持续推进新时代文明实践，并以此带动市民修身、群众性精神文明创建、志愿服务以及未成年人思想道德建设等诸领域的协同发展。面对即将开始的第二个百年目标和全面建设社会主义国家新征程，上海将百尺竿头、更进一步，持续为上海加快建设卓越的全球城市和具有世界影响力的社会主义现代化国际大都市提供精神保障和认同助力。

关键词： 新发展阶段　精神文明建设　新时代文明实践　上海

当今世界正面临“百年未有之大变局”，新冠肺炎疫情全球大流行使这个大变局加速演进，国际经济、科技、文化、安全、政治等格局都在发生深刻调整，世界进入动荡变革期。从国内来看，我国正处于实现中华民族伟大复兴的关键时期，经济社会正转向高质量发展阶段；但与此同时，社会关系日趋复杂多变，社会结构加速分化，由此带来社会整合难度加大，尤其是伴随着利益分歧而来的各种思想价值争论，直接影响到思想共识与社会认同的塑造。正是从这个意义上看，精神文化建设不仅要伴随经济社会发展而持续提升社会文明程度，更为重要的是要塑造社会认同和价值共识，以便为国家发展和民族复兴提供坚实的保障。

一、助力发展实践优化内涵
——上海精神文明建设新态势

2019 年、2020 年是 21 世纪以来极不平凡的两年。2019 年我们迎来了新中国成立 70 周年；2020 年则是“十三五”的收官之年，并且从新年伊始就遭遇了新冠肺炎疫情的冲击和挑战。面对严峻的国内国际形势，在党中央和上海市委的坚强领导下，我们率先有效防控疫情、加快复工复产并实现了经济正增长。在这个过程中，上海精神文明工作持续发力、持续发展，为防疫抗疫及经济社会发展提供了有力的支撑。

1. 以重要理论、伟大成就与伟大精神引领上海精神文明建设深入发展

一是坚持以习近平新时代中国特色社会主义思想为理论引领，贯彻落实党的十九届四中全会精神。党的十九大报告对社会主义精神作出重大部署以来，党中央和习近平总书记根据快速变化的国际国内形势，对精神文明建设工作提出了新论述、新判断、新要求。党的十九届四中全会创造性提出“坚持以社会主义核心价值观引领文化建设制度”并作出战略部署，提出一系列重大举措，充分体现了以习近平同志为核心的党中央坚定的文化自信和价值观自信。两年来，上海精神文明建设始终贯彻落实习近平总书记关于精神文明建设的重要论述，锲而不舍、一以贯之抓好精神文明建设，使之贯穿融入上海各项事业发展之中，更好地凝魂聚气、鼓舞士气、淳化风气、涵养心气，为谱写新时代上海改革发展新篇章凝聚强大精神力量。

二是以伟大成就引领精神文明建设工作，以新中国成立 70 周年伟大成就凝心聚力、激昂奋斗精神。2019 年是新中国成立 70 周年，2020 年我国

全面建成小康社会，70 年风雨历程与伟大成就，成为激发家国情怀、凝聚奋进力量的坚实基础。上海精心组织主题宣传、成就宣传、典型宣传，将庆祝新中国 70 周年宣传教育、全面建成小康社会与深化中国特色社会主义和中国梦宣传教育结合起来，与加强爱国主义、集体主义、社会主义教育结合起来，贯穿融入群众性精神文明创建、志愿服务活动、未成年人思想道德教育、网络文化建设、市民修身等各项工作中，取得了积极的成效。

三是以弘扬伟大抗疫精神为生动教材，持续增强“四个自信”与思想情感认同。2020 年初暴发的新冠肺炎疫情是百年来全球发生的最严重的传染病大流行，是新中国成立以来我国遭遇的传播速度最快、感染范围最广、防控难度最大的重大突发公共卫生事件。面对突如其来的严重疫情，以习近平同志为核心的党中央统揽全局、果断决策，取得了疫情防控与经济社会发展的显著成效。上海在坚持疫情防控和复工复产中始终坚持以此为教材开展理想信念教育、弘扬社会主义核心价值观，讲好中国抗疫故事、讲好上海抗疫故事，让人们从思想和情感上增强认同、增强自信，更加信心满怀地推进我们的事业。

2. 以人民城市理念贯穿上海精神文明建设全过程

两年来，上海在切实做到“四个新作为”①，全面推进“三大任务”②，深化改革开放，引领创新驱动，加快建成具有世界影响力的社会主义现代化国际大都市的实践中，始终坚持以习近平新时代中国特色社会主义思想为指导，深入学习贯彻习近平总书记关于精神文明建设的重要论述，锲而不舍、一以贯之抓好精神文明建设，使之贯穿融入上海各项事业发展之中，更好地

---

① 2017 年 3 月 5 日，习近平总书记参加十二届全国人大五次会议上海代表团审议时，希望上海的同志们继续按照当时全国改革开放排头兵、创新发展先行者的要求，在深化自由贸易试验区改革上有新作为，在推进科技创新中心建设上有新作为，在推进社会治理创新上有新作为，在全面从严治党上有新作为，也就是上海后来持续贯彻推进的“四个新作为”。

② 2018 年 11 月 5 日，习近平总书记在首届进博会开幕式上发表主旨演讲时，对上海提出三项新的重大任务，即增设上海自贸区新片区、设立科创板并试点注册制、支持长三角一体化发展并上升为国家战略，成为上海推进经济高质量发展的指引与方向。

凝魂聚气、鼓舞士气、淳化风气、涵养心气，为谱写新时代上海改革发展新篇章凝聚强大精神力量。

一是以人民城市理念回应时代命题。2019 年习近平总书记考察上海期间，提出了“人民城市人民建，人民城市为人民”重要理念，深刻揭示了中国特色社会主义城市的人民性，赋予了上海建设新时代人民城市的新使命。上海市委十一届委员会九次全会提出，要深入贯彻人民城市重要思想，把握人民城市的精神品格，着力提升城市软实力。大力弘扬“海纳百川、追求卓越、开明睿智、大气谦和”的城市精神和“开放、创新、包容”的城市品格，凝聚起建设人民城市的强大精神和品格力量，回答好我们应该有什么样的追求、胸襟、底气的时代命题。以人民城市理念回应时代命题，为精神文明建设提供了发展路向。

二是以融入中心工作助推内涵提升。2020 年是全面建成小康社会和“十三五”规划的收官之年，也是上海基本建成国际经济、金融、贸易、航运中心，形成科技创新中心基本框架的最后一年，全面推进三项新的重大任务的关键之年。上海精神文明建设要围绕这些重要任务和最新要求，找准各自定位，抓好工作谋划，为中心工作加油鼓劲、助力添彩；在服务保障中心工作的实践中，进一步优化提升市民文明素质和城市文明程度；在抓好形势政策引导、及时回应社会关切的同时汇聚全社会力量，奋力创造新时代上海发展新奇迹。

三是以全社会参与共建文明和谐。上海在精神文明建设实践始终坚持为民惠民，坚持创建为民、创建靠民，多办群众关心、基层需要、社会关注的好事实事，激发群众自觉自愿参与的主动性和创造性。尤其是近两年来，上海在培养新业态、打造绿生态、涵养好心态方面持续用力；着力在共建共治共享中生发更强的人文关怀、更暖的民生温度，让人们的身心得到更好的安顿。通过创建为民，增加群众的获得感；通过创建靠民，提高群众的参与度，更好彰显为民利民惠民导向，使精神文明建设在暖民心、聚民心的同时强起来、实起来。

二、激昂奋发　开拓创新
——上海精神文明建设新发展

进入新时代以来，2019 年、2020 年是极不平凡的两年，上海精神文明建设在上海市委、市政府的领导下，深入贯彻党的十九届四中全会精神、习近平总书记视察上海重要讲话，持续深化上海精神文明建设内涵、优化上海精神文明建设路径、创新上海精神文明建设方式，以培育和践行社会主义核心价值观为主线，以公民思想道德建设、群众性精神文明创建活动、志愿服务工作和未成年人思想道德建设工作为载体，在提升工作效能的同时也形成了良好的社会效应。

1. 深入宣传、弘扬核心价值观

一是发挥先进典型示范引领作用，强化思想道德建设。精心选树道德模范、最美人物、最美家庭、新时代好少年、上海好医生好护士等先进典型，组织开展年度上海市社会主义精神文明好人好事宣传表彰等，运用事迹报道、基层宣讲、文艺作品等多种形式广泛开展学习宣传活动。制定了《上海市贯彻落实〈新时代公民道德建设实施纲要〉工作方案》，全面推进社会公德、职业道德、家庭美德、个人品德建设。

二是启动新时代文明实践中心建设试点工作。制定下发《上海市关于建设新时代文明实践中心试点工作的实施意见》，推进上海市新时代文明实践中心建设试点工作，共有长宁等 5 个区列入第二批全国试点区，其余 11 区纳入上海市试点区。到 2020 年底，已实现 16 个区级中心、221 个乡镇（街道）分中心、6 025 个村（居）站建设全覆盖，并依托园区、商区、厂区、校区等打造了“文明实践益空间”“文明实践点”楼宇、街区等 693 个区域特色阵地。建设“上海市新时代文明实践综合服务平台”，跨界整合 500 万志愿者、7 929 个常态化文明实践项目；完善出台《上海市区级新时代文明实践中心评估标准》和《上海市乡镇（街道）新时代文明实践分中心评估标准》，开展了上海市新时代文明实践中心评估工作。

三是开展弘扬中华优秀传统文化活动。组织开展2019年“我们的节日”主题活动，在春节等主要节日设立5场市级主场系列活动。择优选送重要节日全市近500场重点主题活动在中央和市级媒体上广泛刊播。联合市妇联开展上海市第十六届家庭文化节、第一届“傅雷杯”上海最美家书征集展评等系列活动，制作8部《家庭盛开幸福花》全国文明家庭短视频，进一步弘扬社会主义家庭文明新风尚。2020年结合疫情防疫工作要求，组织基层广泛开展线上活动，推进“倡导国庆新民俗　打造爱国活动周”工作。

四是加强公益广告宣传和门户网站建设。围绕城市精神城市品格、复工复产复市、餐饮不浪费等各类主题以及重要公益日等，累计发布主题公益广告宣传素材30多期。全力做好第二、三届中国国际进口博览会公益宣传，累计刊发专题宣传片、画面、宣传语超过100万次，播放时长近90万分钟，受众超过4 000多万人次。以“主阵地、一张网、大联动”为宗旨，打造进口博览会社会宣传“一网通”平台，全年结合“我和我的祖国”“社会主义核心价值观”“城市精神”“垃圾分类”等重点工作和重大主题，策划制作各类新媒体作品。

2. 推动深化上海“市民修身行动”

一是持续完善市民修身平台。升级并正式推出“修身云2.0版”，开展修身云应用大赛平台宣传推广活动，促进市民修身内容和途径的网络化、系统化，累计线上注册人数130多万，活动参与300万人次左右。

二是以主题活动推进市民修身。2019年会同市委网信办、东方网策划举办“辉煌七十年　文明新风尚”市民修身嘉年华主题活动，在全市16个区巡展，50多万人参与活动；联合新民晚报社，以“70年70书”为主题，全年发布四期市民修身书单，组织“文化之申”主题活动和阅读嘉年华活动。开展“礼赞新时代，人文滨江行”人文修身主题活动。12月底举办年度修身展示季活动，在全市遴选表彰市级示范点50个、区级活动基地300个、特色项目30个。

三是推动市民修身行动常态化发展。形成27项学习教育和主题实践年度工作任务，推动市民修身行动品牌化特色化常态化发展。推出“新七不”

规范宣传片，开展“文明奔小康，修身新风尚”市民修身系列宣传活动，加强成果展示。结合常态化疫情防控要求，深化文明餐饮、文明交通、文明养宠、文明旅游等专题活动；结合老旧小区综合改造，启动“市民修身广场”试点建设工作。

3. 不断提升群众性精神文明创建活动

一是开展各项文明创建评选。完成中央文明办全国文明城市（2018—2020 年）评选工作，闵行区等 5 个区入选第六届全国文明城市名单，嘉定区等 6 个区经复审确认保留荣誉称号；完成上海市文明城区创建评选工作，完成两阶段城区文明进步指数测评；开展上海市文明社区、文明镇创建工作，完成 2018—2019 年上海市文明社区、文明镇创建评选工作，形成上海市文明社区 109 个，文明镇 90 个；开展社区、镇公共服务管理市民满意度评估，开展大数据应用于文明社区创建专项调研。命名表彰第十九届上海市文明单位，完成文明单位社会责任报告编制；组织发动全市各大中小学校广泛开展“最美校园竞‘晒’”专题宣传活动；参与“最美海上家庭”评选表彰活动。

二是不断提升行业文明建设水平。在全国范围率先探索应用信用大数据完善文明单位创评管理，推动树立诚信标杆。“用数据说话、实现动态监测”，推动将信用管理嵌入全市精神文明单位创评管理中，助力打响上海诚信“文化品牌”。完成第十届上海市文明行业评选，新申报行业数量为历届最多。开展 2019 年度行业城市文明进步指数测评和专项巡访，测评成绩纳入新一轮文明行业考评成绩。做好第二、三届中国国际进口博览会窗口服务保障工作，在重点行业、重点区域进行窗口服务展示和宣传实践活动，共评出第二届进博会 99 个“最美服务窗口”。

三是深化垃圾分类专项行动。将生活垃圾分类工作情况纳入上海市文明社区、文明镇、文明小区、文明村、文明单位及文明校园评选中，广泛开展“分类我先行，生活新时尚”主题宣传活动，通过市、区、街镇三级联动，发动基层每月开展形式多样的主题活动：开展“绿色上海阿拉一道来”宣传活动，发挥榜样影响作用、组织先进楷模参与“垃圾分类”社区活动，开展文明校园“大家晒、大家拍、大家说、大家展”系列活动，重点突出校园内垃圾分类宣传和实践等。

四是开展弘扬时代新风行动。开展文明交通行动，持续开展交通文明法制化宣传，全面启动了400个交通文明示范路口，16条交通文明示范线路、16个交通文明示范商圈的文明交通创建活动；推进文明旅游工作，广泛开展“我和我的祖国”文明旅游公益随手拍征集活动，并抓住重要时间节点开展集中宣传；做好文明餐饮工作，会同市商务委和市场监督管理局，在全市“绿色餐厅”和“放心餐厅”的基础上，创建完成首批100家“文明餐厅”。

4. 展现、涵育上海志愿服务文化

一是提升制度化水平，加强规范管理。2019年，配合完成《上海市志愿服务条例》修订工作，修订《上海市志愿者服务基地创建管理办法》《上海市志愿者协会直属志愿服务总队管理办法》，落实《上海市志愿者协会直属志愿服务总队管理办法》《上海市志愿者服务基地管理办法》；加强志愿服务保障，“关爱好心人”资助金额共18.8万元。将符合条件的163万实名注册志愿者和最新获得市志愿服务先进的个人信息导入市信用平台。

二是推动专业化发展，加强能级提升。加快“上海志愿者”线上平台建设，推动“上海志愿者网”能级优化提升，上线“上海志愿者”和“志愿云自助服务”微信小程序等并实现数据互通；强化与市信用平台、市大数据资源平台数据对接，建设“上海志愿者”专题库。强化志愿服务能力建设，加大《志愿心》教材全市推广应用力度，指导各级各类志愿服务培训规范化开展，指导全市各区组织开展志愿服务培训5 000多场次，两年累计培训50多万人次。强化理论研究，2019年完成中央文明办委托课题“如何更好地推动社区志愿服务制度化常态化”研究，推出年度《上海志愿服务发展报告》并出版全国首部省市级志愿服务蓝皮书《上海志愿服务蓝皮书》。

三是弘扬志愿精神，加强文化涵育。深化志愿服务典型培育，组织开展

2018—2019年度全国学雷锋志愿服务“四个100”①上海推选评审展示及两年一度的上海市志愿服务先进典型评选展示，对市防控新冠肺炎疫情优秀志愿者、志愿服务先进集体予以命名表彰。拓展品牌宣传渠道，与上海人民广播电台“直通990”合作开展22期“为志愿加油”节目，推出15期“志愿云课堂”；联合上海爱乐乐团等单位举办“音乐·云·希望”直播音乐会；依托《解放日报》开辟“志愿者在行动”专栏；开展“奋斗新时代　志愿新风采”上海市新时代文明实践志愿服务摄影作品征集评选展示活动，联合《上海故事》开展历届“全国最美志愿者”故事采编和宣传工作等。

5. 拓展和优化未成年人思想道德建设内涵

一是加强未成年人教育阵地建设。推进学校少年宫建设，创新开展“云上学校少年宫”展示体验活动，开展上海与西部乡村学校少年宫结对试点工作，深化学生社区实践指导站建设。启动新一轮学生社区实践指导站深化推进工作，在3年内实现街道、乡镇全覆盖。推动区未成年人（学生）心理健康辅导（教育）中心向街道（镇）延伸。加强师资建设，组织开展了全市未成年人心理健康辅导工作培训，推动建立社区心理健康辅导（教育）分中心，形成未成年人心理健康教育市、区、街道（镇）三级网络，加大未成年人心理健康教育骨干培训。

二是积极开展主题教育和实践活动。深入开展“新时代好少年”学习宣传活动，评出“十佳”新时代好少年（美德少年）与“百优”新时代好少年（美德少年）共计110人。2019年承办中央文明办“我和我的祖国——新时代好少年研学实践活动”，并结合新中国成立70周年、垃圾分类、抗击疫情、文明餐饮等主题开展“从石库门再出发”励志讲堂、主题教育以及文明实践等系列主题活动。

三是着力提供优秀文化产品和优质文化服务。举办第六届“上海好童书”评选、阅读推广活动，评选出“上海好童书”30种，20种童书获提名

① 全国学雷锋志愿服务“四个100”先进典型年度评选活动由中宣部、中央文明办等部门联合开展，分别评出100个最美志愿者、100个最佳志愿服务组织、100个最佳志愿服务项目和100个最美志愿服务社区并进行表彰。

入围。开办“940 小超人——沪上新童谣周末版”“经典诵读爱国情，童谣唱响新时代”等未成年人传承中华优秀传统文化现场展示活动。围绕庆祝新中国成立 70 周年，组织全市未成年人以童谣传唱、经典诵读、戏曲体育等形式讴歌新中国、讴歌新时代。举办“匠心江南——第三届上海民间艺术成果展暨首届上海市青少年手工创意展”，展示上海市青少年儿童的巧思巧手巧艺。

四是努力营造未成年人健康成长的良好氛围。抓住寒暑假、开学前后等关键节点，继续对网吧、网络及手机、荧屏声频、校园周边和校园安全等方面开展集中专项整治。切实做好疫情常态化防控，采取“线上为主、线下为辅”的方式，精心设计和组织开展内容鲜活、形式新颖、内涵丰富、吸引力强的主题教育活动，帮助学生调整好心理状态、巩固学业知识、丰富精神文化生活。依托第三方力量，开展新一轮全国文明城区创建前置条件未成年人思想道德建设工作测评。开展新一届上海市未成年人思想道德建设先进单位、先进工作者评选，做好全国未成年人思想道德建设先进推荐工作。

三、百年奋斗路　启航新征程
——上海精神文明建设新展望

2021 年是“十四五”开局之年，也是我们开启全面建设社会主义现代化国家新征程、向第二个百年奋斗目标进军的第一年，同时也是中国共产党成立 100 周年。“百年奋斗路，启航新征程”。上海必须从战略全局出发，坚持以习近平新时代中国特色社会主义思想为指导，深入学习贯彻党中央和习近平总书记对精神文明建设的重要论述、习近平总书记视察上海、在浦东开发开放 30 周年庆祝大会上的重要讲话，在守正创新中深化拓展，在务求实效中深入推进，在为民惠民中深根厚植，不断提高市民文明素质、城市文明程度，为奋力创造新时代上海发展新奇迹、书写新发展阶段“人民城市”新篇章提供强大支撑。

1. 深入学习宣传贯彻习近平新时代中国特色社会主义思想

学习宣传贯彻习近平新时代中国特色社会主义思想，是精神文明建设最根本的政治任务和最重要的政治责任。2021 年上海将持续加大学习宣传阐释习近平新时代中国特色社会主义思想力度，持续推动新思想往深里走、往心里走、往实里走，使全市上下“四个意识”“四个自信”“两个维护”①更加坚定自觉。围绕学习《习近平谈治国理政》等权威读本，与“四史”学习教育结合贯通起来，引导推动广大干部群众进一步读原著、学原文、悟原理，切实掌握党的创新理论的科学体系和精神实质。聚焦新时代宣讲志愿服务等工作，调动和运用各种宣传资源、手段，深入浅出阐释，推动新思想进机关、进学校、进企业、进农村、进社区、进军营、进楼宇、进网络，创新形式，使理论宣传和思想教育更接地气、更有活力、更有温度。坚持以新思想统领全市精神文明建设，融入理想信念教育、核心价值观建设、群众性精神文明创建、学雷锋志愿服务等工作全过程、各环节，坚定主心骨、汇聚正能量、振奋精气神，在攻坚克难、化解矛盾、推动工作上不断取得新突破。

2. 以庆祝建党 100 周年充分激发市民爱党爱国爱社会主义的巨大热情

2021 年是建党 100 周年，浓墨重彩开展主题宣传、成就宣传、典型宣传，擦亮上海“党的诞生地”这张鲜亮名片，是精神文明建设的重要任务。一方面，要深入开展重大主题宣传，依托各级各类主流媒体、学习强国平台、区级融媒体中心以及上海文明网等阵地载体，统筹网上网下开展宣传报道，办好大型成就展览，推出一批优秀文艺作品，制作一批主题宣传素材和公益广告，全方位回顾中国共产党团结带领人民不懈奋斗的伟大历程、伟大成就、伟大经验，充分展望党继续团结带领人民开启新征程、实现新辉煌的光明前景。另一方面，要广泛开展群众性宣传教育活动。结合深化中国特色社会主义和中国梦宣传教育，深入实施“党的诞生地发掘宣传工程”，把庆祝建党 100 周年群众性主题教育活动贯穿融入群众性精神文明创建、志愿服

① “四个意识”是指政治意识、大局意识、核心意识、看齐意识。“四个自信”是中国特色社会主义道路自信、理论自信、制度自信、文化自信。“两个维护”是指坚决维护习近平总书记党中央的核心、全党的核心地位，坚决维护党中央权威和集中统一领导。

务、未成年人思想道德教育、网络文化建设、市民修身等各项工作，通过举办开展“祝福党的生日”、缅怀先烈等形式多样的主题活动，打造一批立根铸魂、凝心聚力的红色文化宣教品牌，引领推动干部群众广泛参与，深刻感悟中国共产党的伟大精神谱系，在全市上下形成爱党爱国的浓厚氛围。

3. 持续推动社会主义核心价值观转化为思想自觉和行为习惯

党的十九届五中全会提出，“坚持马克思主义在意识形态领域的指导地位，坚定文化自信，坚持以社会主义核心价值观引领文化建设，加强社会主义精神文明建设”。要发挥核心价值观的引领作用，就要强化教育引导、实践养成、制度保障，进一步涵育市民群众美德善行，形成人人践行核心价值观的生动局面。

首先，加强先进典型选树践行核心价值。探索建立市、区、街镇、村居四级先进典型线索库，形成常态化联动选树机制，多角度多层面宣传塑造先进典型的鲜活形象，细化先进典型的礼遇关爱措施，发动更多行业、系统和地区提供优质的优先优惠服务，更好营造崇德向善、见贤思齐的良好社会风气。

其次，深化市民修身行动内化核心价值。深入开展“制止餐饮浪费　培养节约习惯”专项工作，深化文明交通、文明旅游、文明餐饮、文明养宠四个专题行动；结合老旧小远改建，拓展“市民修身广场”建设点位；探索形成“市民文明行为指数”。

第三，加强网络精神文明建设和公益广告宣传。组织开展“文明点亮网络”联合行动，在物联网、微平台、客户端、手游、FLASH、H5 等各类互联网领域，汇聚一批具有传播力、引导力、影响力、公信力的网络优秀品牌项目。以“修身云”为主体，形成可互动、可参与、可传播的网络修身品牌。

4. 深化群众性精神文明创建活动

群众性精神文明创建活动是精神文明建设为民利民惠民的重要途径，也是群众性参与共建美好生活的生动实践。要突出思想道德内涵，坚持为民惠民靠民，持续深化开展。

一方面，要聚焦提升治理效能，持续推进文明城区、文明小区、文明村创建。组织开展市级文明城区创建年度复评工作，组织协调参与长三角文明城市（区）文明共建活动，持续探索社区治理、乡村振兴等新举措新途径，进一步提升基层创建工作水平。

另一方面，要提升行业文明进步，加强文明行业、文明单位、文明校园创建。以进博会的窗口保障活动等为重点，加强文明行业考评，开展“最美服务窗口”活动以及相关综合培训和服务技能竞赛活动；要丰富文明单位创建活动载体，开展具有行业特色、职业特点、工作特性的创建活动。

5. 推进新时代文明实践中心建设完成全覆盖

新时代文明实践中心是宣传普及习近平新时代中国特色社会主义思想、培育践行社会主义核心价值观的重要阵地，是宣传、教育、关心、服务群众的重要载体。上海要围绕阵地资源整合到位、体制机制健全到位、服务群众精准到位，不断拓展新时代文明实践中心的覆盖面和影响力。

首先，健全新时代文明实践阵地网络，在实现区级新时代文明实践中心、街（镇）级新时代文明实践分中心和居（村）级新时代文明实践站建设“三级阵地”网络全覆盖的同时，因地制宜打造文明实践特色阵地和各类平台，促进资源整合、功能整合、协同运行。

其次，抓实新时代文明实践内涵建设，优化新时代文明实践综合服务平台功能，依托文明实践三级阵地和线上综合服务平台畅通“供需对接”流程及信息渠道，做好基层文明实践志愿服务资源的精准投入、对接与动员。

第三，提升新时代文明实践能级，广泛发动各方参与，以志愿服务队伍、志愿者骨干和志愿服务管理和运营人才等为支撑，打造培育一批接地气、聚人气、有实效的文明实践品牌项目，引导群众广泛参与垃圾分类、公共卫生、文明居住等社区治理和敬老助老、救孤助学、帮困助残等邻里互助活动。

6. 优化提高推动学雷锋志愿服务高质量发展

志愿服务是改善优化民生、提升社会治理效能、弘扬城市精神的重要路径，在服务改革发展大局、满足人民美好生活需要、推动社会文明进步中发挥重要作用。今后，要推动志愿服务高质量发展，主要从以下两个方面着手：

一方面，要推动志愿服务制度化持续深化。贯彻落实《上海市志愿服务条例》及相关配套制度，探索推出更多志愿者健康体检、保险理赔等服务保障，文体场馆使用、文化活动参与等礼遇项目，以及做好志愿服务信用激励工作。

另一方面，要以能力建设提升志愿服务能级。深化“互联网+志愿服务”工作模式，推进“上海志愿者网”优化升级，进一步加强与上海市大数据中心、政务平台等对接。加强上海市志愿服务研究中心建设，逐步形成专业化、可持续的研究梯队。提升志愿服务培训的能级和水平，不断完善线上线下、分层分类的培训格局。

7. 稳步推进未成年人思想道德建设工作

未成年人是未来的社会主义建设者，也是城市发展的活力之源。推进未成年人思想道德建设要把立德树人作为教育的根本任务，促进广大未成年人在成长的“拔节孕穗期”扣好人生的第一粒扣子。

首先，深化拓展未成年人道德实践阵地，夯实未成年人参与道德实践的渠道。拓展未成年人社会实践平台，完善学校少年宫活动项目体系，开发推广活动项目资源包，打造新时代城乡一体化学校少年宫发展新品牌。持续推动学生社区实践指导站发展，引导指导站等做好初高中生参加社会实践（志愿服务）综合素质评价。同时探索编制“学生社区实践资源指南（地图）”，为未成年人提供内容丰富、形式多样的社会实践活动。

其次，切实加强未成年人心理健康服务和基本权益保护。通过中小学的心理辅导室以及专职心理教师配备，进一步向家庭、社区拓展未成年人成长教育心理咨询服务，完善市、区、社区（学校）三级心理健康服务支持网络。建强未成年人心理健康服务平台，增强心理咨询响应与服务能力。凝聚多方力量搭建未成年人权益保护综合体，为未成年人及其家长提供法律咨询、心理健康、家庭教育、法治教育等多种服务，切实保障未成年人基本权利。

第三，扩大优化未成年人文化产品供给并优化内涵。支持和鼓励未成年人题材文艺创作，推出更多适合未成年人身心特点，坚守正道，弘扬正气的精品出版物及文艺作品，温润心灵、启迪心智、引领风尚。要加强网络空间综合治理，加大有益网络学习资源供给，建设在线学习资源平台，形成覆盖全市、资源共享、相融互动的未成年人网络阵地，推动互联网成为未成年人思想道德建设的最大增量。

雄关漫道真如铁，而今迈步从头越。2021 年是“十四五”规划的开局之年，也是开启第二个百年目标的第一年；既是建党百年纪念，也是全面开启社会主义现代化国家建设新征程的关键一年。上海将始终坚持以习近平新时代中国特色社会主义思想精神文明建设，坚持与时俱进，奋发有为，以人民城市理念夯实精神文明的价值内核，持续优化体制机制，着力提升精神文明能力和能级，不断丰富精神文化内涵，为上海加快建成卓越的全球城市、具有世界影响力的社会主义现代化国际大都市提供有力的精神保障和认同助力。

作者简介：
杨　雄，上海社会科学院社会调查中心主任、研究员
张虎祥，上海社会科学院社会学研究所副研究员

专题报告

构建双向提升的“上海特色”新时代文明实践中心

——上海推进新时代文明实践中心建设的创新探索

俞　伟　管晓玲

摘　要： 建设新时代文明实践中心是党中央着眼于深入学习贯彻习近平新时代中国特色社会主义思想、适应新时代人民群众对精神文化生活新期待作出的重大决策部署。在中共上海市委宣传部的指导下，上海市文明办贯彻习近平总书记系列重要讲话精神，按照市委书记李强在市精神文明建设工作会议上的讲话要求，对标中央精神，结合上海实际，整体推进全市建设新时代文明实践中心试点工作，初步形成了全市16个区交相辉映、实体平台与线上平台双轮驱动、新时代文明实践中心建设与社区志愿服务体系建设双向提升的“上海特色”模式。

关键词： 新时代文明实践　双向提升　上海特色

建设新时代文明实践中心是党中央着眼于深入学习贯彻习近平新时代中国特色社会主义思想、适应新时代人民群众对精神文化生活新期待作出的重大决策部署。2020年7月，中共中央宣传部、中央文明办印发《关于扎实推进建设新时代文明实践中心试点工作的通知》，就扎实推进500个县（市、区、旗）的试点工作提出具体要求，指出新时代文明实践中心试点工作，要推动各县（市、区、旗）切实把“一个目标、四个定位、五项工作、三个到位、提升四大能力”①的要求落到实处，为决胜全面小康、决战脱贫攻坚提供思想保证、精神动力和文化条件。在中共上海市委宣传部的指导下，上海市文明办贯彻习近平总书记系列重要讲话精神，按照市委书记李强在市精神文明建设工作会议上的讲话要求，对标中央精神，结合上海实际，整体推进全市建设新时代文明实践中心试点工作。

一、上海推进新时代文明实践中心建设的基本情况

建设新时代文明实践中心，是推动习近平新时代中国特色社会主义思想深入人心、落地生根的重大举措，是党的群众工作打通“最后一公里”的重要探索。2019 年 10 月，中央将上海市长宁区、静安区、闵行区、金山区、崇明区 5 个区纳入第二批全国试点县（市、区）范围。同时，为深化落实中央部署要求，上海将其余 11 个区列为市级试点区，在全市范围全覆盖推进新时代文明实践中心建设试点工作。

一年多来，在中央文明委、中宣部、中央文明办有力指导下，在市委、市文明委坚强领导下，上海深入贯彻习近平总书记关于新时代文明实践中心建设的重要指示精神和“人民城市人民建，人民城市为人民”重要理念，根据中央总体部署和市委《关于建设新时代文明实践中心试点工作的实施意见》明确的总体要求，持续推进阵地资源整合到位、体制机制健全到位、服务群众精准到位，不断拓展中心建设的覆盖面和影响力。

截至 2020 年 12 月 31 日，全市 16 个区已完成 16 个区级新时代文明实践中心、221 个乡镇（街道）级新时代文明实践分中心、6 025 个村（居）级

① “一个目标、四个定位、五项工作、三个到位、提升四大能力”：即着眼“凝聚群众、引导群众，以文化人、成风化俗”，牢牢把握传播新思想、引领新风尚的工作目标，统筹推进学习实践科学理论、宣传宣讲党的政策、培育践行主流价值、丰富活跃文化生活、持续深入移风易俗五项工作内容，真正做到阵地资源整合到位、体制机制健全到位、服务群众精准到位，不断提升动员能力、整合能力、引导能力、服务能力，努力把中心建设成为学习传播科学理论的大众平台、加强基层思想政治工作的坚强阵地、培养时代新人和弘扬时代新风的精神家园、开展中国特色志愿服务的广阔舞台，为决胜全面小康、决战脱贫攻坚提供思想保证、精神动力和文化条件。

新时代文明实践站建设，实现了三级阵地全覆盖。并依托园区、商区、厂区、校区、景区、街区、楼宇、交通枢纽、服务窗口、教育基地、公园绿地等特色资源，因地制宜打造了文明实践“示范带”“实践点”等693个特色阵地。截至2020年12月31日，“上海市新时代文明实践综合服务平台”上线运行半年以来，市级平台活跃用户已达976家；累计访问量（PV）超过422万人次，共发布20 383条供给单、2 567条需求单，完成9 837条供需对接单；全市新时代文明实践三级阵地共在线发布服务群众项目供单59 070条，收到群众点单196 217条、服务评价84 056条。总体上看，上海已初步形成了全市16个区交相辉映、实体平台与线上平台双轮驱动、新时代文明实践中心建设与社区志愿服务体系建设双向提升的“上海特色”。

二、上海推进新时代文明实践中心建设的实践探索

（一）加强顶层设计，着力构建新时代文明实践全域覆盖的总体格局

1. 强化组织领导，确保文明实践“推得动”。市级层面，市委常委会专题研究新时代文明实践中心建设试点工作，市委书记、市文明委主任李强就落实中央决策部署提出明确要求。市委办公厅印发《关于建设新时代文明实践中心试点工作的实施意见》（沪委办〔2019〕44号），市委宣传部、市文明办专门召开会议，对全市试点工作作出全面部署。同时，市委宣传部、市文明办领导班子带队赴16个区开展实地调研，指导各区结合区域优势和特点，抓紧抓实中心建设各项工作。市文明办按照“2020年市委、市政府重点工作任务书”要求，排定“时间表”“路线图”，每月发布重点工作提示，建立月度进展报送机制和阵地信息填报机制，掌握面上动态，加强指导督促。区级层面，各区党委履行主体责任，统筹谋划、靠前指挥，形成区、乡镇（街道）、村（居）三级书记带头抓、多部门齐落实的工作态势。全市16个区级新时代文明实践中心均由区委书记担任主任。4个区的新时代文明实践志愿服务总队长由区委书记兼任，12个区的新时代文明实践志愿服务总队

长由区长兼任。15个区建立由区委副书记担任中心常务副主任的领导机制，有力推动了各类资源和力量投入新时代文明实践中心建设。

2. 强化阵地建设，确保文明实践“盘得活”。一方面，在统筹整合党建（党群）服务中心、志愿服务（指导）中心、文化活动中心、工人文化宫、青年中心等各类阵地资源基础上，目前全市已完成新时代文明实践三级阵地全覆盖建设。另一方面，在依托全市社区志愿服务体系与基层党建、公共文化等阵地资源贯通融合的基础上，积极探索社会化运作模式，目前全市新时代文明实践中心采取委托社会第三方管理运作、政府购买服务项目化外包或政府与社会力量协同运作等社会化运作模式的比例达50%，呈现阵地资源整合、平台功能融合、社会协同聚合的发展态势，构建了“群众在哪里，文明实践就延伸到哪里，各类资源就汇聚到哪里”的广覆盖、集约化、精细化服务网络。

3. 强化六项工作，确保文明实践“有干货”。依托新时代文明实践三级阵地，统筹推进“学习宣传理论政策”“培育践行主流价值”“创新开展文明创建”“大力弘扬时代新风”“丰富精神文化生活”“壮大志愿服务队伍”六项工作任务，目前已开展8万多场文明实践活动，形成近9 000个常态化项目，打造1 300多个品牌项目和1 600多支品牌团队。学习宣传理论政策方面，统筹市委讲师团、“五老①”宣讲团、青年讲师团以及理论宣讲群体、先进典型群体、新乡贤群体等骨干力量资源，组建1 300多支理论宣讲志愿服务团队，打造1 600多个理论宣讲志愿服务项目，面向基层群众推出“新时代新使命”“全面小康面对面”等宣讲课程或活动菜单，通过阵地式、组团式、点单式、网络式、沉浸式、互动式等多种方式，开展理论宣讲活动超过1.6万余次，“新思汇”“闵理修齐讲堂”等500多个品牌项目深受群众欢迎。培育践行主流价值方面，加强先进典型的挖掘、培育和宣传，发挥全国道德模范、“中国好人”等先进典型的引领作用，通过组建道德宣传讲师团、在文明实践中心三级阵地设立工作室等多措并举，开展常态化宣讲活

① 五老指老干部、老战士、老专家、老教师、老模范。

动，现身说法传播社会主义核心价值观。创新开展文明创建方面，搭建集法律宣传、科学普及、教育引导、便民服务、监督评议等为一体的文明实践大平台，引导群众广泛参与垃圾分类、公共卫生、文明居住等社区治理和敬老助老、救孤助学、帮困助残等邻里互助活动，增强群众获得感幸福感安全感。大力弘扬时代新风方面，聚焦“市民修身”“爱国卫生运动”“制止餐饮浪费行为、培养节约习惯”“推广公勺公筷、践行文明餐桌”“一盔一带”安全守护行动、文明养宠、文明交通、文明旅游、文明居住等专项工作广泛开展文明实践活动，引导广大市民群众养成科学文明健康的生活方式。丰富精神文化生活方面，组建区级文化志愿服务总队和基层文化志愿服务队，依托丰厚的红色文化、海派文化、江南文化资源，强化与区域文化资源相融合，与基层公共文化服务体系相贯通，打造“文化客堂间”“城市书房”等基层特色文化项目，开展“非遗进社区”等文化配送活动，更好地满足市民群众精神文化生活。壮大志愿服务队伍方面，围绕服务重大活动重点工作，发挥志愿服务对新时代文明实践中心建设的支撑作用。比如，2020 年全市文明实践三级阵地成立进博会专项志愿服务队 220 支，近 6 万人次志愿者投身“党员先锋、美丽家园、平安守护、暖心微笑、文明风尚”五大行动，有力保障了第三届进博会顺利圆满举办。又如，疫情期间，全市文明实践三级阵地第一时间发布倡议书，开辟志愿者招募通道，50 万名志愿者以社区、机场、车站、码头、高速道口、地铁以及人口密集场所为重点区域，以邻里守望、科普宣传、医疗卫生、防疫辅助为重要内容，广泛参与文明实践志愿服务行动，织牢联防联控安全网。

4. 注重因地制宜，推动区域创新“有亮点”。在全市面上统筹推进的基础上，各区结合地区优势特点，因地制宜探索各具特色、富有成效的路径模式，培育了一批优秀案例、先进典型和特色品牌，着力打造新时代文明实践中心建设“百花园”。比如，静安区打造特色鲜明的“党建引领、共同实践、融入治理”模式；长宁区在三级阵地建设的基础上，拓展文明实践示范楼组（宇）和文明实践示范家庭，织密五级精细化服务网络；金山区发挥先进典型引领带动作用，成立“金山好人”文明实践员队伍，在区中心建立“金山好人之家”，实施一镇一品培育工程；崇明区、闵行区、徐汇区在打通理论宣讲、教育、文化、科技科普、健身体育五大平台规定动作的基础上，拓展生态环保、卫生健康、敬老助老、邻里守望、法律援助、文明传播等服务平台，探索文明实践中心与公共文化、基层党建等阵地“一门式”空间、“一站式”服务、“一体式”队伍、“一条龙”机制；奉贤区、嘉定区、黄浦区、青浦区围绕六项工作设计系列活动，全力打好工作“组合拳”；松江区、浦东新区、徐汇区、虹口区、杨浦区、普陀区、宝山区结合区域特点，重点打造文明实践志愿服务联盟、文明实践示范区域、文明实践体验线路等，使文明实践处处可为，城市温暖触手可及，“生活秀带”更加耀眼。

（二）统筹线上线下，着力营造新时代文明实践共建共享的社会生态

1. 强化资源跨界整合。上海在全国率先推出省级新时代文明实践信息平台——“上海市新时代文明实践综合服务平台”，推出“新闻发布、宣传展示、互动交流、供需对接、目标管理、统计分析”六大功能，强化与“上海志愿者网”功能互补、与实体平台协同运行，着力构建从“指尖”到“身边”的文明实践新生态。平台上线运行半年以来，已吸纳包括各级部门、单位、组织、阵地等976家活跃用户，通过在线实时供需对接，推动包括“志愿者”“场地”“服务项目”“资金”等各类新时代文明实践资源要素跨系统、跨区域、跨领域充分流动和高效整合，更加精准把握社会关切和群众需求，为文明实践项目孵化和优化提供有力支撑，最大限度发挥资源的综合使用效益。

2. 强化条块合作联动。坚持激活、整合、下沉、共享，一方面推动教育、科技、文化、卫生、体育等市级优质资源机制化下沉、制度化安排、渐进式推进，为基层提供科普宣传、艺术巡展、急救培训、安宁疗护、捐衣济困、助老孝亲等一大批专业化服务项目；另一方面依托三级阵地，解决项目落地所需要的场地设备、服务对象等资源要素问题，使条线单位和基层社区

在共建项目、共育团队中实现合作共赢。2020 年以来，市级部门单位与基层线上供需对接、线下合作开展的文明实践条块联动项目达 719 项，受到基层群众普遍欢迎。其中，市宣传系统与崇明区开展“新时代文明实践志愿行”合作试点，提供“传思想、传文化、传政策、传道德”四个方面 69 个志愿服务项目；市卫生健康系统推出急救培训、生命教育、安宁疗护、健康科普、呵护幼苗、中医文化、心理舒缓、手语陪护等“八大文明实践志愿服务专项行动”，为全市文明实践条块联动提供样板经验，受到基层普遍好评。

3. 强化精准服务群众。各区因地制宜建设“上海市新时代文明实践综合服务平台”区级平台，实施以“供单—点单—派单—接单—评单”五单式服务群众流程和“孵化项目—招募志愿者—实施项目—评估效果—优化项目”五步骤项目管理流程为核心功能的全闭环管理，打造“积分兑换”“场馆预约”等个性化功能模块，并实现与市级平台信息互通共享，将文明实践与智慧生活深度融合，将服务供给与居民需求精准匹配。同时，各区建立与区融媒体中心、“学习强国”平台以及各类“两微一端”①载体联通融通机制，着力构建人人参与、人人服务、人人受益的文明实践共同体，让文明的种子扎根在城市的大街小巷、网络的各个角落和每个人的内心深处。

（三）完善工作机制，着力增强新时代文明实践中心建设的工作实效

1. 完善志愿服务机制。推动新时代文明实践中心建设和社区志愿服务体系建设相互融入、双向提升，构建新时代文明实践中心（分中心）统筹规划、区志愿服务指导中心（社区志愿服务中心）组织实施、志愿服务队伍各展所长、志愿服务站点承接落地的文明实践志愿服务工作体系，为文明实践中心有效运转和志愿者充分发挥作用提供了有力支撑。截至 2020 年 12 月 31 日，“上海志愿者网”实名认证注册志愿者超过 529 万人，占常住人口比例超过 21%，全市常态化文明实践项目中志愿服务项目所占比例超过 73%。

① 两微一端：微信、微博、新闻客户端。

2. 完善宣传推广机制。构建以“上海市新时代文明实践综合服务平台”和“上海志愿者网”为核心，纵向贯通文明实践三级阵地、横向联通各区融媒体平台、内外融通“学习强国”平台和各大主流媒体及新媒体移动端的立体化宣传矩阵，发布文明实践信息2万多条、视频500多个，累计阅读量超过1 300万人次，推出视觉识别系统和宣传品，开展“文明实践在上海”系列宣传推广活动，掀起线上线下同频共振的活动热潮。

3. 完善激励嘉许机制。制定《上海市学雷锋志愿服务激励嘉许实施办法（试行）》，实行志愿者星级认证，将163万余名在“上海志愿者网”实名注册并累计服务时间大于40小时的志愿者及市志愿服务先进个人信息纳入市信用平台，进一步完善评选表彰、宣传激励、信用激励、资助帮扶、保险保障、礼遇优待“六位一体”的激励嘉许机制，提升文明实践志愿者的荣誉感和美誉度，吸引更多志愿者扎根基层、服务群众。

4. 完善常态培训机制。市级层面以集中授课、实操演练、网络直播相结合的方式，连续开展八期专题培训。各区依托市级配送师资，整合区域优质资源，定期组织基层培训。截至2020年12月31日，全市共组织超过28万人次参与新时代文明实践专题培训，全市文明实践志愿者骨干培训率超过90%。

5. 完善实效评估机制。研制出台上海市新时代文明实践中心评估标准，形成区级新时代文明实践中心六大功能、乡镇（街道）级新时代文明实践分中心九大功能、村（居）级新时代文明实践站五大功能上下衔接、相互支撑的新时代文明实践中心评估标准体系。建立新时代文明实践中心和社区志愿服务体系建设年度评估机制，强化大数据分析和群众满意度问卷调查在过程管理和实效评估中的作用，加强常态化调研指导和督促整改，推动文明实践工作提质增效。

6. 完善人财物保障机制。注重盘活存量，在人财物资源利用上强调集约集成、优势互补、共建共享。全市新时代文明实践中心、分中心、站的平均可使用面积分别为1 370.4平方米、2 074.6平方米和275.3平方米，与其他阵地共享面积均超过81%。全市累计投入资金超过1.7亿元，全市16个区中1个区成立了志愿服务工作科，5个区成立了相关事业单位或部门，2个区共新增2个行政编制，11个区共新增35个事业编制，建立由35 756名专兼职人员组成的工作队伍，确保全市新时代文明实践三级阵地常态化运行。

在大力推进上海新时代文明实践中心建设试点工作中，我们也意识到，深化拓展这项工作仍面临新的挑战，仍存在有待进一步改进的问题和创新突破的领域。一是在创新传播党的创新理论方面，有待进一步探索有效方法、路径和载体，使理论宣传和思想教育更接地气、更有活力、更有温度。二是在发挥阵地资源效能方面，除了加强现有各级各类阵地建设外，有待进一步统筹系统内外、体制内外、线上线下资源，打造新阵地、新平台、新载体，并促进资源流动互通，推动文明实践中心发挥更大综合效用。三是在精准服务群众方面，有待进一步摸清群众需求，有针对性地孵化文明实践志愿服务优秀团队，培育文明实践志愿服务品牌项目，充分用好信息化手段，强化供需匹配，精准服务群众。

三、上海推进新时代文明实践中心建设的未来思考

按照中央文明委、中宣部、中央文明办的统一部署，在认真贯彻落实全国精神文明表彰大会关于“面向城乡基层扎实推进新时代文明实践中心建设”的新要求基础上，今后上海市新时代文明实践中心建设将着重推进以下四方面工作：

一是在推进整体工作中，进一步加强工作的系统性、整体性、协同性，对全市新时代文明实践中心建设发展格局再审视、再调整、再优化，加快形成“上下贯通、左右协同、条块联动、城乡融合”的空间新格局。

二是出台《上海市新时代文明实践中心建设调研指导方案》，通过年度评估工作，形成问题清单，把准工作方向，在全市深入开展常态化调研指导工作，并将成果转化为有力举措，不断提升文明实践中心建设的动员、整合、引导、服务、创新、保障六大能力。

三是夯实三级实体阵地基础，完善“上海市新时代文明实践综合服务平

台”功能，优化线上线下协同运行机制，提升统筹资源和服务群众的便捷性、高效性和精准性，最大限度发挥新时代文明实践中心的综合效能。

四是总结提炼经验，培育先进典型，打造特色品牌，深入开展“文明实践在上海”系列宣传推广活动，适时召开全市工作推进会，切实把“一个目标、四个定位、五项工作、三个到位、提升六个能力”①的总要求落到实处，以新时代文明实践中心建设的更大成效，更好彰显上海城市精神和城市品格，推动市民文明素质和城市文明程度不断提升。

作者简介：

俞　伟，上海市精神文明建设委员会办公室志愿服务工作处处长

管晓玲，上海市精神文明建设委员会办公室志愿服务工作处一级主任科员

① 中央文明办在动员、整合、引导、服务能力之外，增加了创新能力和保障能力，从提升四大能力扩展到了提升六大能力。

“初心之地、红色之城”

——上海红色基因的城市精神建设

刘树凤

摘　要： 城市的文化传承、历史风貌等塑造着城市的精神。红色文化是上海文化的鲜明底色，也是这座初心之城的精神灵魂所系，上海通过党建文化引领空间文化，赋予了城市空间新的内在结构与外在形象；通过空间文化塑造城市文化，提升了城市的内在形象，影响着整座城市的品格；通过城市文化建构城市精神，激励着上海创新进取，精进卓越，谱写“人民城市人民建，人民城市为人民”的新篇章。

关键词： 红色文化　党建文化　空间文化　城市文化　城市精神

一座城市的文化传承、历史风貌影响着城市精神的塑造。地处中国“江海之汇，南北之中”的上海，开埠170多年来，不断积淀形成“海纳百川、追求卓越、开明睿智、大气谦和”的城市精神以及“开放、创新、包容”的城市品格。

从“海纳百川”、“追求卓越”①，到“与时俱进地培育城市精神，大力塑造海纳百川、追求卓越、开明睿智、大气谦和的新形象，使全市人民始终保持艰苦奋斗、昂扬向上的精神状态。”②再到“要在人民群众文化创造、上海历史文化积淀和现实实践发展基础上，积极倡导公正、包容、责任、诚信的价值取向，结合城市精神，把握价值取向，培育和践行社会主

① 2003年，在上海市精神文明建设工作会议上被首次提出。

② 2007年5月，在上海市第九次党代会上，时任市委书记的习近平同志在工作报告中提出。

义核心价值观”。[①]上海城市精神被不断丰富，与红色文化有着千丝万缕的关系。

上海作为中国共产党的诞生地，红色基因的发源地，中国共产党人为实现共产主义理想，带领中国人民从站起来、富起来到强起来而创造的红色文化，振奋了民族精神，提高了城市品质。作为上海城市精神的灵魂所系，红色文化基因鲜活地澎湃在上海人的精神血脉里，激励着上海创新与发展，指引着新时代上海繁荣前进。

一、以党建文化引领空间文化

党组织在建设实践发展过程中形成的党建物质文化、党建制度文化和党建精神文化等党建文化。党建文化的形成和传播，需要一定的载体，也就是我们常说的“空间”或者“域”。当空间被视作一个载体时，一定程度上它是一个实在的静态存在。在空间维度视域下，空间的内部结构会与某种文化产生碰撞从而发生变化，出现一些再生产、消费、传播某种文化的新空间，呈现出开放、动态、立体的特性。

上海是中国共产党的诞生地，也是中国革命红色基因的发源地。上海拥有丰富的红色文化，它们作为开展基层党建工作和先进文化建设的重要资源，[②]在开发与利用过程中，改变了空间的内在结构与外在形象。

（一）党建文化引领空间文化的支点

红色革命纪念地及其文化建构为基层党建工作提供了物质载体，党建工作对纪念地中包含的历史唤醒与铭记赋予了空间新的历史使命。在基层党建工作中，红色历史遗迹等革命纪念地已成为开展爱国主义教育的重要基地。

上海师范大学苏智良教授课题组用十年时间，对上海红色革命文化图谱

---

① 2011 年 11 月，上海市委九届十六次全会报告中提出。

② 姜竹青：《将红色文化融入基层党建工作》，《人民论坛》2019 年第 4 期。

进行深入调研，收录从1916年《新青年》杂志诞生、新文化运动发轫，到1949年中华人民共和国成立，在今日上海全境的红色革命纪念地共1 000处，包括上海地区革命组织的活动遗址遗迹、与中国革命相关的文化名人在沪故居、烈士纪念堂、与中国革命相关的秘密情报活动史迹和报社、出版社、书店等。这些纪念地是中国革命的重要历史见证，铭刻着中国共产党人和中国人民为民族独立和人民解放而英勇奋斗的光辉历程，蕴含着中国共产党人和中国人民艰苦奋斗、不屈不挠、一往无前、敢于胜利的革命精神。现今作为党建文化物质载体，其为广大党员群众能够身临其境感受革命先烈、英雄人物的艰苦奋斗历程，感受中国共产党人“为中国人民谋幸福，为中华民族谋复兴”的初心和使命，净化自己的思想和灵魂提供了空间场域。如2013年，上海甄选了历史发展中最具代表性的十五家纪念场馆，作为首批党史教育基地；2020年启动红色资源保护利用立法工作；建立市级红色资源保护利用工作联席会议等。让中国共产党留给上海的红色资源、红色传统和红色基因，因为党建工作的开展，具有了历史的记忆和爱国教育的功能，推动了红色文化为城市空间赋能。

社区、企业等各主体不断推进党建（党群）活动中心（站/驿站）、党建文化街、党建文化墙等党建文化阵地工作，使得空间成为延伸党建工作“触角”，扩大服务覆盖“半径”，做强阵地、做优服务、做活治理，不断提升党建引领基层治理和服务群众水平的文化站。通过设立党建指导、政策服务、法律援助、共享阅读、文化培训、小型讲座等功能区域，组建党建（党群）活动中心（站/驿站），为主体提供便民服务。

1. 驿站连着你我他

2019年底，杨浦区委组织部联手项目建设方和属地街道，在杨浦区滨江段，每隔800米设立一处“杨树浦驿站”，目前6个站点形成了珠链式分布、属地化管理、综合性功能的滨江党群服务体系。依托站点推出的“党课线路”，把近百个红色故事融入建筑，让滨江在服务群众生活、旅游需要、提供温暖与帮助的同时，也变身为红色教育带。站点不仅有宜人江景和当代都市景观，更有众多勾连起中国近现代历史的红色印记，使得杨浦区滨江段早期中国共产党人赴法勤工俭学时出发的秦皇岛路码头、恽代英烈士被捕处等红色记忆被再次铭记。除了党建（党群）活动中心（站/驿站），党建文化街、文化墙等亦是党建文化引领下的“新公共空间”。该空间不仅是居民了解党史党章、增强党性观念的文化窗口，也是宣传党的政策理论的重要阵地。沿街两侧墙体不仅展示党史知识、党建制度、街道史简介等内容，也介绍党的最新精神：包括习近平新时代中国特色社会主义思想内涵，社会主义核心价值观主要内容，学习习近平系列重要讲话精神、理论分析和政治指导等，打造出了亮丽的红色风景线。

2. 围墙系着千万家

松江镇按照“内容新、版面新、形式新”的要求，着力打造党建文化墙工程。先在7个试点村全面推开，覆盖70%的公路沿线村。按照“一村一特色、一墙一风景”的要求，因村制宜绘制党建文化墙。内容上既注重紧贴时代要求，又注重村屯差异性，紧扣各村实际，展现当下松江农村新变化、新发展、新风气、新面貌，设计出党建篇、振兴篇、文明篇、脱贫篇、胜利篇五个篇章，以“五大篇章”为抓手，成风化人、整形塑风。三是以绘画、书法、谚语、歌谣、顺口溜等农民群众喜闻乐见的形式，把党建文化品牌化，把政策理论通俗化，把美好生活艺术化。上海党建根植于城市文脉，传承的是红色基因，构建的是宜业宜居的公共新空间。

3. 广场融汇八方客

“建筑形式以一种不直接面对挑战的方式塑造着一个世界并且融合了人们的经历。”①同样的，广场就像城市的“眼睛”，透过这扇心灵的窗能够发现，并了解这座城市的历史。此时，“建筑环境便是能够生产社会关系的富含历史意义的存储器”。②

坐落于黄浦花园的人民英雄纪念塔，宛若三根拔地而起的擎天巨柱，更似无言丰碑，纪念塔的三块枪状塔体，寓意鸦片战争、五四运动、解放战争

① Bourdieu, Pirre, *Outline of a Theory of Practice*, Cambridge University Press, 1997.

② Giddens, Anthony, *Central Problems in Social Theory*, University of California Press, 1979.

以来光荣牺牲的先烈永垂不朽，内涵深刻且概括。纪念塔环形的墙面镌刻着上海百年来的革命斗争历史，为市民提供了回顾历史、追忆先烈的重要场地，人们能够在这里学习到中国烈士们英勇抗敌的大无畏精神，并对这段用鲜血换来的历史永远铭记心中。同样采用巨大的下沉式广场设计给人们提供了瞻仰和怀念先烈的空间的，还有五卅运动纪念碑。距离人民公园不远的五卅运动纪念碑，纪念碑的碑体、基座等都是采用泰山一麓的花岗岩，告诉着瞻仰者烈士的牺牲重于泰山。五卅惨案是中国工人阶级反抗帝国主义的侵略，反抗剥削与压迫的记录。五卅运动，作为继五四运动后一次大规模的革命性群众运动，沉重地打击了帝国主义，推动了革命运动的高涨，这次运动展现了中国人民对于生存权利和民族尊严的集体觉醒，这种觉醒也深刻影响着当时中外关系格局变化与走向。多年来，每逢清明、冬至和五卅运动纪念日，都有人到碑前给五卅惨案烈士献花，缅怀先烈，传扬正气，仿若“先生虽死，精神不死！凶手犹在，公理何在?”这十六个大字盘踞在广场天际，铭记于怀念着内心。

（二）党建文化引领空间文化的纲线

小智治事，中智治人，大智立法。社区建设离不开制度建设，以红色文化为指导的基层党组织制度建设作为社区建设的重要内容，可以打造出更加高效、民主、廉洁的宜居空间。上海基层党组织建设中的制度建设体现了浓厚的红色文化蕴含的组织建设资源。

1. 居民区贯彻党的意志

在居民区范围内，将党在革命实践中所形成的制度建设经验指导基层党组织建设，优化完善居民自治制度、资源整合制度及公共事务管理制度，创造性地解决基层建设中的各种问题。将“个人服从组织，下级服从上级”的组织工作原则、民主协商的工作形式、方法运用到社区治理过程中，使各方面制度和社区治理更好体现居民意志、保障居民权益、激发居民创造力。一方面，推进社区事务公开制度建设。一是信息公开，通过以党务公开带动社区政务、居务和财务信息公开，提高社区治理透明度。二是监督检查，通过设立社区议事监督委员会进行不定期监督和检查，营造良好的社区治理生态，使社区自治、共治有据可依。另一方面，优化社区协商议事体制机制。通过定期召开党建联席会议，举行多方会谈，集思广益凝聚多元主体价值诉求，形成社区基本共识。最后，筑牢社区协商网络。发挥党组织在思想、政治和组织上的优势，通过教育宣传，培育社区居民、社会组织同本社区治理相匹配的治理意识和能力，引导多元主体遵循法治逻辑共同参与社区公共事务。社区党建引领下的社区治理，深深烙印着中国共产党的工作精神与方法，新时代居民善治空间被不断建构优化。

2. 街区制打通政社关节

通过街区主体利益联结，打造街区共同体网络，创新街区存在方式，对街区重新定义。位于中国第一高楼的上海中心大厦里的陆家嘴金融城党建服务平台，辐射范围占地 31.78 平方公里，集聚 252 幢高层楼宇，仅税收“亿元楼”就有 91 幢，辐射 4 万家企业雇佣的 50 多万白领这一庞大高收入群体，下设 40 个党建服务点，并通过制定“三个清单”的方式，使得街区范围内联动共生。陆家嘴金融城街区党建服务平台制定了三张清单：一是区域内企业、党员和群众在政治、工作、生活、环境、文化、公益方面的需求清单；二是政府、驻区单位、非公企业、社会机构的资源清单；三是通过区域党建联席会，将需求与资源精准对接，形成项目清单，以项目化运作方式服务企业、服务白领。①在服务凝聚中实现对广大青年白领的政治引领，从侧面看，优化营商环境，着力破解企业发展碰到的瓶颈难题，正是为上海自贸试验区和国际金融中心建设等提供支撑保障的直接体现。街区范围内各主体联动共建，需求清单得到回应，资源清单效能得到发挥，项目清单得以运转，各主体“获得感”和“归属感”得到满足，真正使凝聚力运转起来。

党建文化赋予了空间以生命，让其从静止走向文化流动，中国共产党在革命实践中形成的革命文化仿若整个生命的灵魂，每个灵魂各具特色，各有

① 钱蓓：《总书记考察了“上海之巅”里的党建服务中心，这是一个怎样的“城市地标”?》，《文汇报》2018 年 11 月 7 日。

效能，但无一例外都合力建构了这座城市的地标。

二、以空间文化塑造城市文化

每个空间有不同的特色，故各个空间也称主题空间，不同的主题奏出不同的旋律，旋律合奏形成总旋律，在城市这个巨大的空间中，也就形成了城市文化。文化或有形或无形地存在于城市之中，塑造着整座城市的形象，影响着整座城市的品格。李强书记提出，上海要全力打响四个品牌——上海服务、上海制造、上海购物、上海文化，并要求努力使“上海文化”成为金字招牌。由红色文化、江南文化和海派文化所构成的上海文化在建构“金字招牌”的进程中独树一帜。

（一）独具特色的文化铺陈

1. 江海相依促进党建文化普及

上海仿似一只融化人的烘炉，具有异质文化会面、交流、交融、化合的容受力与消化力，并催生新的文明。①

江南文化发展成为中国优秀传统文化的标本，是始于魏晋南北朝时期，并在各朝代中以城市为代表的点状发展，明清以后，演变为以太湖为中心、以苏州为重点，带动了整个江南地区的块状发展，由此江南地区的文化积淀形成了江南文化。近代的海派文化，则是以明清江南城市文化为底蕴、以移民人口为主体，缺失传统士绅功能、融合近代西方文化元素而形成的上海城市文化。②它以开放多元、求新务实、崇尚理性、讲求审美的特点成为上海城市文化现象。如前所述，上海这个城市汇聚着诸多文化，而这些传统文化与上海的红色历史又有着千丝万缕的关系。如果说海派文化是上海文化之肉身、江南文化是上海文化之中国心，那么红色文化就是上海文化之灵魂。③

---

① 曾觉之曾在知识界名人讨论“上海明天”中有类似预言。

② 熊月之：《上海历史文脉与海派文化》，《上海艺术评论》2018 年第 1 期。

③ 朱鸿召：《红色文化与上海精神》，修齐讲堂，2018 年。

通过借助江南文化和海派文化这些传统文化的传播方式，红色文化促使二维的文化传播转变成了三维的文化传播，让很多不识字的人也能够理解，使得红色文化传播得更广。江南文化和海派文化，更是主动适应红色文化要求，如戏曲、文艺等创作在传播过程中，吸收红色文化内涵，也是艺术创作者的觉醒，他们认为戏曲、文艺等应该为劳苦大众服务、为人民服务，而不应该为帝王将相服务。在这个过程中，艺术作品虽然仍具有江南文化和海派文化的形式，但他们的内容和内核已经发生了改变。所以，红色文化在长三角这个区域，在上海迅速传播，和这个氛围是离不开的。

2. 以人为本张扬人民民主权利

从市民文化的角度谈及上海文化，因为上海文化中的“人本位”思想，即“人”的存在，成就了上海文化的形成。据 1919 年统计，上海工人总数约占全国工人总数的四分之一，20 世纪 20 年代，距上海开埠已过去将近 80 年，上海工业产值通常占全国 60%以上，金融占到 80%左右，这不仅意味着上海这座城市资本聚集，更意味着它有大量的产业工人和市民阶层。①

自由且独立是上海市民文化的一大特点。上海这个空间内没有传统乡村士绅的道德约束机制，也没有社会基层组织强制管辖的历史，尤以男女平等、妇女社会地位较高为代表。上海妇女自 19 世纪 70 年代就开始有在城市工作的机会，90 年代以后此人数呈递增趋势。妇女经济地位的提升，助推其社会地位的提高，由此增强其要求人格独立、争取男女平等的资本。自强奋进、勇于创新与竞争是上海市民文化的另一特点。大城市的发展带来行业的集聚，行业集聚引发行业竞争，行业竞争促进技术创新与能力增强，并且在上海，个人能力比家世背景更被重视，且不论祖上是达官显宦，还是寒门贫民，在这空间里重要是个人能力。因此，每个人不断想方设法通过学习技术、文化、外语等不断提高自身的个人能力，在“大上海”竞相角逐。被誉为“中国最优秀的银行家”陈光甫能在金融业中脱颖而出，穆藕初能从一个普通的海归，奋斗成为“棉纱大王”，成为中国现代企业管理的先驱，

① 傅贤伟：《中国共产党为何诞生在上海》，《党支部工作指导》2016 年第 7 期。

秦润卿、朱葆三、叶澄衷、虞洽卿、沈莱舟、曹莘耕、冯伟忠等，大多从普通学徒起步，逐渐发展成为著名企业家，都是勇于竞争、勇于创新的结果。

极度务实且体面讲究是上海市民文化的又一特点。上海人理直气壮地经商谋利，坦然自得地享受生活。资本主义企业严格、精细的“簿记”制度潜移默化地影响着市民的日常行为，从而养成了上海人“精打细算”的生活习惯和工作方式。上海人讲究的“精致”也是常被津津乐道的，上海人在穿着上特别注意，且谈吐得体、讲究排场，都被看做是显示个人能力的重要指标。木心在《上海赋》中对上海女人的旗袍有过论述，从样式设计到料子材质，从纽扣至装饰，可谓繁花乱眼，对于老上海人而言，各款旗袍总共没有三十件，那是“寒酸”的。这就是精致的上海，以及上海人对生活的考究。

3. 商海沉浮成就现代治理要求

物理空间的上海，处于中国黄金海岸与黄金水道的交汇点，商业空间的上海，居于中国改革开放巨浪的前沿。开埠以来特别是改革开放的巨大动力，上海商业在全国率先突起，其创新的发展理念与先进的商业管理模式也成为全国商业发展的标杆，这一切得益于上海长期发展中形成的商业习性。

第一，尊重规则。上海市场经济发展的最主要特征便是伴随市场经济发展建立起一套相对透明的制度和规则，并由此形成契约精神，这成为吸引外来资本、技术和人才的重要因素。这些制度建立的文化基础来自市场经济制度长期的积淀和影响。无论是在商业活动中抑或是在各项制度建设过程中，上海人抠细节、抓节点、攻难关，使“人情”服从于“规则”，并尽可能使制度设计达到精细化、可操作的要求。此外，坊间有语，上海人是最讲规则的，轻易不会给人承诺，但一旦承诺就会遵守，那也是上海对规则的重视。

第二，弘扬法治。近代上海是中国最早实行律师制度的城市，也是律师比例最高的城市。公共租界里存在近六十年的领事公堂，其实质是以工部局为被告的行政法庭，从其有案可稽的 55 例重要案件的审理结果看，以工部局败诉为多。即使在华人的会馆公所、商会等团体中，也有较为严格的依法行事的规章制度。[①]追究起来，晚清时期起，上海人便存有遇事通过法律途径解决的传统。重法治，重契约，重信用，是上海人长期接受法治约束、熏陶的结果，这已成为上海人的一大特征。

第三，工匠精神。“老凤祥”的金银细工第六代传人吴倍青说：“几十万下榔头，说一个专业名词叫‘淬火’。任何钢制材料都要经过淬火之后，才会变成最坚硬的。那么，你要把一块黄金变成一个艺术品，要经过淬炼，没有一个艺术品可以走捷径的。”时至今日，“上海师傅”已经变成了“工匠精神”的代名词。在上海这些“工匠人”的指间，大飞机、运载火箭、北斗导航系统、振华港机等一个个大国重器，带领着“上海制造”走向全国，走向世界。

（二）综合性的城市文化

1. 文化符号彰显城市性格

城市符号与城市文化血脉相融，其不仅展示城市的灵魂，更延续城市的历史。从城市空间特色出发，运用符号学的方法对上海空间特色进行全面解析或记忆，形成上海的城市符号。将这些符号按照不同的标准进行划分，可以分为不同的类型。按时间跨度便可将上海城市符号划分为三类。一是上海历史符号。1921 年，中国共产党在上海宣告成立，中国共产党在领导人民进行革命、建设和改革的过程中，在上海留下了珍贵的革命历史文化遗产，其中既包括有形的党的重要机构旧址，重要事件、重大战役的发生地，重要党史人物的故居、旧居和活动址等，也包括无形的党的重要历史活动、思想、进程、文化，这些符号已成为上海的历史烙印。中共一大、二大、四大会址、纪念馆等 1 000 处红色革命纪念地，于抗日烽火中由田汉、聂耳在上海完成创作《义勇军进行曲》，新中国成立前夜由曾联松在上海设计的五星红旗（后成为新中国国旗）。还有上海老式石库门，它随着光阴的积累而逐

① 熊月之：《红色文化形成于上海，与江南文化海派文化的关系一如树木之于土壤》，《文汇报》2018 年 5 月 9 日。

渐酝酿成一种独特的老上海文化，如同一面镜子，折射出上海人的生活百态和岁月变迁等。二是上海的现代符号。上海世界博览会；中国国际进口博览会；大气磅礴的陆家嘴金融中心；上海中心城区的重要辅城、战略新空间正蓄势待发的临港新片区；汽车及零部件制造、信息通信产业方兴未艾；芯片、生物制药、大飞机等先进制造业初露锋芒，影视、动漫、网络文学等文化创意产业生机勃勃；综合自动化程度最高的单体全自动化集装箱码头正在日夜运转。①这些都是上海在不断奋进中打造出的一张张闪亮的名片。三是上海的未来符号。长江三角洲世界级城市群的核心城市，国际经济、金融、贸易、航运、科技创新中心和文化大都市，国家历史文化名城，卓越的全球城市，具有世界影响力的社会主义现代化国际大都市，令人向往的创新之城、人文之城、生态之城等，这是新时代上海发展的方向，也是上海将自身发展融入国家发展战略、担起的在更高层次上参与国际竞争的历史重担。

有时，这些上海符号，经过一种更有温度、有美感、有匠心的创作方式、行动，以徽章、邮票、纪念册、明信片、音频、视频等文创产品、可视化形式为载体，二次呈现于国人、世人面前，展现上海的城市形象。

2. 历史记忆诉说城市生命

城市和人一样，也有记忆，因为它有完整的生命历史。李守白先生曾通过重走街巷，完成系列创作，推出系列纸雕作品和水墨小品画作品，用以向他心中的上海致意。不论是否在上海生活过，每每看到他的作品的观者和收藏家都会不由自主脱口而出：“这就是上海！”“这就是上海！”这句话，蕴含着人们对于一个城市的记忆。上海这座城市的灵魂和名片，记载的就是上海走过的每一段历史，发生的每一个故事。上海是一个文化记忆储存器。上海作为中国话剧的诞生地、中国报业、广播业、现代出版业的起源地、中国电影的发祥地、中国交响乐、油画、芭蕾、流行乐等新艺术样式的引入和发育之地、中国国画、书法、戏曲、杂技、曲艺等传统艺术汇聚创新的大码

① 祝越：《浦东税务：应改革而生，因改革而兴，为改革而行》，澎湃新闻·澎湃号·政务，2020年4月18日。

头，上海的文化记忆中，海纳百川、至柔至刚。上海是一个革命记忆储存器。上海和上海党组织在抗战过程中占据着枢纽地位，发挥了重大作用，上海是中国工人运动的发源地、新文化运动的发祥地、马克思主义宣传的主基地、留法勤工俭学运动的起航地、中国共产党的诞生地、远东共产主义运动的中心城、革命书籍报刊的中心出版地、中共中央领导机构的所在地、城市暴动的试验场、统一战线和多党合作的策源地、左翼思想文化战线的主阵地、隐蔽战线的主战场、抗日救王运动的中心地、新四军的后援地、反内战第二条战线的主战场。①上海是一个建设记忆储存器。新中国成立后，上海积极支援全国建设，涌现出一批社会主义建设的先进人物和典型事迹；改革开放以来，上海又成为改革开放排头兵、创新发展先行者，成为经济社会发展的桥头堡，成为展示中国建设成果的重要窗口，这一幕幕历史剪影，让人真切感受到上海所拥有的丰富文化资源，以及这座城市强大的红色基因与巨大的发展前景。

这里的每一段记忆都凝固着一段历史。这一段段历史，是上海的记忆，也是我们的生活。仍记得《大上海》对上海近代以来城市演变的完整阐述，从历史的回响中凝聚城市精神，纪录片中有这么一段话让人印象深刻，“如果我们想更了解自己的命运，不妨从了解自己的城市开始。当你走进她、理解她，自然就会更明白珍爱的意义”。

一座城市，引领一段风云，映照一个时代的变迁。“城市精神”是城市之魂，而“城市精神”就镌写在一个个城市符号上。

三、以城市文化建构城市精神

“一座城市有一座城市的品格。上海背靠长江水，面向太平洋，长期领中国开放风气之先。开放、创新、包容已成为上海最鲜明的品格。这种品格是新时代中国发展进步的生动写照。”习近平总书记在首届中国国际进口博

① 苏智良、姚霏：《初心之地：上海红色革命纪念地全纪录》，上海人民出版社2020年版。

览会开幕式上的这番讲话，是对上海城市品格的最直观表达。"海纳百川、追求卓越、开明睿智、大气谦和"是上海城市精神的高度概括，现实中，我们可以看到，它内含着先锋精神、创新精神、契约精神、包容精神、共同体精神和全局精神。

（一）先锋精神

在中国共产党的领导下，上海成为社会主义经济建设的"擎天柱"、支援全国经济建设的"老大哥"，改革开放排头兵、创新发展先行者。①在全国一盘棋精神感召下，上海响应党的号召，全力支持国家重点经济建设。"一五"期间，上海大量工业企业和商业、高校科研机构迁往内地，支援国家重点建设，为各地工业生产进行协作，为全国市场供应大量商品，为国家创造外汇，为国家积累大量建设资金，为国家输送大批建设人才。②"二五"期间，上海继续发挥工业基地的作用，支援全国工农业建设和出口援外，仅上海动员和组织支援外地工农业建设的劳动力约150万人。改革开放前，上海以全国1/1 500的土地、1/100的人口，提供了全国1/6的财政收入。③从万吨水压机到上海牌手表，从永久牌自行车到中华牌牙膏，从生产到生活，从国防到民生，上海创造了一个个享誉全国的名牌产品，满足了计划经济时代人民群众不断增长的物质文化生活需要。改革开放以后，上海服务全国建设的步伐仍未止步，并且呈现出"高、精、尖"的特点。新冠肺炎疫情暴发时，上海第一时间响应，由全市100余家医疗卫生机构的1 649名医务人员组成援鄂医疗队。上海援鄂医疗队作为全国首支抵达武汉的医疗队，充分发扬"敬佑生命、救死扶伤、甘于奉献、大爱无疆"的新时期职业精神，圆满完成了各项任务。"党员要上前线，现在就是前线，没有讨价还价的余地，我是支部书记，我先上，别的党员也必须顶上。"在疫情防控的关键时刻，

① 朱鸿召：《红色文化，提升上海城市精神的标高——朱鸿召特约研究员在上海图书馆的演讲》，《解放日报》2018年3月27日。

② 《上海计划志·一五计划执行结果》可见详细支援情况，属上海市地方志办公室网站资料。

③ 熊月之：《上海城市的"前世今生"》，内容来自"海上传奇：上海都市的形成、发展及其影响"高端系列论坛，2013年。

张文宏医生如是说。可以说，在祖国需要的任何一个关键节点，都可以看到党员的身影，都可以看到上海的努力。在海纳百川的同时，上海人追求卓越的先锋精神始终如一。

（二）创新精神

上海有时会被戏称为“滩涂上拔地而起的城市”，但人们更常说“上海是冒险家的乐园”，因为上海是一切有独创精神的人，一切敢为人先者向而往之的地方。近代以来上海商业的发展过程中，充满了商业企业家的创新智慧和创新实践。荣家企业能够繁荣发达，关键也在于创新，荣宗敬曾将其企业发达的秘诀归之于设备力求更新。一些从事生产替代进口出品的民族企业，持续不断地从国外引进先进设备、先进技术以改进国货生产。20 世纪二三十年代，江海关曾对上海 270 家经营较好的工厂进行调查，结果发现其中有 146 家工厂拥有从国外进口的机器，还有 8 家工厂置备了由上海仿制的中外机器设备，只有 39 家工厂仍只采用中国的旧式设备。与外埠相比，上海企业的设备往往较新也较先进。①近代上海优秀企业得益于创新，文艺方面（绘画、戏曲、音乐等）、饮食方面、服饰方面无不如此。②代表了上海质量的核心精神——创新，一直延续到了今天。冯伟忠，一个拥有科学梦想的发电厂小学徒，四十年如一日地钻研，带领上海外高桥第三发电有限责任公司频频刷新世界单位发电煤耗最低纪录，这种追求卓越的工作和人生态度，预示着他在发电行业的科技创新，这种敢为人先的创新精神，使得他带领外高桥第三发电有限责任公司成为超越世界其他发电企业发展水平 20 年的科技明星。此前，高精度星敏感器光机组件作为航天产品的重要零部件，只能依赖进口，成本颇高，根据航天产品高质量、高可靠等特殊要求，上海航天局通过自主研制，质量攻关，不仅极大提升了产品性能，降低了成本，更避免了在错综复杂的环境下受制于人的无奈。上海是一座光荣的城市，是一个不断见证奇迹的地方。浦东开发开放三十年的历史进程即是最直接的见证，

①② 熊月之：《海派文化以江南文化为底蕴孕育出新文明》，《文汇报》2019 年 1 月 28 日。

浦东的发展离不开敢闯敢试、先行先试的浦东人，三十年来，他们取得了一个又一个第一，乘风破浪，勇立潮头，已成为一张享誉全球的城市名片。最后，创新需要回应民生，现如今民生改革已取得了很大的成就。如上海地铁，1992 年，上海开始建造第一条地铁，2017 年，上海地铁运营里程数排名位列世界第一，上海仅用了二十多年时间，完成了西方国家数百年时间的庞大工程。

（三）契约精神

上海在长期发展过程中，无论是市场主体还是政府部门，都已将对规则的尊重、对契约的恪守、对法治的坚持内化于行动中。上海着力推动规则、规制、管理、标准等制度型开放建设，提供更高水平制度供给、高质量产品供给和高效率资金供给，改善营商环境，传承契约精神基因，造就上海商业的繁盛。据资料显示，2019 年上海实到外资达 190.48 亿美元，规模创历史新高，平均每天实到外资超 5 200 万美元。截至 2019 年底，上海累计吸引 720 家外资跨国公司地区总部和 461 家外资研发中心落户。①上海所蕴含的契约精神不仅在商业发展中可见，在社会基层治理中亦有其身影。古北社区是上海最早进行国际化进程的社区，社区内建立市民议事厅，已成为全国人大法工委基层立法联系点，关于公众利益的决定全部由市民议事厅决定，并由全体社区居民共同遵守并执行。古北社区 20 年的发展，实质是上海社区发展的一个缩影，契约精神，为基层治理多元而有序提供了更多可能。

（四）包容精神

上海的齐鸣精神体现在它的包容性里，也正是“海纳百川”。我们说近代上海红色资源为何格外亮眼，一个很大的原因是上海的印刷业非常发达，而主要的原因更是上海的文化生态极为包容。从中共建党初期的《新青年》

① 吴宇、王婧媛：上海 2019 年实到外资创历史新高　平均每天实到外资超 5 200 万美元，新华网，2020 年 1 月。http://www.xinhuanet.com/2020-01/10/c_1125447286.htm.

《共产党》《热血日报》《红旗日报》到白色恐怖时期面世的《前哨》再到宣传抗日救亡的《大众生活》，从马克思、恩格斯原著译本到进步读物《大众哲学》、《西行漫记》、《钢铁是怎样炼成的》，从《国际歌》的翻译到《大刀进行曲》与《义勇军进行曲》的创作都是在上海诞生的。①近代上海成为思想舆论传播重镇，维新派、改良派、革命派等各类思想学说争相登场、展开论战，时至今日，“万物并育而不相害，道并行而不相悖”的开放、宽容心态依然是上海文化生态的显著特点。不仅文化如此，上海商业亦蕴含着齐鸣精神传统。只有“包容”，才能形成良好的商业竞合关系，才能形成“大气谦和”的上海城市气质。重视合作，讲究互利，遵守规则，乐于行善，使得上海商界有一种儒雅的氛围。

（五）共同体精神

习近平主席以视频方式出席上海合作组织成员国元首理事会第二十次会议并发表重要讲话。他指出，上海合作组织要弘扬“上海精神”，加强抗疫合作、维护安全稳定、深化务实合作、促进民心相通，携手构建卫生健康共同体、安全共同体、发展共同体、人文共同体，为推动构建人类命运共同体作出更多实践探索。“知者行之始，行者知之成。”“四个共同体”构建的实质是“上海精神”能够催生出“互信、互利、平等、协商”的强大凝聚力。上海秉持创新、协调、绿色、开放、共享的发展理念，响应“一带一路”倡议，助力“一带一路”建设，积极倡导以“和平合作、开放包容、互学互鉴、互利共赢”为核心的丝路精神，切实加强国内、国际互联互通，助力区域、全国乃至全球产业链、供应链、价值链深度融合，畅通经济循环与可持续发展。长期以来，上海与各方合力开展形式多样、内涵丰富的宣传活动、交流论坛等，全方位、多渠道、深层次展开科学、教育、文化、卫生、体育、媒体等领域的交流合作。面对疫情，上海积极响应，分享抗疫经验，为国内、国际打好抗击疫情阻击战提供有益借鉴，积极建立紧密沟通网络，

① 熊月之：《近代上海红色资源为何格外亮眼》，《解放日报》2017 年 10 月 31 日。

从防控举措到诊疗方案，在人财物等方面及时提供力所能及的帮助。此外，在疫情监测、科研攻关、疾病防治等领域与国内外医疗团组展开了深入的交流合作。上海用实际行动，助力构建“四个共同体”，为构建人类命运共同体作出更多实践探索。

（六）全局精神

“天下兴亡匹夫有责”，历史告诉我们，上海人非常关心国家命运。从陈化成吴淞抗战、1900 年拒俄运动、1905 年抵制美货运动、1919 年五四运动，1925 年五卅运动，再到“一二·八”，“八·一三”，抗日战争等，都体现了上海人关注天下的意识。计划经济时代，有“全国支援上海、上海支援全国”的说法。上海也一直强调服务全国，多做贡献。不论是 2003 年抗击非典型肺炎疫情，还是 2020 年抗击新冠肺炎疫情斗争，上海都从人力、物力等方面，全力支持疫情严重的城市和地区，充分体现了“上海是全国的上海”意识。改革开放以来，上海积极响应国家号召，主动作为，为全国改革发展大局服务，将自身发展放在国家对长三角区域发展的总体部署中来思考和谋划，积极发挥龙头带动作用，促进长三角协同一体化和长江经济带发展；积极参与和主动服务“一带一路”建设，逐步提升“一带一路”桥头堡的功能；大力推进“五个中心”建设和上海“四大品牌”建设工作，提升了中国在全球经济的影响力和竞争力；上海自贸试验区改革试点亮点纷呈，为全国提供了一大批可复制可推广的经验；助力决战决胜脱贫攻坚；响应国家号召，对口支援四川、湖北、西藏、新疆等地，对口帮扶云南等地，等等。未来，上海将铭记习近平总书记对上海的指示要求，扎根大局意识、坚持全局观念，坚决服从服务国家战略，更好为全国改革发展大局服务。

红色文化是上海文化的底色，也是上海精神的灵魂。在红色文化的引领下，开放、创新、包容已成为这座“初心之地”最鲜明的品格。这种品格是新时代中国发展进步的生动写照。今日站在新时代历史的起点上，上海以海纳百川的开放胸襟，追求卓越的做事标准，开明睿智的处事风格，大气谦和的精神气质，绘制面向未来的宏伟蓝图。上海将到 2035 年基本建成长江三角洲世界级城市群的核心城市，国际经济、金融、贸易、航运、科技创新中心和文化大都市，国家历史文化名城，并将建设成为卓越的全球城市、具有世界影响力的社会主义国际文化大都市，令人向往的创新之城、人文之城、生态之城。与此同时，上海不断以软实力提升彰显人民城市精神品格，大力弘扬上海城市精神和城市品格，不断彰显红色文化、海派文化、江南文化的独特魅力。上海人一如既往地用奋斗书写美好生活篇章，上海城市的红色基因不断焕发新的生机与活力。迈入新时代，上海作为长三角城市群和长江经济带的龙头城市、"一带一路"桥头堡城市，改革开放排头兵、创新发展先行者，肩负着多项国家战略。"人民城市人民建，人民城市为人民"，这是上海的使命，更是时代的担当。

作者简介：

刘树凤，上海社会科学院智库建设处

唱响爱国主义教育最强音

——《新时代爱国主义教育实施纲要》的上海实践

江伟鸣　孙　红　程宝伟

摘　要： 爱国主义教育一直是中小学德育工作的主旋律。近几年来，上海市教委以习近平新时代中国特色社会主义思想为指导，坚持爱国和爱党、爱社会主义高度统一，立足上海红色文化底蕴，积极构建纵向衔接、螺旋上升、循序渐进的爱国主义教育内容体系，创新课内课外、线上线下横向贯通，家校社联动协同的爱国主义教育实施路径，将爱国主义精神贯穿学校教育全过程，教育引导广大青少年培养爱国之情、砥砺强国之志、实践报国之行，努力成长为担当民族复兴大任的时代新人，成为德智体美劳全面发展的社会主义建设者和接班人。

关键词： 爱国主义教育　教育全过程　时代新人

从上海望志路到兴业路，中国共产党从这里起步。这是一座遍布红色记忆，具有光荣革命历史传统的城市。红色是上海文化最有价值的核心基因，是上海鲜明的城市标志，也是对上海青少年学生开展爱国主义教育的宝贵财富。上海市教委认真落实《新时代爱国主义教育实施纲要》和《中小学贯彻落实〈新时代爱国主义教育实施纲要〉重点任务工作方案》精神，通过建立机制，保障爱国主义教育和社会主义核心价值观在广大青少年心中生根落地；通过把握关键，实实在在为学生和教师带来优质教学资源，推动爱国主义教育进课堂、进头脑；通过注重日常教育，让广大青少年在潜移默化中长见识、砺精神、明志向；通过讲好抗疫故事，把这场伟大斗争作为生动教材，深入挖掘其中蕴涵的爱国主义精神，培养学生的爱国和责任意识；整合资源、注重协同，将上海红色文化、传统文化与爱国主义教育相融合，将学校教育与社会教育、家庭教育相协同，将爱国主义教育作为中小学德育工作的永恒主题贯穿学校教育教学全过程，培养德智体美劳全面发展的社会主义建设者和接班人。

一、主要做法和经验

（一）建机制，让爱国主义教育“立”起来

先后制定颁发了《关于建立完善本市教育系统培育和践行社会主义核心价值观长效机制的实施意见》和《关于完善中华优秀传统文化教育长效机制的实施意见》，着力加强“四大机制”建设，推动爱国主义教育持久、深入、生动、扎实的开展。一是组织领导机制。加强党的全面领导，要求各级教育部门及学校充分发挥党组织的领导作用，将爱国主义教育摆上重要日程。出台《关于加强高中高校学生推优一体化工作的实施意见》，着力加强高中学生政治启蒙教育和源头培养，形成高中和高校共青团一体化协同培养新机制，加强入党积极分子的思想政治教育，为党组织的政治吸纳奠定了基础。同时，对标习近平总书记提出的“四有”好教师标准，着力以党建工作引领教师思政，发挥党员教师引领示范作用，使广大教师成为爱国主义的坚定弘扬者和实践者。二是“三圈三全”联动机制。构建大中小幼教育内容纵向衔接，学校第一课堂、校内外第二课堂和网络第三课堂横向贯通，以及学校、家庭和社会三位一体综合影响的一体贯通，循序渐进的爱国主义教育体系，形成全员、全过程、全方位育人大格局。三是评价督导机制。将培育和践行社会主义核心价值观，开展爱国主义教育纳入新一轮精神文明单位创建和考评体系，纳入教育综合督导的重要内容和责任督学的工作范畴，纳入上海教育现代化评价指标，使之制度化、规范化。四是条件保障机制。充分利用电视广播、报纸杂志等传统媒体，以及上海教育微博、微信、育人联

盟等新媒体群，形成覆盖面广、影响力大的爱国主义教育宣传氛围。

（二）强关键，让爱国主义教育“实”起来

充分发挥课堂教学主渠道作用，推动爱国主义教育进课堂、进头脑。一是充分发挥思政课立德树人关键课程作用。制定颁发《关于深化新时代上海学校思想政治理论课改革创新的实施意见》，在中小学试点开设习近平新时代中国特色社会主义思想导读、导学、主题活动等课程，以“讲台上的新思想”为主题，打造“劳动创造美好生活”“我和我的祖国”“伟大的起点”等系列大中小一体化思政观摩课。探索推进高校马克思主义学院与区教育局、学校结对共建机制。松江区中小学校与东华大学、上海外国语大学、华东政法大学、国防大学政治学院等九所高校的马克思主义学院，共同建立了大中小幼思政课一体化联席制度。思政教师集体备课，建立纵向跨学段、横向跨学科的交流研修机制，充分发挥思政课建设强校和高水平思政课专家示范带动作用。二是建强“中国系列”校本课程。立足学校办学特色和区域优势，组织各区学校围绕习近平新时代中国特色社会主义思想中某一主题，推出“中国系列浦东版”、卢湾中学的《“一带一路”上的中国新“思”路》，松江区佘山外国语实验学校《从“丝绸之路”到“一带一路”探究型综合课程》，静安区宝山路小学的《红色宝山路》等富有区域和校本品牌特色的百门中国系列课程。三是聚力深化学科德育。市教委充分挖掘各门学科的爱国主义教育内涵，组织编写了中小学 21 门学科的教学指导意见，积极推进“四史”教育内容要求有机融入语文、历史、地理等学科教学之中。在全市建立了 8 个学科协同研究中心，35 个学科德育实训基地，聚合高校的学科前瞻理论研究，区域学校的教学实践，实训基地的名师引领，构建爱国主义教育和知识体系教育相统一的育人机制，推进各类课程与思政课建设形成协同效应。上海市普陀区洵阳路小学的“诗韵时节”语文拓展课程，以落实中华优秀传统文化教育为核心，按四季划分，设计了四大课程主题，每个主题以诗词学习为主线，再配以诗文配画、赏春对诗、立夏竖蛋、落叶秋思等十多个有趣有益的学科类活动，使优秀传统文化成为孩子们的生命底

色。上海市建平实验中学的“习近平总书记寄语青少年名言隽句”项目化学习，通过诵读、书写、绘画、讲解、创演等体验性学习，引导学生在与经典、总书记、老师、同伴、自我的多维度立体对话中，增强文化自信，凝聚爱国情感。同时，上海还构建了覆盖全学科的上千节学科德育线上精品课程资源库，为学生的学、教师的教提供了丰富的在线教育资源。

（三）重日常，让爱国主义教育“活”起来

日常主题活动是爱国主义教育的有效抓手和载体，它能使学生在潜移默化中长见识、砺精神，明志向。为此，市教委一是打造德育品牌活动。充分利用重大历史事件纪念日、中华民族传统节庆日、国家公祭日等重要契机，组织开展丰富多彩的红色文化主题教育活动，连续20年组织实施“中华优秀传统文化教育主题月”和“中学生时政大赛”，连续12年开展“电影阳光行”活动，在行、习、赏、唱、礼等学生喜闻乐见的活动中培育和增强学生的国家意识和文化认同。在金山区廊下镇，作为上海市非物质文化遗产、廊下的“一镇之宝”——“打莲湘”是金山当地一项知名民俗活动。在廊下幼儿园、廊下小学和廊下中学，不论年龄大小，几乎每个孩子，都会打上一段“莲湘”。从幼儿园的莲湘游戏到小学的莲湘操、再到中学的莲湘舞，这项融体育、美育为一体的特色非遗教学活动已逐渐融为孩子们日常生活中的一部分。廊下小学校长朱保良说：“打莲湘中不仅有乡音、乡情，更包含文化和智慧。学校希望通过不同形式的莲香文化熏陶，让学生知道莲湘、喜爱莲湘、传承莲湘，把这些家乡传统文化从小根植在他们心中。”二是注重日常行为规范教育。上海注重日常行为习惯养成教育，以行为规范示范校建设与评估为抓手，全面落实《中小学生守则（2015年修订）》。将每周一节的班（团）队会、专题教育纳入中小学课程计划之中，把爱国主义内容融入党日团日、主题班队会。三是发挥仪式教育作用。上海将升旗仪式、入团入队仪式、成人仪式、开学典礼、毕业典礼等活动作为爱国主义教育的重要载体。建立中小学校升降国旗制度，每周一以及重要节日、纪念日大型集体活动举行庄严、隆重的升旗仪式，严格规范敬礼、唱国歌、国旗下讲话等仪

式的程序，持续举办“国旗下成长”上海青少年升国旗暨爱国宣讲主题活动。上海市崇明区三烈中学是一所有着光荣革命传统的学校。学校是因纪念当地先后在抗日战争和解放战争中为国捐躯的龚氏三兄弟而命名。红色的校名彰显了光荣的民族精神，悠久的校史传承了深厚的文化内涵。学校充分挖掘校名校史资源，每年组织开展“开学第一课”系列活动，引导广大学生铭记历史、缅怀先烈，珍爱和平、开创未来，传承伟大的革命文化传统，弘扬烈士精神，积极培育和践行社会主义核心价值观。

（四）抓契机，让爱国主义教育“亮”起来

2020 年在全国上下的防疫抗疫中，市教委通过汇聚全市优质资源，及时将防疫抗疫中涌现的先进人物、典型事迹作为教学案例融入教育教学，积极打造“硬核”云上思政课，引导广大学生深刻感悟中国力量、中国精神和中国效率，坚定“四个自信”。一是精心打造线上教学第一课。牵头录制“在战疫中成长”中小学德育公开课，邀请全国模范教师、上海市政治特级教师、华东师大一附中陈明青作为主讲教师，通过电视、网络等媒体广泛传播，引导全市 140 余万中小学生珍爱生命，坚守责任，激发家国情怀。二是认真上好“复学第一课”。市教委认真部署落实《中央宣传部办公厅　教育部办公厅关于在全国中小学开展“复学第一课”活动的通知》，以“生命·责任·家国”为主题，开发一批思政线上微课，征集发布一批优秀主题班会案例，普及防疫知识、弘扬抗疫精神，认真上好一堂深刻的爱国主义教育课。全市中小学通过组织抗疫英雄进校园、抗疫精神诗歌朗诵会、主题班队会、升旗仪式等不同形式的实践活动打造爱国主义课堂。三是全覆盖录制线上思政课。按照“同一学段、同一课表、同一授课教师”原则，组织全市思政课特级教师、正高级教师、双名工程成员①、教研员和市、区骨干教师

① 双名工程成员：指校长培养基地、教师培养基地以及校长高级研修班和教师高级研修班的成员。为建设高素质高水平的校长教师队伍，加快培养优秀校长和教师，发挥骨干校长、教师的引领和示范作用，上海市教委于 2005 年起启动上海市普教系统名校长名师培养工程，成立了校长培养基地、教师培养基地以及校长高级研修班和教师高级研修班，各基地和研修班对学员进行共性和个性相结合的培养。

开展中小学思政课录播授课，确保覆盖全体中小学生。四是开展系列战“疫”教育活动。组织开展“致敬逆行者”征文、书信活动，“共抗疫情”师生绘画、歌曲、小报创作征集活动，联合北京广州举办“非常时期·非常课”征集活动，引导青少年用自己的方式参与到战“疫”中，思考生命价值，致敬英雄，为祖国而自豪。

（五）整资源，让爱国主义教育“动”起来

习近平总书记多次指出：“要把红色资源利用好、把红色传统发扬好、把红色基因传承好。”为此，市教委充分利用657处革命历史遗址遗迹和329个市、区级爱国主义教育基地等教育资源，打造红色风景线。一是编制上海学生红色教育实践图谱。精心绘制《上海市爱国主义教育基地地图册》《上海市中小学生社会实践基地》家庭护照，将“四史”教育与学生社会实践紧密结合，通过“百万青少年巡访爱国主义教育基地”活动、“跟着国旗看上海”“上海六千年”之旅系列实践活动，打造“初心之地、复兴之路、强国之梦、文化之根、魅力之城”“四史”教育五大研学线路研学实践、爱国主义教育基地“馆长说”等系列实践教育活动，加深学生对革命传统和革命精神的感悟。中华老字号资源，既有历史与文化的厚重积淀，也有时代脉动的生动体现，是开展社会主义核心价值观、爱国主义教育的有益载体。上海市市西初级中学充分挖掘区域中华老字号企业资源，以主题实践项目为载体，以各类丰富的实践活动为途径，强调学生的体验、感受和感悟，把社会主义核心价值观、爱国主义教育做实做活。二是成立上海市学生社会实践基地红色教育联盟。联动中共一大、中共二大、中共四大、龙华烈士陵园、陈云纪念馆等一批爱国主义教育基地，组织开展“进馆有益——文化根、民族魂、中国梦系列实践活动”，发挥红色场馆资源互补的优势，引导广大学生在中共一大会址“初心教育大课堂”中重温共产党人的初心；在《共产党宣言》展示馆读懂共产党人坚定不移的信仰追求；在龙华革命烈士纪念地感受先烈英勇就义的不屈意志……在亲身参与，实践体验中传承好红色基因，把“爱我中华”的种子埋入每个孩子的心灵深处。三是打造校外教育

互联网+社会大课堂。上海建立了易班博雅网，把爱国主义教育落细为每年4 000多项线上线下活动，落小为数以百计的应用功能、数以千计的讨论议题、数以万计的网络产品，从而最终落实为满满的网络正能量和昂扬的青春中国梦。四是发挥劳动教育综合育人功能。开展“劳动创造美好生活”等系列活动，把高中生参加志愿服务和公益劳动60课时、中职生参加志愿服务和公益劳动20课时、初中生参加公益劳动80课时和职业体验32课时的要求纳入中学生综合素质评价体系，将爱国之情融入服务他人、奉献社会的实际行动中，形成尊重劳动者、关爱创造者、崇尚奋斗者的时代风尚。上海市安亭高级中学以多样化、课程化、志愿化为目标，充分整合利用社会教育资源，构建学生校外“七彩”志愿服务实践大课堂，让学生在服务劳动中，正确认识和处理个人与集体、个人价值与社会价值的关系，引导高中生在社会实践的过程中实现：感恩社会、服务社会、自我成长。上海市曹杨第二中学的“博雅西部行—三农序列”实践活动重在精准扶贫调研，激发高中生关注社会发展，提升社会责任感。

（六）善协同，让爱国主义教育“融”起来

爱国主义教育是一项系统工程，必须要动员所有部门、所有单位、所有家庭都参与进来，形成协同共育格局。一是注重社校融合。市教委持续组织开展新时代先进人物进校园活动，上海市“新时代好少年”（美德少年）评选活动，大力宣传在革命、建设、改革时期涌现出的英雄烈士和模范人物，引导广大青少年向先进典型、时代楷模、道德模范、最美人物和身边好人学习，以榜样的力量激励人、鼓舞人，培养青少年良好的道德品质，强烈的社会责任感。二是强化家校共育。充分利用上海电视台、《东方家庭时报》等网络媒体，摄制《家教天地》《超级家长会》《家长学校》《家教金钥匙》《家教面面观》等电视节目，推进社会主义核心价值观融入家庭教育，引导广大家长重视爱国主义教育，时时处处给孩子做榜样，以自身健康的思想、良好的品行影响和帮助孩子形成正确的价值观。2020年初，“上海家长学校在线课堂”举办了“小家传大爱，红色家风代代传”等系列家庭教育指导

讲座，引导家长牢固树立“国是千万家，有国才有家”的观念，将红色基因融入家风建设中，把爱家和爱国统一起来，把实现个人梦、家庭梦融入国家梦、民族梦之中。

爱国主义是中华民族的民族心、民族魂，是中华民族最重要的精神财富，是中国人民和中华民族维护民族独立和民族尊严的强大精神动力。青少年是爱国主义教育的重中之重。下一步，上海市教委将持续深入贯彻落实《实施纲要》《工作方案》，“一校一案”落实《中小学德育工作指南》，把爱国主义教育与贯彻落实习近平新时代中国特色社会主义思想结合起来，与培育和践行社会主义核心价值观、弘扬中华优秀传统文化结合起来，与深化思政课改革创新、深入开展“四史”学习教育结合起来，不断创新途径和载体，强化家校社协同共育，教育引导广大中小学生爱党爱国爱人民爱社会主义，努力成长为德智体美劳全面发展的社会主义建设者和接班人。

作者简介：

江伟鸣，上海市教育委员会德育处二级调研员

孙　红，上海市教育科学研究院

程宝伟，上海市教育科学研究院

进博会，向世界彰显城市魅力

——从三届进博会看传统文化与志愿精神的有效融合

陈灿斌

摘　要：进博会目前已经连续举办三届，在成为向世界展示中国扩大开放的新气象的同时，也成为上海精神文明创建的展示窗口。以进博会的举办为契机，以寻找进博会“最美服务窗口”评选活动、“一行业一亮点”特色服务品牌创建活动和上海市行业文明进步指数测评为抓手，促进行业进步，推进各行各业精神文明创建，从而推进上海城市精神文明创建。同时做好城市文明志愿服务工作，建立起完善的志愿者管理制度，为未来举办大型活动打好基础，志愿文化和志愿精神进一步融入上海城市精神，成为彰显城市魅力的标识。

关键词：进博会　精神文明创建　最美服务窗口　城市文明志愿服务

作为世界上第一个以进口为主题的国家级展会，中国国际进口博览会已连续三届成功举办。进博会让展品变商品、让展商变投资商，交流创意和理念，联通中国和世界，打造国际采购、投资促进、人文交流、开放合作四大平台，成为全球共享的国际公共产品。

进博会的参与者不仅是展商和相关组织单位，更是需要整个上海的参与，从各个行业的专业支持到普通民众的志愿服务，这些都有力促进了进博会的成功举办。以进博会的举办为契机，建立和完善志愿者工作的长效机制，制度化、长效化组织一支志愿者服务队伍，全面提高志愿者工作管理水平，也利用“最美服务窗口”评选活动、“一行业一亮点”特色服务品牌创建活动和上海市行业文明进步指数测评等活动，开展窗口服务保障工作，推动行业精神文明建设，展示窗口形象，使得上海精神文明创建工作得到落地和实现。

一、上海城市精神和城市品格

在首届中国国际进口博览会的开幕式主旨演讲中，习近平总书记指出，开放、创新、包容已成为上海最鲜明的品格。城市品格的提出是城市精神和城市价值取向更进一步的表现，也意味着上海的城市精神和价值取向已经达到了一个相对成熟的阶段。

上海市委宣传部副部长、市文明办主任潘敏指出，要深刻认识举办第三届进博会的特殊重大意义，按照上海市委和进博会城市服务保障领导小组的部署要求，在常态化疫情防控前提下全力提升城市服务保障水平，推进窗口服务保障、志愿服务和社会宣传等各项工作细化落实。要对标“越办越好”的要求，在服务升级、细节升级上下功夫，举全战线之力推动各项工作再优化、再完善、再提升。总结和借鉴前两届相关工作的好经验好做法，坚持对标最高标准、最好水平，在打造一流城市环境、提供一流服务保障上做文章，打响“上海服务”品牌，弘扬上海城市精神和城市品格。

以行业的精神文明创建为落脚点，通过开展“最美服务窗口”活动、“一行业一亮点”特色服务品牌创建活动等，推进行业优化升级，更好服务进博会，同时利用上海市行业文明进步指数测评，系统反映上海各行各业文明进步情况，推进行业查缺补漏，将进博会的创建延续到全年，将进博会的创建成果共享到之后的工作中。除了行业精神文明创建以外，个人的精神文明也是城市精神文明的重要组成。上海志愿服务事业的蓬勃发展，逐渐成为提升上海城市能级和核心竞争力的重要力量，在提升市民文明素养和城市文明程度过程中发挥更大作用。志愿文化和志愿精神进一步融入上海城市精神，成为彰显城市魅力的标识。

二、进博会——上海城市魅力的展示平台

利用进博会举办的契机，将上海城市精神文明创建成果更好地展示出来。在进博会举办期间的短短几天内，通过寻找“最美服务窗口”活动、“一行业一亮点”特色服务品牌创建活动、上海市行业文明进步指数测评、城市文明志愿服务工作这四个主要抓手，全方面展示上海城市魅力，也将精神文明创建贯彻到全年，贯彻到日常的工作之中。

（一）寻找进博会“最美服务窗口”评选活动

为进一步做好中国国际进口博览会窗口服务保障工作，推动行业精神文明建设，展示窗口形象，2018 年 7 月 28 日，上海市精神文明建设委员会办公室、上海市商务委员会共同启动首届中国国际进口博览会“最美服务窗口”评选活动。该评选活动按照评选工作程序，经过行业、主管部门层层筛选，每年共推选出 100 个左右行业服务窗口作为候选窗口，于上海文明网进行展示并接受社会公众投票，根据网络投票结果，组织开展专家评审会，最终确定 20 个获奖窗口和 20 个提名窗口。目前，已经进行了三届评选。

首届评选获奖窗口中，建交系统和市级机关系统各有 7 个，经信系统 2 个，教卫系统、市场监管系统、金融系统、宣传系统各有 1 个窗口获奖。在第二届评选获奖窗口中，建交系统占半数，有 10 个，市级机关系统有 5 个，经信系统和宣传系统各 2 个，教卫系统 1 个。

“最美服务窗口”的评选旨在于促进行业自身优化，提升自身服务水平，前期进行申报、提出相应申报口号，明确工作内容，逐一落实，并切实使群众的获得感和企业的感受度不断增强。比如，市场监督管理行业的青浦区市场监督管理局注册许可大厅以“争做最美店小二，助力进博正当时”为口号创建最美服务窗口，并将具体创建措施落实：在机构改革中，率先完成窗口一体化进程，并且自主研发了青浦区招商机构网上服务平台，依托互

联网新媒体的便捷性提高窗口服务的效能；在商事改革中，出台了优化营商环境十八条服务举措，进一步压缩企业开办时间，树立了市场准入“青浦速度”；通过“管家式服务”、“组团式服务”等精准化服务形式，送政策进园区、进社区，打通了老百姓的“最后一公里”，为绿地、中建、威马等进博会配套企业提供了百余次精准化服务。

首届中国国际进口博览会“最美服务窗口”名单

序号	所属系统	行　业	窗口名称
1	教卫	医疗卫生行业	上海市疾病预防控制中心公共卫生检测评价服务窗口
2	经信	电力行业	国网上海浦电路供电营业厅
3	市级机关	边检行业	上海机场边检站九队
4	建交	航空港民航行业	虹桥安检“吴娜通道”
5	建交	轨道交通行业	2/10/17 号线虹桥火车站
6	建交	绿化行业	上海古猗园
7	建交	公共交通行业	中运量 71 路
8	市级机关	上海海关	“小翼”公务机、专机监管服务窗口
9	市级机关	上海市气象局	进博会气象台
10	市级机关	星级饭店行业	锦江酒店集团——锦江饭店小礼堂班组
11	金融	银行行业	建设银行虹桥会展支行
12	宣传	专业剧场行业	上海音乐厅
13	建交	铁路运输行业	上海客运段高铁一车队
14	市级机关	民政行业	杨浦区社会福利院护理部
15	市级机关	商业零售行业	第一百货一楼客服中心
16	经信	加油站行业	中国石油嘉定第四加油站
17	建交	市政公路行业	G60 枫泾收费站二班
18	建交	居住物业管理	962121 物业服务热线
19	市级机关	出入境管理行业	中国公民出国（境）证件办证窗口
20	市场监管	工商行政管理行业	青浦区市场监督管理局注册许可大厅

第二届中国国际进口博览会“最美服务窗口”名单

序号	所属系统	行业名称	窗口名称
1	建交系统	道路保洁和垃圾清运行业	青浦区美都环卫徐泾班组
2	宣传系统	星级宾馆行业	上海外滩茂悦大酒店保安部团队
3	建交系统	绿化行业	上海辰山植物园
4	市级机关系统	上海海关行业	上海会展中心海关进博会通关政策咨询专窗
5	市级机关系统	气象行业	进博会气象台
6	建交系统	轨道交通行业	2号线徐泾东站
7	建交系统	河道水闸行业	金山区水利管理所
8	建交系统	公交行业	71路中运量
9	建交系统	公厕管理服务行业	武胜路10号公厕
10	市级机关系统	边检行业	上海边检总站虹桥出入境边防检查站
11	建交系统	航空港民航行业	“擎云组”
12	市级机关系统	边检行业	上海边检总站上海机场出入境边防检查站
13	建交系统	邮政行业	徐泾邮政支局投递班组
14	建交系统	自来水行业	上海南汇自来水有限公司营业所周浦营业厅
15	市级机关系统	市场监管行业	上海市静安区市场监督管理局南京西路市场监督管理所服务窗口
16	教卫系统	医院行业	复旦大学附属华山医院虹桥院区一体化便民服务中心
17	市级机关系统	出入境管理行业	上海市公安局出入境管理局接待窗口
18	经信系统	电力行业	国网上海市电力公司青浦供电公司朱家角供电营业站
19	市级机关系统	市场监管行业	上海市市场监督管理局政务服务大厅
20	金融系统	银行行业	交通银行上海市分行营业部营业室

（二）“一行业一亮点”特色服务品牌创建活动

“一行业一亮点”特色服务品牌创建活动需要每个行业上报一个具有行业特色、凸显服务品质的服务品牌或服务项目，共涉及41个行业，分别是海关、边检、民政、公证、气象、出入境管理、超市、商业零售、市场监管、邮政、燃气、房地产交易、物业、装饰装修、航空港民航、轨交、铁路、公交、省际客运、汽修、出租车、停车、市政道路、快递、供水、排水、堤防、河道水闸、公厕、道路保洁和垃圾清运、图书馆、专业剧场、旅行社、电影院、图书销售、电力、加油站、通信、医院等。在前两届工作基础上，第三届进博会窗口服务保障工作将进一步找盲点、克难点、抓重点、塑亮点，不断优化窗口服务，提升规范性和满意度，推动各行业结合自身实际制定“-·行业一亮点”专项工作方案，开展特色服务品牌创建活动，打造行业服务标杆。

在2020年进博会举办之前，各窗口服务行业已推出一批服务第三届进博会的新举措。上海市经信系统加油站、电力、通信行业启动“点靓窗口、点靓行业、点靓上海”服务提升行动，按下了“加油进博会，建功新时代”全面冲刺跑的快进键。出入境管理行业在全市出入境窗口推广使用“出入境小沪视”智能辅助受理系统2.0，有效精简了受理材料和流程并提升了窗口受理的速度、精度。将外国人工作许可、居留许可办事业务整合成“一窗受理、一并发证”的一门式并联服务窗口，审批时限从原来的“10+7”缩短为7个工作日。轨道交通行业在核心站点打造“云上+线下”智慧化客服平台，通过智能电子运营信息导乘、语音购票、末班车可达信息查询等科技手段，打造智能化、智慧化的客运服务体系，减少非必要接触，降低疫情传播的风险。海关行业对于参展人员进出境，将积极推动“智慧旅检”建设，扩大进境托运行李物品“先期机检”试点，推广进境人员健康申报电子化，实现旅检“无感通关”、“线上”管控，提升旅客入境通关效率。

（三）上海市行业文明进步指数测评

为了对上海市行业文明创建成效进行公平、公正、客观的评价，上海市精神文明建设委员会办公室委托上海市质协用户评价中心开展上海市行业文明进步指数测评工作。该项工作会根据每年各行业发展的特点对测评内容进行优化和深化，比如2020年结合市文明办文明餐饮的重点工作，在调查内容中新增了文明餐饮、落实分餐制的相关要求；由于新冠肺炎疫情，边检行业具有高风险性，未能实地测得实效，2020年度报告中边检行业未放入其中。

为了能公平、公正地评价各行业的文明创建水平，将42个参评行业依据其服务性质和市场化程度划分成了三类，即行政性服务①、公用性服务②和生活性服务③。

根据城市文明的基本特征，即形态文明、功能文明和素质文明，结合窗口行业的服务特点以及公开的服务承诺，从“环境文明”、“秩序文明”、“服务文明”、“素质文明”四大方面构建窗口行业文明指数指标体系，形成以“四大文明”为一级指标，10个二级指标，25个三级指标的评价指标体系，四大文明占比分别为15%、20%、35%和30%。通过问卷调查、实地检查、舆情分析等多种测评方式立体展现行业服务质量和文明创建工作。

2020年行业文明指数为89.98，较2019年的90.40略有退步。与其他两类相比，行政性服务类整体评价较高，平均分都在90分以上，随着上海全面推进城市数字化转型，政务服务“一网通办”不断优化，大大提高了办事效率，市民办事服务体验感不断提升。公用性服务行业的主要优势在于“行业责任”。社会主义价值观等公益广告宣传、市民修身活动、参与文明创建等基本落实到位。生活性服务类则有较大的提升空间，分行业企业内部员工市民修身行动、文明创建工作的参与度较低。

---

① 行政性服务类行业共计7个，是以行政事务办理服务为主的窗口行业。行政服务是由行政主体或经行政主体授权的事业单位、非营利组织在其行政职权范围向公民、法人或者其他组织提供的服务。

② 公用性服务类行业共计18个，是以公用事业为主的窗口行业。公用事业是涉及公共利益及有限公共资源配置，并具有自然垄断特点的服务行业。主要是指城市市政公用行业，即供水、供电、供热、供气、公共交通、市容环卫、园林绿化等。这类服务由经政府授权的社会组织、或国有企业提供，提供的是准公共产品，不收费或计价核算使用付费，具有生产者垄断性或弱竞争性，消费者弱选择性。

③ 生活性服务类共计17个，是以生活服务为主的窗口行业。生活服务是为满足个性化的私人需求，由市场化、竞争性社会主体提供的服务。提供的是私人产品，具有生产者竞争性、消费者选择性。一般由社会资本提供，通过市场机制能够实现社会资源配置效率最高和消费者效用最大化，一般具有进入自由、竞争者众多、提供的服务差异不大或者即使有差异但容易定价等特点。星级宾馆行业属于生活性服务窗口行业。

三大服务行业得分情况

行业类型	实效评分	行风满意度	内部员工评价	综合考评分
行政性服务行业	95.34	90.62	94.10	93.22
公用性服务行业	96.20	82.11	92.61	89.07
生活性服务行业	94.59	82.37	75.16	87.64
平均分	95.37	85.04	87.29	89.98

（四）城市文明志愿服务工作

上海志愿服务正成为提升上海城市能级和城市魅力的重要力量，市民对志愿服务的认同度和期望值也在不断攀升。上海市志愿者队伍建设成为促进上海志愿服务常态化、制度化，实现内涵式高质量发展的重中之重。

2010 年上海世博会的举办，上海在志愿者队伍建设方面有不少成功的经验。上海世博会秉持“奉献、友爱、互助、进步”的志愿者精神，植根于传统美德和道德文化，使社会主义核心价值体系在会展中得到充分体现。2018 年首届中国国际进口博览会的举办，又一次点燃了上海市民的志愿热情，使志愿精神更加深入人心。进博会筹备及举办期间，志愿者队伍建设代表了上海志愿者管理的最高水平。

进博会期间将志愿者划分为两大类：一类是园区志愿者，在进博会筹备及召开期间，直接为进博会园区运营提供各种服务；另一类是园区外志愿者，从进博会志愿者项目启动到进博会结束，在全市范围内组织开展一系列迎进博会志愿服务行动，如社区服务志愿者、门户窗口服务志愿者等。志愿者的组织培训等相关工作由共青团、旅游局等相关部门统筹协调，职责清晰、分工明确、政出一门。

进博会的志愿者队伍有以下四个特点：一是志愿者队伍整体素质高。首届进博会共有 5 438 名展会志愿者，建立了 315 个城市志愿服务站和近 250 支志愿服务队，积极开展进博会宣传、现场问讯、交通导乘、提携行李、助残帮扶等服务工作。其中 96% 是各高校大学生，所涉及专业与进博会相呼应，包括外语、国际经贸、食品、医学、高科技等。二是志愿服务水平质量高。市、区、校三级联动，形成强大的合力，推动志愿服务的顺利开展。政策文件《关于进一步做好迎办进口博览会期间志愿服务工作的通知》（沪文明办〔2018〕19号）给志愿服务工作指明了方向，具体的管理规范《“青春上海”大型赛会志愿服务管理规范》将成为志愿者服务的样板。除了从制度和组织上进行保障，对志愿者的严格选拔和系统培训，不仅是做到人与岗位完美匹配，也保证了高质量志愿服务的输出。三是志愿服务激励创新多。除了传统的评选表彰、关爱慰问等嘉奖激励制度外，进博会在岗位设置、品牌宣传、信用激励等方面都有所突破。多样化、富有挑战性的岗位使得志愿者可以通过提供服务提升自身技能，打破志愿者“廉价劳动力”的传统印象，各高校形成独有的具有专业特色、活泼可爱、颇为时尚的志愿服务品牌，全市多层次全媒体宣传工作，使志愿文化和精神更加深入人心，最受志愿者欢迎的激励机制是将“志愿服务时间计入社会信用体系即信用鼓励”。四是志愿者信息化管理水平高。二维码、上海志愿者网等多种报名方式的运用，适应年轻人的使用习惯，大大提高了志愿服务和管理的效率，节约了成本。同时上海志愿者网作为一个统一平台也发挥了巨大的作用，进博会的服务动态、活动公告、各个志愿服务团体风采展示、志愿者个体交流等信息都可以在这一平台上获取。

三、进博会闪光点和特色

闪光点一：高校志愿服务品牌

华东师范大学启动“ECNU志愿者能量蓄电站”装置，为140名志愿者“私人订制”专属充电宝，他们带着充满电量的专属充电宝进场，为电量告急的参展观众主动提供充电服务，彰显跨前一步的主动意识。

东华大学志愿者则拥有专属于他们的形象“志愿·东小华”，取名“Vovo”。“Vovo”周边文创产品融合进博会元素“四叶草”以及志愿者文化元素“雷锋”、“超人”等，也将陆续发放，对志愿者进行激励和表彰。同时成立服务志愿者的“志愿者平方团队”，每日清晨为志愿者发放专属纸巾和爱心早餐包，在志愿者休息室和班车内将摆放“Vovo 陪伴布偶”，让志愿者感受到组织的陪伴，从精神上缓解志愿者的工作压力。

此外还有上海健康医学院的进博会志愿者都随身配备了一个急救药包，上海中医药大学为广大志愿者调制共三类四叶花草养生茶组成“进博申小杏”系列养生茶包，上海对外经贸大学的四叶草养成计划和五彩手环等。这些服务品牌让志愿精神得到传递，让志愿者在参与志愿活动中活动激励。

闪光点二：进博文化特色站

加油站行业提出“三亮三比三争当”，全面提升服务进博会。一是开展“亮身份、亮标准、亮承诺”窗口行动，全力营造放心、安心的消费环境，提升窗口服务水平。二是开展“比服务、比创新、比业绩”最美行动，围绕战疫情、护进博、提质增效各项工作，深化岗位实践，寻找最美笑容、最美服务之星，打造服务保障进博的最美窗口。三是开展“争当城市精神代言、争当企业形象代言人、争当先锋代言人”代言行动，让每个窗口、每位员工都成为传播进博文化的窗口，展示上海城市精神的窗口，彰显文明行业形象的窗口。

紧靠国家会展中心的中石化广虹加油站、中石油方皇加油站等率先行动，以进博元素扮靓加油站，结合实际拓展和提升服务能级，推出了“进博知识宣传、双语服务、商品选购、道路指引、大车司机驿站”等专项服务。其中，启动仪式举办地、曾荣获“上海市城市服务保障第二届进博会立功竞赛先进集体”的中国石油方皇加油站以“石油与进博同行”为题，精心设计了“六个一”360 度场景展示，即一套进博宣传海报、一条进博宣传走廊、一处进博宣传展台、一张进博宣传单页、一份进博道路指引、一个进博优选展柜，让顾客加油购物的同时，切实感受到进博就在身边。

闪光点三：疫情之下海关“四个升级”服务进博会

在常态化疫情防控条件下，上海海关从监管服务制度创新、通关便利化、大数据应用等方面入手，“通关便利化升级、监管精准度升级、措施适用性升级、溢出带动效应升级”，全力做好第三届进博会保障服务工作。

通关便利化升级，即实施展览品进境“无纸化通关”、专门设立会展海关，提供“一窗通办”服务。

监管精准度升级，即升级大数据平台的风险分析和应用，对进博会展品实施分级分类精准监管；启用了国内首创的移动式方舱实验室，确保进博会人员“检得快、检得准”。

措施适用性升级，即进一步固化与完善“授权行政审批”“延长 ATA①有效期”等，新增税款保证保险担保，允许展后将展品转入特殊监管区域开展跨境电商业务。

溢出带动效应升级，即完善保税展示展销常态化业务，扩大区块链业务试点范围，支持绿地全球商品贸易港和虹桥进口商品展示中心保税展示展销场所做大做强业务规模。

四、对进博会作为精神文明窗口的总结与展望

（一）创一流服务，建最美服务窗口

要以进博会的举办为契机，继续推进“最美服务窗口”和“一行业一亮点”特色服务品牌创建活动的开展，坚持每年评选，坚持每年创建。

未来评选和创建活动中四个标准不能丢：一是坚持以环境优美，设施设备完善为标准；二是坚持以秩序良好，服务流程清晰为标准；三是坚持以服务规范，市民办事便利为标准；四是坚持素质过硬，勇担社会责任为标准。促进全市 43 个行业（42 个创建行业加餐饮行业）优化服务环境、强化服务规范、提升服务质量，做好进口博览会窗口服务保障工作，将这些进博会的创新和具体优化措施延续到未来的工作中，从而为上海城市精神文明建设做出贡献，更为上海提升城市能级和核心竞争力，建设卓越的全球城市和具有

---

① ATA 单证册是国际通用的海关通关文件，它是世界海关组织为暂时进出境货物而专门创设的。ATA 由法文 Admission Temporaire 和英文 Temporary Admission 的首字母缩合而成，表示暂准进口。ATA 单证册也被称为“货物通关护照”。

世界影响力的社会主义现代化国际大都市做出积极贡献。

（二）以指数测评推进文明行业创建

根据历年的测评情况和重点工作，在推进文明行业创建过程中要做到“三个坚持”。

一是坚持把培育和践行社会主义核心价值观放在创建文明行业工作首位。采取多种形式，坚持不懈地抓好思想道德教育，使之融入行业教育、行业文化、行业行为。围绕“敬业、诚信、友善”三大主题，提炼完善本系统、本行业、本单位的道德和礼仪规范。举办文明礼仪知识竞赛、演讲比赛等活动，大力倡导以爱岗敬业、诚实守信、办事公道、服务群众、奉献社会为主要内容的职业道德。利用服务场所电子显示屏、固定广告牌等媒介做好公益宣传，使窗口行业成为宣传普及社会主义核心价值观的重要阵地。

二是坚持把提升窗口行业服务质量作为创建文明行业基本要求。各行业要积极研究制定规范服务标准、细化服务内容、提升服务管理水平、健全日常监督机制，比如要在各服务场所醒目位置对服务承诺制度、收费标准等进行公示，要做到各类服务指示牌准确到位，要对工作人员统一着装，挂牌服务，操作规范，用语文明，态度良好，要利用行风热线等平台、聘请社会人员和服务对象等作为行风监督员，不定期对各服务窗口服务情况进行暗访检查，及时反馈，抓好整改。

三是坚持把行业内各级文明单位创建作为细胞工程。文明单位创建是整个精神文明建设的细胞工程，细胞活则全盘活。一方面要抓典型，树立和培育一批先进典型，加强宣传引导，发挥先进典型的引领作用；另一方面要融大局，主动融入文明城市的创建，将行业文明创建与城市文明创建结合起来，互相促进，提高积极性。

（三）坚持志愿者团队的长效建设

应以进博会举办为契机，建立和完善志愿者工作的长效机制，为未来的举办大型活动预备充分的志愿者后备力量。要从数字化和法制化两个角度入手。

数字化即要提升志愿者信息化管理水平。一是要建立完善的志愿者资料库。根据志愿者的技能和特长，进行分类和统计，建立志愿者资料库。按不同专业对志愿者分类入库，进一步增加志愿者队伍的储备力量，为不同岗位提供各类志愿者，也为日后上海举办各类大型活动储备志愿者。二是以“十四五”期间上海打造国际数字之都为契机，搭建志愿者管理平台，一方面利用平台可以完成包括公开招募、公布财务状况、项目的申请和开展、组织运行机制和运行状况等在内的日常运营工作；另一方面也可以利用信息平台实现志愿者活动经验的交流共享、志愿者之间的互助合作等，构建一个志愿者的精神家园。

法制化即将志愿服务活动纳入法制化轨道。通过建立健全地方法规，提升公民对志愿服务的认识水平，解决志愿服务过程中必不可少的资金、必要的劳动保障等问题，解决出现的各类纠纷，保证大型活动顺利进行。

作者简介：

陈灿斌，上海社会科学院党委宣传部

“新时尚”引领城市文明建设
“共参与”撬动城市治理支点

——上海垃圾分类实践的创新探索

杜杨沁　叶　岚

摘　要： 党的十九届四中全会要求“普遍实行垃圾分类和资源化利用制度”。推行城市生活垃圾分类治理，不仅是生态文明建设的重要内容，更是“人民群众追求美好生活”的迫切需求。城市生活垃圾分类是一项事关民生福祉与国家可持续发展的治理问题。2019 年 7 月 1 日，《上海生活垃圾管理条例》正式颁布，上海市从共治自治、善治智治、法治久治、党建引领几个方面探索出适合上海垃圾分类治理的成功经验。但“运动式”短期成效过后，可持续性面临挑战，亟待建立垃圾分类长效机制。垃圾分类是一个系统工程，需要垃圾处理的各个环节协同配合，前端收集、中端转运和末端处理，考验的是全环节、全要素的协同治理能力。后续需从优化宣传教育政策体系、健全垃圾分类责任体系、提高政策执行效力、加快垃圾末端处理设施建设、切实抓好源头减量、完善工作模式等采取更为科学、精细、合理、有效的对策措施。

关键词： 垃圾分类　新时尚　长效机制　城市治理

党的十九届四中全会要求“普遍实行垃圾分类和资源化利用制度”。推行城市生活垃圾分类治理，不仅是生态文明建设的重要内容，更是“人民群众追求美好生活”的迫切需求。过去老百姓“盼温饱”，现在“盼环保”；

过去"求生存"，现在"求生态"。城市生活垃圾分类是一项事关民生福祉与国家可持续发展的治理问题。推行垃圾分类制度，关系 14 亿人生活环境改善，关系到城市居民的获得感、幸福感和安全感。上海以敢为天下先的勇气和精神打响了国内垃圾分类的第一枪，开启了一场全民参与的"生活"革命。2020 年初，国家主席习近平在新年贺词中，重新提及 2018 年他在上海视察时所定义的"垃圾分类引领低碳生活新时尚"。

前不久，上海市生活垃圾分类"年报"出炉，全市基本形成了垃圾全程分类收运的体系，上海全市可回收物回收量平均每天 6 813.69 吨，同比增长 71.09%；有害垃圾分出量平均每天 3.3 吨，同比增长 11.2 倍；湿垃圾分出量平均每天 9 632.13 吨，同比增长 38.52%；而干垃圾处置量 15 518.24 吨/日，同比下降 19.75%。因为分类细致、纯度高、质量有保障，分出的垃圾得到了更高效的资源化利用，回收利用率达到 35%。从数据看，垃圾分类的效果正在显现。上海，向"人人向往的生态之城"又迈进了一步。

垃圾分类在当今经济社会迅猛发展的情况下，势在必行，有了垃圾分类，才能后续更好地无害化处理，才能更好地提高回收利用率，才能为我们的生存环境减负。2019 年 6 月 3 日，习近平总书记对垃圾分类工作作出重要指示："推行垃圾分类，关键是要加强科学管理、形成长效机制、推动习惯养成。"习近平总书记时刻关心这件"关键小事"，把这项任务交给上海，即是对上海城市治理能力和水平的认可，也是对垃圾分类工作的高度重视。

一、上海市垃圾分类的成功实践：垃圾分类就是"新时尚"

（一）共治自治——全民参与推动习惯养成

一年多来，上海市居民的垃圾分类已经从自发走向了自觉，如果说开展垃圾分类的习惯一开始是被"逼"出来的，那么现在从居民家庭到社区，定时定点垃圾分类已经基本变成居民每日生活的"必修课"，垃圾减量已经成为一种自觉的新兴生活方式。在这次新冠肺炎疫情期间，大部分社区的志愿者都撤出了，但仍有 2/3 的居住区自觉分类投放水平保持优秀，另外 1/3

居住区则保持良好。社区垃圾开始从增量走向减量。随着垃圾分类在社区的推进，各类垃圾已经开始出现明显的减量化的趋势，每日一扔的垃圾分类习惯，在时刻提示居民要适当控制垃圾数量。

所以小区中经常看到的场景是小手牵大手，共同学习垃圾分类。这些互动促进了政府与民众关于政策的交流与理解，拓宽了政策阐释的意义空间，为政策执行赢得了良好的舆论环境。在对“四分法”、“定时定点”、“强制性罚款”等话题的讨论中，人们的观念在慢慢转变，在一次次的官方话语和民间话语的交流碰撞中形成了共识。

《解放日报》刊载过一篇文章《事关所有人的事，终究要动员起所有人》，其中有一句话：“一座城市的品质，往往决定于细节。浓墨重彩的摩天大楼是上海的门面，清新低调的垃圾桶也是。”生活垃圾分类，这件看似微不足道的小事，正在深刻地、潜移默化地改变上海这座东方大都市的气质。垃圾分类不仅仅是改变环境，更多地是改变人。垃圾分类的影响正从环境领域延伸到社会领域，垃圾分类、定时定点投放正成为市民文明素质的一种标志，展现了上海市民较高的公共素养。

上海垃圾分类政策从一开始就并非单向告知公众，而是强调开放性，政府主动设置议题，使之成为热门话题，邀请公众广泛参与，直接邀请公众进入政策传播链条，探讨创新城市治理理念，探索政策意义及空间，重塑公共政策文化。垃圾分类不只是分拣垃圾的事，也是培育民众公共意识、实现民生公共利益的典型切口。生活垃圾分类从社会治理的难点，成为弥合社会关系、邻里关系的载体，其催生的“共情感”正在不断转化为社区的“共治力”。垃圾分类的溢出效应值得重视，全民参与的垃圾分类成为了撬动社区治理的最佳支点，可以纳入到上海基层治理的长远规划中。

（二）善治智治——精细中凸显科学管理

智能化绝对是提升效率、赋能垃圾治理的法宝。小到很多小区都有的智能投放垃圾库房（扫码开箱、自动称重、自动后台记录数据、摄像头溯源）。虹口区北外滩街道云舫小区的居民发现，自从小区垃圾厢房实施了5G

智能化改造，终于可以“无接触”扔垃圾了——走到对应的垃圾桶前，投递口自动开启，投放垃圾后，投递口自动关闭。中到普陀区为细化沿街商铺垃圾分类，对5条道路、300家商铺试点沿街商铺线上收运系统，同时对接“一网统管”系统，实现“一屏分类、一网管全程”，利用人工智能、云计算和大数据、物联网等手段，提高垃圾收运效率和精准度。大到已建成的覆盖全链条的信息化监管平台，可对垃圾分类、清运、处理实现全链条的信息化监管，形成贯穿整个链条的物质流、信息流，实时掌握源头分类垃圾量、正确率、覆盖率，中端清运路径、调度情况，末端处置垃置垃圾量、环保情况等重要信息。

很多民众非常关注我们的垃圾最后去到哪里了？其实在末端环节也已经实现了智能化管理。在上海垃圾分类启动的前三天，随着两个焚烧炉燃起熊熊烈火，老港能源利用中心二期正式启动。没有臭味、污水、浓烟，老港二期以现代化的建筑，世界一流的设备，智能化的控制室等颠覆人们的想象，诠释了什么叫做智慧垃圾场。在这里，被分类后的垃圾也经历着不同寻常的“变形记”。每天6 000吨垃圾在烈焰中转化为绿色清洁的电能，炉渣也有了新的使命，变身为砖、水泥的建筑材料，经过这一系列的操作之后，整体垃圾体积减为最初的1%，变成飞灰被无害化填埋。随着老港二期的正式运行，老港再生能源利用中心一、二期工程总焚烧处理生活垃圾可达300万吨/年，焚烧发电每年可达15亿千瓦时，成为了全球最大的垃圾焚烧厂，承包了上海近一半的生活垃圾。

党的十九届四中全会把“科技支撑”作为完善社会治理体系的重要内容。基层干部口中的“技防+人防”，专业表述的“科技+管理”，双管齐下，效果明显。利用智能化等科技手段对垃圾分类进行全过程监管，有效破解了垃圾分类的监管难题，减少了监管成本，提升了治理效率。

（三）法治久治——立法先行促机制长效化

上海先后出台《关于进一步加强本市垃圾综合治理的实施方案》《关于建立完善本市生活垃圾全程分类体系的实施方案》《上海市生活垃圾全程分

类体系建设行动计划（2018 年—2020 年）》等文件来对垃圾分类进行政策支撑。市人大城建环保委主任委员崔明华指出："开展生活垃圾分类，推行垃圾减量化、资源化、无害化，是对传统生产生活方式的一场变革，是一项长期、复杂的系统工程，通过地方立法给予规范和引领，不仅是党中央、国务院的明确要求，也是实践工作的迫切需要。"除了实际操作的需要，《上海生活垃圾管理条例》还就生活垃圾治理的顶层设计和系统规划、源头减量措施、分类投放的主体责任和监督管理责任设定、资源回收利用和循环产业布局、湿垃圾资源化利用等核心问题进行了明确，建立健全了上海市垃圾分类配套政策体系，为形成环环相扣利益机制提供必要支撑。

2019 年 1 月 31 日，我国第一部由地方人民代表大会审议通过的规范生活垃圾管理的地方性法规《上海市生活垃圾管理条例》问世。这个《条例》历时一年，近 10 次意见征询讨论，汇集 26 000 余份社会各界意见，标志着上海市生活垃圾全程分类即将迈入"法治时代"，为提升全市生活垃圾管理水平和实效提供了坚实的法制保障，建立"软引导"与"硬约束"相结合的综合治理机制。

为垃圾分类专门立法，意味着这已经成为广大市民长期法定义务，是强制性的行为规范。纵观分类推行较好的国家和地区，无不靠强化执法落实公民义务。为了有效监管垃圾分类，新加坡政府专门成立巡视队，韩国则在强制小区垃圾投放处设置摄像头。法制和法治的保障，让生活垃圾分类有条件从短期高强度投入的"攻坚战"，转向常态长效制度化的"持久战"。

垃圾分类是非常复杂的系统工程，需要垃圾处理的各个环节协同配合，前端分类投放、中端收集、转运和末端无害化处理及资源化回收，全部离不开与全链条垃圾分类参与者切身利益相挂钩的监管章程，分类投放是作为垃圾产生者的居民的法定责任，分类收集、分类运输、分类处理是政府以及与政府建立相关合同关系的垃圾收运处理企业的法定责任，所以《条例》首次对生活垃圾从产生源头到末端处置全流程、全周期管理进行立法，明确了各环节责任主体的权利与义务，可操作性强。

徒法不足以自行，必要的惩治也是推进垃圾分类工作的重要一环。新规在明确权责的同时，还推动建立了综合行政执法机制，面对千家万户、大小主体，执法部门尤须一把尺子量到底。特别是要理顺垃圾分类前后端，建立从投放、收集到运输、处理的全流程监管体系，避免“前端分类后端一勺烩”，确保公共治理的公信力。当严管真罚落到每个小区、每家单位，垃圾分类就能打破“理念认同，行动滞后”的怪圈，从时尚走向日常。

根据新规，个人混合投放垃圾，最高可罚200元；单位混装混运，最高则可罚5万元。2019年7月至2020年4月，上海共开展执法检查12.3万次，教育劝阻49 945起，责令当事人整改30 013起，查处案件7 662起。

严格执法把《条例》的顶层设计落到实处，也为垃圾分类长效化、常态化提供了保障，奖惩分明，才能走得更远，走得更好。

（四）党建引领——社区治理双向促进

垃圾分类不仅是环境治理问题，也是撬动社区治理的最佳支点。在垃圾分类治理实践的基础上形成党建引领下的双向促进工作模式，用社区治理的方法来推进垃圾分类，用垃圾分类来撬动社区治理，通过治理做增量，垃圾做减量的一增一减来实现双向促进。

抓住居民区党组织“火车头”，发扬群众工作“传家宝”，用好社区治理“绣花针”。成功推动垃圾分类工作的关键在于“一句话”和“三件事”。一句话是：“只有人心聚起来，垃圾才会分出来。”社区推动垃圾分类更重要的是做人心的工作，党建引领就是引领人心，从而实现从培养思想、培养行为习惯，到培养长效机制。三件事是：一是抓住居民区党组织“火车头”，带动“两委”班子、党员队伍站在前列，发动“三驾马车”、志愿骨干紧随其后，把小区的四梁八柱拧成一股绳。二是发扬群众工作“传家宝”，居民区干部们挨家挨户“跑断腿、磨破嘴”，坚守一线并发动居民志愿者们轮值箱房，风里来雨里去，用辛苦指数换来了千家万户垃圾分类的时尚指数。三是用好社区治理“绣花针”，一类型一办法，一小区一方案，每个小区形成符合自身特点的操作办法，分类施策才能事半功倍。

在具体实践中，基层社区在垃圾分类治理中探索出一系列的运行机制。

一是共识凝聚机制。垃圾分类能否成功推行，共识凝聚机制是至关重要的。在凝聚共识的过程中，有三点极为重要：其一是基层党组织对社区治理基础、社区公共意愿以及社区公共议题的分析与提炼；其二是基层党组织、居委会在社区进行的民意调查、民意收集和民意归纳；其三是社区对垃圾分类的宣传。二是示范带动机制。将垃圾分类行动从一部分人逐渐扩展到所有居民，将不遵守规则者、“搭便车”者以及消极行为者，拉入积极行动者的队伍中来。三是内生压力机制。可通过制度和规则的设计具体实践这一机制。其一是建立数据统计机制，通过志愿者的蹲点值守，详细记录每次居民垃圾投放、分类情况，形成数据记录册，实时掌握小区垃圾分类动态。其二是设置红黑榜公示家庭垃圾分类情况，根据数据记录，定期公布垃圾分类红黑榜，表彰分类良好的家庭，督促分类不彻底的情况，促进居民垃圾分类习惯的养成。其三是可以建立大件垃圾定点堆放“双告知”制度，通过两次告知，即居委上门告知和物业收费时告知，通过向装修户发放告知单，明确定点堆放要求，提醒装修期间安全事项和房屋法规宣传。四是专业辅助机制。进一步推动专业化的社会组织介入与指导居民区垃圾分类，通过居委与社会组织积极开展联合，引入专业力量，增加工作效能。比如，在社区内搭建各类环保实践载体，可以把小区内闲置的公共空间改造为菜园，实施党员志愿者包干管理，收集餐前垃圾制作酵素肥料和酵素产品，用于菜园施肥，蔬果成熟后为社区内孤老、高龄老人开展爱心送菜。五是政社对接机制。政社对接机制对保证社区垃圾分类的可持续性推进是极为关键的，需要进一步做好政府环卫部门与社区垃圾分类的成功对接。长宁区爱建居民区也有过类似的经历。比如，在2011年，爱建居民区曾推行垃圾分类，一开始也是轰轰烈烈的，可后来居民发现，自己辛辛苦苦前端分好，垃圾车一来，轰隆一下又混在一起了，积极性大为受挫，最后垃圾分类不了了之。政社对接机制对保证社区垃圾分类的可持续性推进是极为关键的。反过来看，社区垃圾分类也将会带动政府垃圾处理工作的改进。垃圾分类将直接驱动政府环卫部门垃圾治理理念、垃圾治理流程以及垃圾治理体系的变革。

以社区治理推动垃圾分类，从培养思想共识—培养行为习惯—培养长效机制，实现居民源头分类两定投放。以垃圾分类去撬动社区治理，把垃圾分类与"党员公益行动"、"四百走访"、"四位一体"建设、"美丽家园"建设等项目联动，实现垃圾分类的溢出效应。

二、生活垃圾分类长效机制的探索：系统统筹与协同治理

（一）系统统筹

城市生活垃圾分类面临的最大问题是以政府强力推动的"运动式"为主要特征的垃圾分类，见效快，但可持续性面临挑战。比如志愿者撤离后部分社区生活垃圾分类质量下降、垃圾总量没有同步下降而是逐步上升、湿垃圾运输和处置中"跑冒漏滴"、臭味扰民，以及玻璃、塑料等低价值回收物循环利用率低等制约着垃圾分类工作可持续性的问题，因此，建立城市生活垃圾分类长效机制，核心是要回答：当主要领导的注意力发生转移时，当现行政策工具、激励举措及政府补贴取消或变化时，当末端处置技术发展、社会结构出现更迭等新变化层出不穷时，城市生活垃圾分类如何能够平稳有序地推进并持续达成政策目标?

（1）前端分类"知易行难"。一是分类准确率不高，尤其是湿垃圾纯净度较低，垃圾处置后的产品缺乏认定标准和市场出路。二是认识误区。有人认为垃圾分类长效机制只是要解决企业和市民如何养成分类习惯。其实，这只是其中一个环节，还应包括源头减量。

（2）中端衔接有缝隙。各区垃圾分类投放、收集、运输和中转进展不平衡；垃圾收运环卫系统与再生资源系统的衔接融合缝隙较大，玻璃、塑料等低价值回收物循环利用率低，存在"市场失灵"。2015 年，我国塑料饮料瓶消费量超过 500 万吨，约为 2 000 亿个。据不完全统计，大约有 400 万吨的废弃饮料瓶，这意味着我国塑料饮料瓶回收率仅为 20%，而循环利用率就更低。

（3）末端处置能力有缺口。四分类终端处置设施完善水平不尽相同，末端分类处置体系建设经济效益低、社会风险大。湿垃圾末端处置技术还难以

支撑垃圾资源化利用。

（4）源头治理是短板。垃圾源头减量面临着企业的阻力，一些企业为了使商品好看而过度包装导致资源浪费；一些外卖和快递企业为了降低成本，不愿意使用可降解的包装物，大量使用一次性塑料袋；一些市民为了便利或便宜而滥用不可降解的塑料袋等。利益阻力难以消除，源头减量成为垃圾分类长效机制建设的最大难点。

（二）协同治理

垃圾分类是非常典型的知易行难，它是一个系统工程，需要垃圾处理的各个环节协同配合，前端收集、中端转运和末端处理，考验的是全环节、全要素的协同治理能力。

（1）多管齐下、打好政策组合拳。建立城市生活垃圾分类长效机制，需要运用到经济手段、政治手段、法律手段和社会手段等，实质上考验的是地方政府的治理能力和治理水平。经济手段的核心是利益，政府运用经济政策工具对城市生活垃圾全程分类中的具体行为进行激励，企业运用市场机制通过参与长效机制的相关环节实现效益，如缴纳资源回收处理基金等。政治手段体现政治责任感与政府绩效。诸多地区的实践表明，主要领导人与行政首长对垃圾分类工作分配的注意力越多，越有助于整体推进生活垃圾分类工作。法律手段捍卫的是秩序，体现了垃圾分类制度的刚性。社会手段体现的是公益和善举，反映了垃圾分类推进中的柔性。

（2）整体治理，重点突破。垃圾治理是个系统工程，具有复杂性、系统性、反复性特征，需要树立系统思维、整体思维，从多维度、多层面来建立长效机制。

一是统筹考虑前端分类标准与末端处理技术的协同性，认清整体推进全程分类比单环节突破效果更好。垃圾分类环节多、链条长，前端分类、收运中转与末端处置效果相互制约、彼此牵制，导致单独突破任一政策环节都无法实现政策目标。如果前端分类而又混装转运，会打击前端分类积极性；前端垃圾分离度不高，又会导致分装、分运成本收益入不敷出，政府补贴压力较大，还会由于前端分类不彻底所混入的杂物，缠绕或折损末端湿垃圾处理设备并影响堆肥质量；末端处理能力设定得太高，又会制约后续垃圾减量工作的进程。

二是抓住重点，解决阻碍生活垃圾长效治理的瓶颈问题。即要坚持源头减量、全程分类、末端无害化处置和功能化利用能力大幅提升的治理思路。

（3）统筹自律和他律。法律制度的刚性约束是垃圾分类长效常态化的重要外力驱动，合理的政策和技术支持则是重要的支撑条件，而垃圾分类生活习惯的养成还需要靠自身对垃圾分类工作的认同。

三、上海市垃圾分类未来展望：从“垃圾分类”到“绿色生活”

针对城市生活垃圾分类的非结构化、跨主体边界、长期动态存续等特点，需要采取更为科学、精细、合理、有效的对策措施。

（一）弘扬低碳生活和绿色发展理念

优化宣传教育政策体系，把宣传的重心转移到弘扬低碳生活和绿色发展理念上来。鉴于前期推进垃圾分类的硬性时间限制，大部分街道在宣传垃圾分类工作上主要侧重分类方法标准、分类方法的指导，大多局限于垃圾分类本身，而垃圾分类对于上海市生态环境治理的重要性、生活品质提升的相关性解释力还不够。因此，宣传的重心要转移到弘扬低碳生活和绿色发展理念上来。具体措施包括：生态环境教育纳入义务教育的教学内容，形成教育长效机制；加大固体废物环境管理宣传教育，有效化解“邻避效应”，引导形成“邻利效应”；通过市场机制和人性化管理引导和激发群众参与垃圾分类，形成低碳生活和生产方式。

（二）健全垃圾分类责任体系，提高垃圾分类的政策执行效力

一是激活社区社会资本，提升社区垃圾分类政策执行效果，即应在社区

充分发展和培育社会资本，增进其存量，营造良好的居民邻里关系，弘扬志愿主义精神，发展普遍性信任，从而为垃圾分类政策在社区推行打造良好的社会基础。

二是充实社区垃圾分类政策执行主体力量。即要整合社区各方面政策执行有关的力量，通过建构社区层面政策执行有关行动者的整合化网络，形成社区政策执行方面相互影响、相互依赖的格局，要加强与其他组织的协调合作关系。

三是增强专业性组织等政策执行相关者在社区政策执行过程中的作用。即应该引入或培育社会组织，进一步强化物业、社会组织等力量的参与能力，激发其积极性，形成与执行主体在社区层面的联动效应。

四是推动社区垃圾分类政策执行目标群体全面、深层次参与垃圾分类。即要不断强化居民的政治素质和公共精神。

五是构建与垃圾分类政策执行相关的奖惩机制、责任机制、监控机制、反馈机制，促进正式规则的权威性。即要加强执行主体的政策素质，提升对政策的认同和相关执行理念，又要不断提高执行计划制定能力、执行冲突解决能力、与其他机构的协调合作能力，在实践中不断进步。

（三）加快垃圾末端处理设施建设

无论从现在还是长远来看，都必须提高垃圾末端处置能力和低价值可回收物综合利用能力，为生活垃圾分类打下坚实基础。正如应勇同志所言："加快提升生活垃圾末端资源化利用和无害化处理的能力，在上海当下远比建几幢楼重要得多。"同时，要细化对可回收物的分类，健全回收利用体系。

（四）切实抓好源头减量

生活垃圾全程分类是基础、源头减量是根本。垃圾减量主要取决于生活方式和消费习惯的改变。具体对策是：提倡健康环保的生活方式，减少过度消费和浪费；建立"污染者付费"制度，通过垃圾费随垃圾量征收等形式，将垃圾排放产生的负外部性内部化；引入生产者责任制，只有在生产者回收产品包装物后，才可取回保证金，沉淀保证金用于支持全社会垃圾处理事业。

（五）完善工作模式

用好基层党组织引领下的三会制度①、居民参与制度、志愿者制度等，进一步完善党建引领下的垃圾分类与社区治理双向促进工作模式，为垃圾长效治理奠定自治基础。

城市生活垃圾分类是一项事关民生福祉与国家可持续发展的治理问题。国家主席习近平在2020年新年贺词中的一句话给出了答案，那就是要经过长期努力，最终实现从“绿色生活”到“无废城市”的根本转变。

“新时尚”是对新文明的追求，生态文明就是我们新时代的文明。“新时尚”可以理解为每个人都要为生态文明建设做贡献，垃圾分类就是一件可以让每个人都主动参与，以行动者的角色而不是旁观者的姿态来参与，崇尚绿色生活、绿色消费、努力节约资源、保护环境。这就是“新时尚”的题中要义。

垃圾分类仅仅是一个具象缩影，投射出的是国家对循环经济发展、生态文明建设的谋篇布局，是新中国成立70年来环境保护、可持续发展、生态文明建设的鲜活映现。同时，这也是一个城市治理能力和市民素质的综合体现，是衡量社会文明水平的重要标志。

作者简介：
杜杨沁，博士，中共上海市委党校公共管理教研部讲师
叶　岚，博士，中共上海市委党校公共管理教研部副教授

① 三会制度即定期召开支部委员会、党小组会和支部党员大会。

展现城市风度的实践舞台

——探索和实践志愿服务参与社会治理的新路径

魏莉莉　裘晓兰　张虎祥

摘　要： 垃圾分类志愿服务体现社会的文明程度，是创新社会治理的重要实践。对标中央要求，上海积极立足特大型城市流动人口多、社会结构复杂、治理难度大的实际情况，结合习近平总书记交办的全面推进生活垃圾分类重要任务，大胆探索和实践志愿服务参与社会治理新路径，构建党委领导、政府负责、社会协同、公众参与的社会治理大格局，推动垃圾分类志愿服务从提供社会服务，向参与社会治理、凝聚社会共识跨越，成为展现城市风度，提升城市温度的实践舞台。

关键词： 垃圾分类　志愿服务　低碳生活

一、垃圾分类推进社会文明进步

垃圾分类作为绿色生态文明建设的重要举措，是城市文明程度和市民文明素养的直接体现。作为高品质生活的重要内容，生活垃圾分类的重要性近年来日益凸显。从国家层面来看，垃圾分类事关人民的生活环境改善，事关绿色可持续发展大局，已然上升至国家战略高度。2016 年 12 月，习近平总书记在中央财经领导小组第 14 次会议提出普遍推行垃圾分类制度。2017 年，《政府工作报告》将普遍推行垃圾分类制度列入城乡环境综合整治重要工作；3 月，国务院办公厅转发的国家发改委、住建部《生活垃圾分类制度实施方案》，对“普遍推行生活垃圾分类制度”做出部署，制定推出了生活垃圾分类制度实施的目标、垃圾分类的类别、激励机制，并明确在46个城市先行实施生活垃圾强制分类；12月，住房城乡建设部印发了《关于加快推进部分重点城市生活垃圾分类工作的通知》，加快推进北京、上海等46个重点城市生活垃圾分类工作，提出到2020年底要基本建成生活垃圾分类处理系统，基本形成相应的法律法规和标准体系，形成可复制、可推广的生活垃圾分类模式，至2035年前，46个重点城市全面建立城市生活垃圾分类制度，垃圾分类达到国际先进水平的目标要求。可见，国家层面的大背景下，作为关系民生的重要政府举措，我国正加速推进垃圾分类工作，设立了明确的推进“时间表”，其重要性和紧迫性都被提上了新的高度。

2018年11月，习近平总书记在视察上海时指出：“垃圾分类工作就是新时尚。”“垃圾分类需要全民参与，上海要把这项工作抓紧抓实办好。”在对上海提出了任务要求的同时，也为推进上海城市治理指明了落实路径。2019年，上海生活垃圾分类工作提速，1月，市人大通过《上海市生活垃圾管理条例》，并于7月1日实施。《上海市生活垃圾管理条例》明确了可回收物、有害垃圾、湿垃圾和干垃圾4种生活垃圾分类标准，旅店、餐馆不得主动提供一次性用品，同时首次明确对生活垃圾全流程进行分类，确立分类投放管理责任人制度和相应法律责任等。这标志着在推行20多年后，“垃圾分类”在申城正式纳入法治框架，也意味着上海进入了史上最严垃圾分类新征程。3月，《关于建立完善本市生活垃圾全程分类体系的实施方案》出台。4月，《上海市生活垃圾全程分类体系建设行动计划（2018—2020年）》出台，提出到2020年底，基本实现单位生活垃圾强制分类全覆盖，居民区普遍推行生活垃圾分类制度。正如李强书记所指出的：垃圾分类是一项系统工程，是一场革命性的绿色转型，必须举全市之力、集各方智慧，上中下游一起抓，前中末端齐发力，形成全社会共同推进的强大合力。

志愿服务是培育践行社会主义核心价值观的生动实践，是现代社会文明进步的重要标志，是加强和促进精神文明建设的重要载体，是凝聚和激发社会合力，创新和实践社会治理的新助力。市文明办、市志愿者协会联合市绿化和市容管理局，以志愿服务体系建设为抓手，贯彻落实上海市委、市政府对生活垃圾分类工作提出的重要指示，围绕中心、服务大局，进一步引导广大市民积极参与城市生活垃圾分类和减量工作，充分认识生活垃圾分类对推进社会文明进步的重要意义，广泛发动组织志愿者积极参与垃圾分类实践、宣传和引导，通过志愿服务引领垃圾分类新时尚。垃圾分类是一项系统性工程，并非只是简单地设置分类垃圾桶，而是需要建立起分类投放、分类收集、分类运输、分类处理的生活垃圾综合处理系统。同时，如何确保居民按照规定进行分类投放是一个巨大的挑战。前端分类的成效将直接影响后续垃圾的处理效果，因此，分类投放是整个垃圾分类系统的基础。而能否实现前端分类，有赖于居民能否形成分类意识与行为习惯。要促成居民意识与行为养成，很大程度上依赖于社会氛围、社会力量参与以及社区自治共治的基层基础，依赖于社会治理的创新。为了解上海市民和志愿者对生活垃圾分类的认知和行为以及参与生活垃圾分类志愿服务活动的基本情况，上海市精神文明建设委员会办公室、上海市志愿者协会、上海社会科学院社会学研究所课题组于2019年底联合开展面向全市注册志愿者和市民的问卷调查，共获得志愿者有效样本861份，市民有效样本905份。

二、上海垃圾分类志愿服务发展状况

上海市垃圾分类志愿服务队伍建立完善了“市、区、街镇”三级垃圾分类志愿服务体系，持续发挥着垃圾分类志愿服务的支撑和保障作用。上海市民和志愿者对垃圾分类的实施效果有较高满意度，高度认同垃圾分类志愿者的积极作用，同时有较高意愿参与垃圾分类志愿服务。

（一）垃圾分类志愿服务队伍获得蓬勃发展

自2018年8月“上海市生活垃圾全程分类志愿者总队”在上海市志愿者协会正式注册登记成立以来，全市16个区、220个街镇以及1.15万居（村）委垃圾分类志愿者队伍相继成立，上海市生活垃圾全程分类市、区、街镇、居（村）委、小（社）区“三级管理、五级队伍”的志愿服务体系基本形成。截至2020年12月，全市垃圾分类注册志愿者人数约为53万人，累计开展志愿服务2 900余万小时，获得授牌的街镇垃圾分类志愿服务队53支，产生了广泛积极的社会影响。

（二）市民和志愿者对垃圾分类的实施效果有较高满意度

从对生活垃圾分类实施效果的打分情况（1—10分）来看，市民打的平均分为7.26分，志愿者打的平均分为7.67分，志愿者的打分略高于市民。其中，市民中打分为10分的占比7.5%，9分的占比13.8%，8分的占比29.0%，这表明有50.3%的上海市民打分在8分及以上；志愿者中打分为10分的占比13.8%，9分的占比15.4%，8分的占比31.3%，这表明有60.5%的志愿者打分在8分及以上。可见，有超过半数的市民和志愿者对生活垃圾分类的实施效果总体较为满意。

（三）市民和志愿者高度认同垃圾分类志愿者的积极作用

市民和志愿者高度认同志愿者在推进生活垃圾分类工作中的积极作用。调查显示，有75.5%的市民和81.3%的志愿者认为志愿者在推进生活垃圾分类工作中的作用大，其中市民认为作用很大的占比26.4%，认为作用比较大的占比49.1%；志愿者认为作用很大的占比43.6%，认为作用比较大的占比37.7%。这体现出市民和志愿者对志愿者推进生活垃圾分类工作的较高认同度，并且志愿者的认同度高于市民。

（四）大多数市民和志愿者能正确认知生活垃圾分类

自2019年7月1日《上海市生活垃圾管理条例》施行以来，上海市民逐渐形成对垃圾分类的正确认识并能付诸行动。调查显示，有71.8%的市民和83.7%的志愿者能够准确区分不同颜色的垃圾桶所分别对应投放的垃圾种类；有80.1%的市民和90.1%的志愿者在没有监督员的情况下，每次扔垃圾时都会主动遵循垃圾分类，体现了较高的主动性和自觉性。

从不同户籍市民群体的比较来看，上海户籍以及有居住证的外地户籍市民垃圾分类正确认知和主动投放的比例相对更高。数据显示，上海户籍、外地户籍（有居住证）和外地户籍（无居住证）的市民能够准确区分不同颜色的垃圾桶所分别对应投放的垃圾种类的比例分别为72.7%、73.8%和67.2%；上海户籍、外地户籍（有居住证）和外地户籍（无居住证）的市民在没有监督员的情况下，每次扔垃圾时都会主动遵循垃圾分类的比例分别为84.7%、77.0%和69.4%。

（五）半数左右市民和志愿者对“定时定点”分类投扔垃圾持肯定态度

调查显示，对于推进实施“定时定点”（每天固定时间段到固定地点）分类投扔垃圾，有44.5%的市民和57.3%的志愿者持肯定态度，认为这种做法“非常好，有利于监督管理，应该全面推进”；有48.6%的市民和37.9%的志愿者持中间态度，认为“有些不方便，可以在有条件的地方部分推进”；还有6.9%的市民和4.9%的志愿者持反对态度，认为“不符合老百姓的生活习惯，应该停止推进”。

从不同年龄市民群体的比较来看，年龄在50岁及以上的市民对“定时定点”分类投扔垃圾持最为肯定的态度。具体而言，年龄为“20岁及以下”、“21—30岁”、“31—40岁”、“41—50岁”和“51岁及以上”的市民认为“定时定点”分类投扔垃圾“非常好，有利于监督管理，应该全面推进”的比例分别为44.7%、43.1%、43.4%、44.0%和59.3%。可见，前四个年龄群体认为非常好的比例比较接近，相比之下，50岁及以上的市民认为非常好的比例要远远高于前四个年龄群体。

（六）市民和志愿者有较高意愿参与垃圾分类志愿服务

如果有机会，志愿者和市民都表示愿意参与到垃圾分类志愿服务项目中。从2019年和2018年的比较来看，可以发现志愿者参与垃圾分类志愿服务项目的意愿有较大幅度上升，从2018年的46.6%上升到2019年的74.3%，上升了27.7个百分点。2019年市民参与垃圾分类志愿服务项目的意愿也略有上升，从2018年的43.0%上升到2019年的49.2%，上升了6.2个百分点。

三、全社会共同参与，实现垃圾分类共治共管、共建共享

垃圾分类本质上是生活理念的变迁，是治理能力的体现，既要有自上而下的精细化机制和评估，也要有自下而上的自治参与和自我教育。上海以志愿服务为抓手，形成全社会共同参与生活垃圾分类管理的良好氛围，在折射了社会文明程度的同时也体现了城市治理水平。2020年7月《上海市生活垃圾管理条例》正式实施1年来，上海垃圾分类工作步入法治化、常态化、规范化轨道，取得了良好的成效。总体来看，上海全程垃圾分类体系基本建成，大力推进了垃圾资源化利用设施建设，居民区分类达标率从《上海市生活垃圾管理条例》施行前的15%提高到90%以上，单位分类达标率达到90%，大多数居民已养成自觉分类习惯。在上海推进生活垃圾分类减量的工作中，志愿服务深度介入社会治理的广阔空间，以广大市民为主体的志愿者通过多元途径参与生活垃圾分类，成为不可或缺的重要力量，真正实现了城市共治共管、共建共享。

（一）深化制度落实，提高队伍标准化建设

上海市精神文明建设委员会办公室和上海市绿化和市容管理局联合下发了《关于建立和完善上海市生活垃圾全程分类志愿服务工作体系的指导意见》及《关于进一步加强本市各街镇垃圾分类志愿服务队建设工作的通知》，制定了生活垃圾全程分类志愿服务工作章程、管理办法；完善垃圾分类志愿者注册机制、队伍管理机制、信息对接机制、考评激励机制、孵化培训机制；积极发挥市志愿服务公益基金会募集资金造血功能，对垃圾分类志愿服务项目予以全力支持。同时，上海市绿化和市容管理局每月汇总垃圾分类管理社会监督工作情况月报；定期召开垃圾分类志愿服务工作例会；定期开展上海市垃圾分类志愿者骨干培训等，进一步深化志愿服务队伍制度化、

标准化建设。

（二）强化组织建设，完善志愿服务队伍体系

全市以体系构建为支撑，建设了市、区、街道（镇、工业区）三级生活垃圾全程分类志愿服务体系，明确各个层级的定位和功能；在市文明办的指导下，成立了市生活垃圾全程分类志愿服务总队，并在 16 个区完成了区生活垃圾全程分类志愿服务分队全覆盖；加快拓展全市其他条线单位的志愿者队伍加入生活垃圾全程分类志愿服务体系，在市级总队下组建相应的社会单位分队；分类指导条块单位成立垃圾分类志愿者讲师团。截至 2020 年 12 月，在上海志愿者网注册的“垃圾分类”志愿服务团队共有 276 个。

（三）创新品牌活动，打造志愿服务特色项目

目前，上海市垃圾分类志愿服务项目数量达到 16 597 个，形成了 224 个全市具有较大影响力的品牌项目。如在队伍建设方面，有金山区漕泾镇的“垃圾分类宣讲团”、宝山区吴淞街道的“代扔垃圾队”、嘉定区菊园新区的房地产经纪“绿色联盟”、黄浦区淮海中路街道的“快板宣传队”等；在工作机制方面，有静安区天目西路街道的“1+1+1”志愿者自治模式、长宁区程家桥街道的“暖心之家”志愿者工作室等；在活动品牌方面，有浦东新区洋泾街道的“垃圾分类党员先锋”系列活动、青浦区徐泾镇的“进博垃圾分类宣传”、闵行区浦锦街道的“垃圾分类旗袍秀”、青浦区青村镇的“当剪纸红遇到垃圾分类”等。

（四）扩大社会动员，弘扬志愿服务先进精神

全市实施“十、百、千、万”工程，社会宣传动员体系基本形成。“十”：成立 16 支区级志愿者服务分队、53 支街道（乡镇）志愿者服务队；“百”：聘任市、区生活垃圾管理社会监督员 940 名，135 个街镇申报创建成为示范街镇；“千”：垃圾分类及《上海市生活垃圾管理条例》宣传覆盖 5 800 个居住区（村），6 000 多名人大代表、政协委员参与垃圾分类实效

测评；“万”：举办《上海市生活垃圾管理条例》集中培训1.6万余场次，完成居住区入户宣传980余万次。组织有影响力和号召力的社会公众人物拍摄垃圾分类说唱MV和公益宣传篇，积极开展垃圾分类的宣传和推广。利用权势户外LED大屏、楼宇视频、数字大屏和社区志愿服务中心等宣传阵地，在全市16个区的商圈楼宇、重点路段、广场公园、社区小区的2万多个端口播放垃圾分类公益宣传片，每天辐射人流达到近百万人次。录制“垃圾分类志愿先行”公益宣传片，通过上海电视台东方卫视、新闻综合、都市等各频道及东方明珠移动电视播放等渠道向市民广泛宣传。利用“上海志愿者”网站、微博、腾讯视频等多元平台宣传垃圾分类志愿服务信息，累计访问量达到43.6万人次。

四、以新时代文明实践为契机，推动垃圾分类工作实现新发展

新时代文明实践中心是一种具有公民思想政治教育功能和属性的公共空间，是思想政治教育公共空间的创新形式，既要“凝聚群众、引导群众、以文化人、成风化俗”，又要能够加强民众的精神联系，促进精神文明实践共同体的形成，进而推动社会文明的整体进步。垃圾分类工作正提供了这样的实践空间，作为一个系统性的社会工程与社会革命，垃圾分类不仅需要自上而下的政府推动与自下而上的社会治理相衔接，还要能够生活垃圾产生与处理全过程的协同，需要推动市民在参与垃圾分类过程中形成共识，广泛深入地组织各种公众性实践活动，并注重教育内容的通俗化亲近性，引导民众积极、有效地参与其中。

（一）持续发挥志愿服务体制优势

志愿服务是培育践行社会主义核心价值观的生动实践，是现代社会文明进步的重要标志，是加强和促进精神文明建设的重要载体。在上海推进垃圾分类工作过程中，在市文明办的统筹下，各条线、各街镇志愿者齐上阵，确保了垃圾分类工作从推进到进一步深化。从某种程度上看，上海在今后一段

时期内，持续推进垃圾分类工作将是志愿服务的重要组成部分。在实践层面，除了进一步动员社会力量之外，还需要在工作中持之以恒。垃圾分类是一项水滴穿石的工作，是居民生活习惯养成的过程，需要持之以恒的推进。过去垃圾分类之所以进展缓慢，其症结就在于持续性欠缺，如垃圾种类频繁更改、政府在后续的分类处理上不够成熟等，使得时紧时松，居民无法养成相应习惯。因此，政府在垃圾分类的相关政策出台及其实践中，要能够持之以恒，注重层层递进；同时还要能够在战术落实上小步快跑，即在坚持分类实践的同时鼓励各种“微创新”，有效改善和提升垃圾分类处理全流程的效率。

（二）进一步夯实基层社区的长效机制

垃圾分类是一个需要所有居民共同参与、共同完成的议题，它关系到每一个社区成员，触动所有人的利益和生活方式。居民日常生活在社区，生活垃圾分类的重点在基层社区。从分类工作推进来看，基层社区纷纷探索各种创新模式与工作方法，取得了积极的成就，反映出上海在基层社会治理方面的体制优势。但同时，街镇政府部门在主导推进中也面临着高成本与边际效益递减的困境。无论是志愿者值班（付费）还是分类垃圾桶提供，乃至于小区摄像头安装（监控）等，都付出了极为高昂的经济和社会成本。相较之下，社区居民的参与度仍有待进一步提升。实践经验表明，党建引领和社区自治是推进垃圾分类的关键要素。因此，要形成垃圾分类的长效机制，有必要进一步激发社区居民活力，创新自治形式，如可通过社区自治项目来整合各类社区团队力量（文艺团队、广场舞等），以点带面，在激发居民参与的同时进一步提升基层治理水平。

（三）专业引领简化垃圾分类信息技术

当前，围绕垃圾分类而形成的分类目录、操作系统、处理设备等各类信息、技术纷繁复杂，其间所涉及一定的专业性但较缺乏权威解读或社会化传播，在一定程度上使得普通公众对于垃圾分类望而却步，反映出全民垃圾分类的素养缺失，尤其是由于相关媒体信息“爆炸”且内容繁杂令人难以掌握。因此，建议在目前所提供的信息或技术基础上，进一步整合提炼生活垃圾分类的关键要点，为市民提供简化版的垃圾分类攻略或指南，以利于普及至一般公众。

（四）充分动员各方社会力量参与垃圾分类

垃圾分类几乎是一项涉及全人群、全天候的社会实践，需要社会、主管部门提供各种软硬件的支持，尤其需要各方面社会力量的参与。《上海市生活垃圾管理条例》的出台与执行为用法律的权威性和强制力来推行垃圾分类、确保垃圾分类得到有效执行提供了保障，但目前垃圾分类的主导推进力量仍然是政府行政力量，各方面社会力量如社会组织（车友会、环保组织等）参与仍然处于碎片化、局部化状态。因此，可结合创新社会治理的路径，通过政府购买服务的方式引入各类（环保）社会组织、通过政策创新引入各类法人企业投入等，并由此形成政府主导与社会协同的并进。另外，当前垃圾分类推进中的种种问题，在很大程度上还在于各方面人群对垃圾分类缺乏共识，尚未形成人人参与推进垃圾分类的共识。因此，要进一步完善全媒体社会宣传格局，创新宣传方式，如在利用各类媒体（自媒体）宣传的同时，可以组织如生态文明讲师团、开放社会参观垃圾处理厂等形式或活动，进一步形成“要我做”到“我要做”的社会责任意识。

作者简介：

魏莉莉，上海社会科学院社会学研究所副研究员

裘晓兰，上海社会科学院社会学研究所助理研究员

张虎祥，上海社会科学院社会学研究所副研究员

沉浸式治理绘就大都市近郊乡村新画卷

——宝山区积极探索超大城市乡村振兴之路

上海市宝山区农业农村委

摘　要： 近年来，上海市宝山区以“三园”工程为抓手深入实施乡村振兴战略，将郊区乡村作为城市发展的“稀缺资源”，立足上海超大城市综合优势，以党建为引领、以科技为手段、以城乡融合为载体，系统谋划“四治三融两平台”沉浸式乡村治理模式，构建大都市近郊城乡互动、管理互鉴、资源互享的全域治理体系，使宝山乡村兼具城区智能品质和乡村本土特色。

关键词： 党建引领　城乡融合　智慧治理

宝山区地处上海近郊，濒江临海，是上海北部联结长三角、面向“一带一路”的重要门户。面积 300 平方公里，常住人口 210 万，辖 3 个街道、9 个镇、2 个工业园区，行政村 103 个。近年来，宝山区坚持以习近平新时代中国特色社会主义思想为指导，深入贯彻落实乡村振兴战略，依托上海超大城市综合优势，立足城乡融合特点，系统谋划大都市近郊乡村治理工作方法，率先开创“自治、法治、德治、智治”的“四治模式”，深化城乡“党建融合、服务融合、人才融合”的“三融机制”，打造“红帆港党建平台、创新榜活动平台”的“两大支撑平台”，以“四治三融两平台”沉浸式乡村治理模式构建大都市近郊城乡互动、管理互鉴、资源互享的全域治理格局，使宝山的乡村治理兼具城市的智能品质和农村的乡土特色。2019 年 12 月，中央农村工作领导小组办公室、农业农村部、中央组织部、中央宣传部、民政部、司法部联合确定上海市宝山区等 115 个县（市、区）为全国乡村治理体系建设首批试点单位。

一、背　景

宝山区是上海第一个提出城乡一体化发展目标的区，1988 年由原吴淞区、宝山县“撤二建一”成立。经过 30 多年发展，城乡一体化发展水平不断提升。但对标“充满活力、和谐有序”的乡村善治要求，尤其是历经相关市政重大项目建设，逐步形成农村、城市相互交织融合的“五花肉”格局，加上外来人口大量导入，给乡村治理带来挑战。其主要表现为“三个深刻变化”：

一是农村经济结构深刻变化。当前宝山农业所占产业比重越来越低，仅占全区生产总值的 0.3%，但就业功能仍然存在，全区各类农业合作社、农业企业尚有 0.95 万名员工。随着农村“三块地”改革的推进，土地等资产资源不断增值，现在农民已分化成为农业劳动者、个体工商户、私营企业主等不同群体，差异较大，对治理的诉求不尽相同。

二是农村社会结构深刻变化。随着农村城市化加快，农村人口向城镇转移，宝山部分村庄本地人“空心化”、村民老龄化，村民住在城里，农房用于出租。可以说，住在农村的不一定从事农业生产，从事农业生产的不一定住在农村。定居人口与流动人口的治理模式大不相同，乡村治理面临“多重分离”现象。

三是农民意识观念深刻变化。农民依法主张和维护自身权益意识和能力增强，更加关注承包地流转、集体资产处置中的自身权利。农民对民主法治、公平正义的需求亦不断增长，要求更多参与村级公共事务、更充分的知情权。同时，个体意识增强，也带来共同体意识弱化问题，组织难度加大，村庄开会难、公益建设难、道德维系难，这些均有待加强引导。

以上问题，迫切需要各方在新时代背景下重新审视乡村治理价值，建立新的共同纽带，重塑公共性，使乡村焕发新的魅力，成为充满活力、和谐有序的美好家园。

二、做　　法

（一）入细入微，“四治”升级智能服务更精准

乡村善治是乡村振兴的基础与保障。宝山区在强化自治、法治、德治三治融合的基础上，强化科技运用，着力推进乡村治理体系和治理能力现代化，创新升级“四治”模式，提升服务群众的精准性、实效性。

1. 从线下到线上，科技支撑，构建“智治”乡村。宝山创立智能化治理神器“社区通”，103 个村全员上线，5.5 万村民实名加入，线上再造一个宝山乡村，实名加入确保上线的是“真正的邻居”，讨论的是“真切的身边事”，传播的是“社会正能量”。网上晒账本。“村务公开”板块，村干部报酬、村委会收支等原始票据、困难补助、动迁房分配等一览无余，“阳光村务”更透明。直播农产品。“农家集市”板块，宝山本地优质农产品进社区，线上订购、线下直送，打通“从田头到社区”的直销通道。此外，在全市首推居村委电子台账并逐步升级到 4.0 版，表单项从 736 项减至 87 项，为上海各区最少。推进“雪亮工程”“智慧公安”等视频监控资源联网共享，建设农房租赁管理服务平台和智能安防系统，成为上海首家“全国公共安全视频监控建设联网应用工程示范城区”，全区 110 警情总量同比下降超两成，百姓安全感第三方测评指数升幅全市第一。

2. 从流入到融入，兼容并蓄，推进民主“自治”。宝山区全面推行“四议两公开”①制度，强化村务监督委员会职能，议好关系乡村发展的大事，办好村民急难愁盼的忧心事，管好涉及日常生活的烦心事，让大家的事情由大家商量着办。聚焦人口调控、风貌管控、环境美化等三类问题，试点推广“基础条款+特色条款”的村规民约，奖罚并举，发挥村规民约这一“草根

① 四议两公开：“四议”是指村党支部会提议、村“两委”会商议、党员大会审议、村民代表会议或村民会议决议；“两公开”是指决议公开、实施结果公开。

宪法”的约束作用。结合村庄分布特点，以村民小组、家庭为单位创设自治载体。针对来沪人员大量导入、与本地村民比例达5：1的实际，有序吸纳来沪人员骨干特别是党团员参与乡村协商议事，倾听“新村民”心声，使流入变融入、他乡成故乡。

3. 从守法到护法，尊崇法律，建设“法治”乡村。持续推进“法律进乡村”活动，将法治培训纳入镇村干部能力提升核心课程，聚焦土地流转、村民建房、农龄分红、撤制村队、动拆迁等热点，推出乡村法治精品课。各村建立乡村法律服务站点，一村配备一名法律顾问，开展“全国民主法治示范村”培育创建，建设一批乡村法治文化阵地。实施农村“法律明白人”培养工程，每月开展乡村法治课程巡讲，用鲜活形式宣传学法用法尊法守法故事，将村民关心的法治内容送到村民手里。

4. 从感召到感化，明德惟馨，践行乡村“德治”。宝山区聚焦文明乡风，注重文化涵养，扎实推进“注重家庭、注重家教、注重家风”建设工作，广泛开展“宝山好人”“寻找最美家庭”活动，评选“好夫妻”“好儿媳”，有力推动乡风文明进村入户。建设新时代文明实践中心，打造全区文明单位志愿服务联盟，广泛开展新时代文明实践活动，推进移风易俗，定期送志愿服务入村，推动乡风文明不断向上向善。打造“一镇一品”文化品牌，通过开办农村“众文空间”、开设村史馆、非遗传承等形式，将沪剧、吹塑版画、十字挑花等优秀地方传统文化元素融入新时代乡村建设。

（二）互融互通，“三融”助力治理能级再提升

宝山属于上海市近郊区，区位优势明显、人口导入特征鲜明。宝山立足城乡优势，做强融合文章，以“党建融合、服务融合、人才融合”的“三融机制”促进基层治理创新，助力乡村治理能级再提升。

1. 党建融合、组织联建，铸强乡村治理“主心骨”。宝山贯彻落实农村党建工作要求，打造“红帆港”党建品牌，实施基层党建“初心工程”，聚焦初心引领、初心为民、初心建功、初心强基，不断增强党建引领力。镇镇党建、村村联动，推动基层党建片区化。实施“美丽乡村会客厅”项目，沿

潘泾路、石太路等现有绿色廊道打造“一脉五花”美丽乡村带。作为率先启动打造的“五花”之一的月浦、罗店两镇“蝴蝶花型”会客厅，覆盖两镇八村。两镇八村在党建引领下，串联村级产业、景点、公共服务设施等，通过“花型设计”让两地分散的景点散发整体协同效应，实现由“点状盆景”到“连片风景”的转变。街镇党建、城乡互动，推动基层治理双向流动。宝山区张庙街道与月浦镇、罗店镇建成新型党建结对关系，街道在乡村认养一片菜地，双方因菜地而联结，村里向街道提供菜园种植的“土法子”，引导市民下乡；街道向村里传授社区打理的“新路子”，推动进城取经；一方小小的菜园，联结城市与乡村，推动党建结合、治理联动。

2. 服务融合，文化联创，找准乡村治理“支撑点”。从城乡一体化的“358、650”①到城乡一体化升级版的“658”②指标体系，宝山城乡公共服务体系的日臻完善，为乡村治理各项工作走在前列奠定了坚实基础。统一标准、统一尺度，公共服务设施融合建设。2020 年，宝山新建 4 条健身步道、2 片球场，更新 55 个健身苑点；改造 107 座农村公厕，落实长效管理机制，巩固国家卫生区、卫生镇创建成果；完成 83.9 公里农村公路大中修、提档升级工程，为村民打通家门口公交的“最后一公里”。紧贴群众、紧贴需求，精神文化活动“菜单”下乡。扎实推进“四级配送”区政府实事项目，推动基层文化惠民工程扩大受益面。将艺术修身导赏、美育大课堂等宝山公共文化品牌内容纳入公共文化配送菜单，开展乡村运动会、美丽乡村徒步赛、农民篮球联赛等，不断满足百姓的多元文化需求。深化街镇“一地一品”创新扶持，扩大“杨行吹塑版画”“月浦锣鼓”“罗店龙船”“罗泾十字挑花”等本土文化影响力，提升基层公共文化服务效能。

3. 人才融合，智力联勤，凝聚乡村治理“源动力”。深化人才引领，打造基层堡垒。强化基层治理队伍建设。重点把以村党组织书记为带头人的村干

① 358、650：按照“三年加快推进，五年形成格局，八年基本实现”的节点目标，在统筹城乡规划布局、产业发展、基础设施、公共服务、民生保障、社会管理六个方面下功夫，至 2016 年全面完成 50 项主要指标和实事项目。

② 658：聚焦城乡空间布局、产业发展、生态环境、基础设施、公共服务、社会治理“六个一体化”，明确 58 项具体指标。

部队伍建设纳入区、镇干部队伍建设总体规划，进一步提高村党组织书记、村委会主任“一肩挑”比例。探索建立以“农村集体经济发展、农村环境长效治理、村民服务满意度”为主要内容，乡村治理与村干部收入良性互动的考核奖惩模式。强化教育培训与监督考核，开展新老书记结对带教、村干部到机关职能部门挂职学习等活动，探索与高校“智库”合作，创立村干部教育体系。建立健全不合格村干部退出机制，探索完善罢免、辞职程序。调动多方智力服务参与。发动各界青年开展乡村振兴青春建功行动，发挥区域化团建联盟、乡村振兴青年汇智团等平台作用，开展美丽乡村微更新、青年论坛等，凝聚青年智慧。发挥妇联巾帼力量，打造“妇女微家”，引领农村妇女传承优秀文化。搭建乡村达人展示平台，组织工作室、沙龙、展演等活动，调动各方参与乡村治理积极性。出台政策促进市民下乡、能人回乡、大学生返乡，每年安排 2 000 万元社会组织引导资金，广泛凝聚治理合力。

（三）强基促新，“两平台”保障治理基础更坚实

深入贯彻农村党建工作要求，积极打造“红帆港”党建平台和“创新榜”活动平台“两大支撑平台”做强保障，以党建引领推进乡村治理方向更明、举措更实。

1. 打造“红帆港”党建平台，开辟乡村治理新阵地。聚焦初心引领、初心建功、初心强基，推进“三个起来”，不断增强党建引领力。体系建起来。坚持三级联动，区委作为“一线指挥部”，加强整体布局和指挥协调；镇党委是“龙头”，负责统筹推进和抓好落实；村党组织是战斗堡垒，做好组织动员和服务管理。村级层面，理顺党组织与其他各类组织的关系，通过制度设计明晰职责、协调运转。健全村党组织研究、推进、督办村级重大事项机制。作用亮出来。开展培育选树“好党员、好支部”“我与群众心连心”等活动，涌现 1 200 余名农村好党员、500 多个农村好支部，创先争优蔚然成风，积极推进“毗邻党建”，农村产权制度改革全面完成，集体经济组织总量增长 13%，群众获得感不断提升。力量强起来。深化“班长工程”，统筹选育管用。注重在创业能手、大学毕业生、退役军人中选拔村书记，全区村

书记平均 48 岁，大专以上学历 80%。实行区级备案和调整联审制，选拔一批优秀村书记进入镇党政班子。建好“蓄水池”，为每个村配备至少 2 名年轻干部。

2. 搭建“创新榜”活动平台，焕发乡村治理新生机。开展“宝山区乡村治理创新榜”打榜活动，以“吾爱吾村在宝山”为主题，突出党建引领、村民主体、社会参与有机结合，挖掘基层在农村基层党组织建设、村民自治、德治法治、公共服务、智慧治理等方面的创新点、先行点和显著点。通过“打榜”，激发乡村内在活力，挖掘乡村潜在价值，培育治理肥沃土壤，厚植乡村善治基础，使宝山经济社会、民生保障的发展成果在基层实践，使治理的价值关怀与最终归宿落脚于基层。发挥乡村振兴示范村引领作用，例如，聚源桥村成为全区唯一的全国乡村治理示范村，月狮村成为全市唯一的全国村级“乡风文明建设”优秀典型案例，塑造其样板作用，使其他村学有榜样、做有标杆，不断汇聚大都市近郊乡村治理的“宝山模式”，为全国乡村治理体系建设试点示范提供借鉴。

三、成　　效

宝山区探索建立了“四治三融两平台”沉浸式乡村治理模式，有效纾解了都市近郊乡村治理的难点、堵点，为宝山从“钢城”到“花城”的转变提供了方法论和新路径。

1. 建立了基层智能治理系统。宝山区依托移动互联网、大数据分析等现代技术，建立了以党建为引领、以移动互联网为载体、以村居党组织为核心、以城乡居民为主体、以有效凝聚精准服务为特点的基层“智治”系统——“社区通”。自 2017 年 2 月创立以来，宝山区 103 个村全部上线，超过 5.5 万村民实名加入“社区通”。自创立以来，“社区通”成功获评中国（上海）社会治理创新实践十佳案例、全国城市基层党建创新最佳案例、全国首批 20 个乡村治理典型案例等。

2. 密切了新时代的党群关系。“四治三融两平台”治理模式把党的建设渗透到基层治理的各方面、各领域，实现了群众导向的即时化、扁平化，畅通了党和政府与群众之间的互动沟通，让党和政府惠民政策群众知晓，中心工作群众参与，发展成果群众共享；让村民的诉求第一时间被倾听、被回应、被解决。在互动沟通、有效服务的过程中，基层党组织的战斗力、凝聚力、号召力不断增强。

3. 优化了乡村治理新生态。依托“四治三融两平台”治理模式，以村党组织为领导核心，村委会为主导，村民为主体，相关单位共同参与的乡村治理体系进一步健全完善、发挥作用，公共服务资源真正下沉到基层。治理生态的成熟化、公共服务的均衡化、乡村生活的便捷化，使得乡村价值被释放，使以宝山区为首的大都市近郊从“城市，让生活更美好”逐渐转变为“乡村，让城市更向往”。

四、探　讨

宝山乡村与城市比邻相望、相融共生。宝山区将网格化管理、平安智联网、电子台账、应急管理等治理系统集成运用，使乡村治理“头脑”更聪明、“触角”更灵敏，为大都市近郊乡村治理能力现代化建设提供“宝山样板”，主要在三个方面实现了创新。

一是智慧治理的特色优势得到发挥。深化“社区通”的乡村实践，拓展线上公开、服务驻站、网上议事、农家集市等功能，吸纳农村合法就业、合法居住的外来人员，扩大参与面，调优参与的主体结构。同时，推动智慧治理融入宅基地管理、农村房屋租赁、集体资产监管、农村治安等领域，加大信息资源共享，放大智慧治理效益。

二是城乡融合的共性问题得到聚焦。针对外来人口导入，依托信息化手段，实施社区化管理，租户身份信息纳入信息平台；倾听外来人员心声，携手共建美好家园，用情感的融入减少了外来人口剧增带来的不安定因素。强化农村人居环境常态治理，探索建立农房出租与维护农村环境责任相挂钩的权利与义务对等机制，找准村民租赁收入与村级公共支出的平衡点。

三是党建引领乡村治理的体系得到重塑。“四治三融两平台”治理模式，充分发挥村党组织贯彻党的决定、领导基层治理、团结动员群众、推动改革发展的坚强战斗堡垒作用，通过广度的信息聚合、深度的数据挖掘、垂直的网络传递，打通了基层乡村治理的前端和后台，促使了治理重心下沉、资源下移，在基层一线构建起了党建引领乡村治理的新格局。

“一网统管”精细化赋能文明城区

——浦东新区首创“智慧文明”助力解决文明创建短板难点

上海市浦东新区精神文明建设委员会办公室

摘　要：浦东新区全力打造全市首个“智慧文明”系统和文明创建智能化应用场景。充分发挥“一网统管”体系优势和“城市大脑”智慧功能，探索城市设施、市政管理、环境卫生等六大领域的精细化管理。将“智慧文明指挥调度系统+市民巡访应用+专项场景应用”相结合，形成“1+2+X”的智慧文明应用体系，依托“城市大脑”和“城运体系”，借助智能化、全员化信息技术手段，构建“闭环式”管理，紧紧围绕文明创建工作要素特点，助力解决创建工作短板难点，更好地实现“全民创城、创城为民”。

在浦东新区首创的“一网统管—城市大脑—智慧文明”智能化应用体系中，细分设计了文明交通、生活垃圾处理、工地不文明施工、噪音扰民、街区管理、志愿者管理等50多个专项智能化场景应用，形成问题快速发现、及时处置、高效运转的文明城区科学化、智能化、常规化管理新模式，实现由传统的人工发现问题为主向智能化的综合发现转变，由传统的依靠体制动员为主向共治化的社会参与转变，由传统的线下协调处置为主向可视化的线上协同转变，使浦东新区创建全国文明城区的成果“留得住、常态化”。在精神文明建设中，力求体现敢想敢试、先行先试的浦东精神。

关键词：一网统管　城市大脑　智慧文明　文明城区

一、总 体 概 况

为深入贯彻落实习近平总书记考察上海重要讲话精神和上海市委“两张网”建设工作推进大会要求，践行“人民城市人民建、人民城市为人民”的工作理念，推动城区治理模式、治理手段、治理理念创新，着力解决文明城区创建中存在问题发现难、认定标准难、汇总处置难、系统分析难、常态长效难的五大难点。浦东新区全力打造全市首个“智慧文明”应用体系，通过信息化、智能化、数据化手段，不断提高浦东新区文明创建工作体系和能力现代化水平，为浦东新区成功复评第六届全国文明城区打下扎实基础。

在系统建设过程中，浦东新区充分发挥区文明委统筹作用，整合各条线、各街镇，充分发挥“一网统管”体系优势和“城市大脑”智慧功能，探索城市设施、市政管理、环境卫生等六大城区文明领域的精细化管理。将“智慧文明指挥调度系统+市民巡访应用+专项场景应用”相结合，形成“1+2+X”的智慧文明应用体系，细分设计了文明交通、生活垃圾处理、工地不文明施工、噪音扰民、街区管理、志愿者管理等50多个专项智能化场景应用，配套开发了“智慧创城”微信程序和浦东e家园App，拓展市民参与渠道，形成全民参与氛围，借助智能化、全员化信息技术手段，构建“闭环式”管理，紧紧围绕文明创建工作要素特点，助力解决创建工作短板难点，更好地实现“全民创城、创城为民”，使浦东创建全国文明城区的成果“留得住、常态化”。在精神文明建设中，力求体现敢想敢试、先行先试的浦东精神。

“实战中管用、基层干部爱用、群众感到受用”，自4月15日“智慧创城”模块正式上线运行以来，全区共有1139个巡查点位，1 884名点位长，包括市民志愿者在内有533名巡访员以及大量市民群众参与，共发现19 613个问题，实现问题发现实时推送100%，在线即时处置100%，问题解决率96.1%，实现问题处置更快速，市民参与更便捷，创建管理更高效，全面提升城市治理“精度”、“深度”、“力度”、“广度”、“温度”五个“度”。相关成果获得《解放日报》、《新民晚报》、《光明日报》等数十家主流媒体广泛报道，获评首届上海城市治理最佳实践案例奖。

二、主 要 工 作

区文明办联合区城运中心打造全市首个用于文明创建的智能体系，将“智慧文明指挥调度系统+市民巡访应用+专项场景应用”相结合，形成“1+2+X”的智慧文明应用体系，以“一网统管”的精细化治理，更好地实现“全民创城、创城为民”。依托“城市大脑”和“城运体系”，借助智能化、全员化信息技术手段，构建“闭环式”管理，紧紧围绕文明创建工作要素特点，助力解决创建工作短板难点，具有工作推进可视化、重点领域场景化、问题处置智能化的特点。

一是工作推进可视化，大幅提升整改效能。浦东开发“智慧文明指挥调度系统”，通过 GIS 地图实时显示全区文明城区创建点位分布和具体信息，做到发现问题第一时间响应、第一时间调度、第一时间处置。它改变了过去通常依赖经验判断来查漏补缺的创城常态，大大提升了文明创建的效能，实现了创城工作“检查要素一张图、点位信息一张图、资源力量一张图、全域态势一张图”。

二是问题处置智能化，激发全民创城热情。这一体系配套开发了“智慧创城”小程序，招募了 600 多名青年志愿者和市民巡访员，针对文明城区创建指标，对全浦东新区点位开展实地巡访，通过小程序实时上传发现问题，实时推送各个点位上负责人或智慧文明的指挥系统进行限时处置。全体浦东新区市民都可在手机上下载浦东 e 家园 App，看到问题实时上报、智能推送。截至 2020 年 12 月 31 日，市民志愿者巡访团已发现了 15 613 个问题，全部在线即时处置率 100%。浦东 e 家园 App 注册用户 8 万多，每天上报问题超过千条，经过系统派单处置，问题处置满意率达 94.87%。这些“看得见”的整改成效，进一步激发了广大市民参与文明城区创建热情。

三是重点领域场景化，实时聚焦创建难点。打造文明交通、生活垃圾处理、工地不文明施工管理、噪音扰民处置、街区管理、志愿者管理等50多个智能化应用场景，实现城市设施、市政管理、环境卫生等六大文明创建重点领域全覆盖。比如街面制度管理场景应用，在街区疫情防控平台数据库的基础上，对全区街面的商户信息全覆盖，建立线上执法检查，全流程记录街区秩序管控实况，建立了智能发现违法机制、智能预警推送、闭环处置机制。比如垃圾分类场景应用，浦东新区生活垃圾分类体系全程监管平台作为浦东“城市大脑”中的专业子模块，目前应用物联感知、大数据等智能化技术，初步实现了源头分类收集、清运、中转和末端处置的全过程数据采集、监控和管理，以及分类实效的预警预判，在过程中发现的问题，下阶段将通过区与街镇两级城运中心，实现跨部门、跨层级的联动与协同处置。目前，生活垃圾分类体系全程监管平台已初步实现多项功能。比如，管理部门可以清楚掌握分类垃圾的“轨迹”，实现对垃圾的来源追溯、源头车载称重、作业路线监管等。比如共享单车专项应用场景，通过共享企业单车与区域管理的信息，实现智能预警、精准投放。通过GPS定位技术，判断非机动车禁行区内是否有违规停放的车辆，每日2次（上午下午各一次）自动统计违规车辆数，形成智能派单，督促企业到现场清运。目前已覆盖陆家嘴环路以内、世纪大道沿线、张杨路（浦城路—源深路）区域。比如花木街道智能化社会动员应用场景，当社区需要招募志愿者时，可直接将志愿服务项目信息发布到信息终端上，通过智能指挥平台（花木城运分中心）上的“市民信息系统”定向（每个小区、每栋楼、每户居民全覆盖，信息检索精准筛选）推送，大大激发了志愿者的积极性。当社区需要招募志愿者时，可直接将志愿服务项目信息发布到信息终端上，通过智能指挥平台（花木城运分中心）上的“市民信息系统”定向（每个小区、每栋楼、每户居民全覆盖，信息检索精准筛选）推送，大大激发了志愿者的积极性。

三、主要特色

区文明办和区城运中心全力推动“智慧创城”指挥系统建设，紧密结合创建工作的要素特点、针对创建工作的短板难点、努力打造创建工作特色亮点。核心理念是——智慧赋能+体系协同+全民参与。特别是与以往的文明城区创建方式手段相比，主要体现出三个方面的变化。

一是问题处置更快速。由传统的人工发现问题为主向智能化的综合发现转变，进一步提升了创建工作的智慧度。这套系统充分融合利用了浦东“城市大脑”以云计算、大数据、神经元、人工智能等先进技术为支撑的数十个应用场景的强大感知能力，特别是覆盖各街镇的“一网统管”平台作用，可以实现包括对街面、道路、工地、河湖以及“背街小巷”、“市容乱点”等创城工作关注重点对象、区域的智能动态监管，推动创城过程的问题发现由人力密集型向人机交互型转变，将时间压缩到最短。

例如，位于浦东新区的高科路中环到外环路段，曾经一度是浦东新区最易拥堵的路段之一。现在，通过智能设备的前端感知和 AI 模型算法的后台优化，这一干线道路上机动车、非机动车和行人的流量可以一目了然，还能对可能的拥堵进行预判，提供相应的优化方案，提升通行效率。同时，在浦东新区路面行驶的渣土车，每一辆都可以在“城市大脑”平台进行定位，对其行驶路线进行可视化管控。一旦出现载货未加盖、偷放渣土等违规行为，就能根据行驶路径进行跟踪分析，并予以相应处罚。此外，往常发现问题后需要经过层层上报、派单等程序，通常要 2—3 天才能处置完毕；如今有了“智慧文明指挥调度系统”，最快 2 分钟即可完成整改。

二是市民参与更便捷。由传统的依靠体制动员为主向共治化的社会参与转变，进一步提升了创建工作的全民性。通过“智能指挥系统+App 小程序”相结合，以“创建为民、创建惠民”为原则，实现“全民参与、全民创城”。全体浦东市民都可在手机上下载浦东 e 家园 App，看到问题实时上报、智能推送。此外，通过微信扫描“智慧巡访”小程序二维码，就可以把身边发现的问题实时上报、即时推送，改变了以往市民只能通过问卷调查、市民热线等有限方式参与城市治理，形成“随处查，随手拍，及时办”的高效创城参与模式。此外，“居村联勤联动微平台应用场景”使得浦东“一网统管”平台覆盖到居村一线、神经网络延伸到百姓身边。

以浦东新区周浦镇界浜村为例，微平台整合了村委干部、党员、志愿者、楼组长等自有力量，公安、城管、市场监管、安监、法律顾问等协同力量，紧抓居村社会治理顽症，发挥跨部门、跨层级、跨区域联勤联动优势，并以操作简便的微信小程序为载体，实现主动发现、共治上报、智能发现等事项的自动推送、掌上协同、闭环管理，可视化展示事项处置全过程。

三是创建管理更高效。由传统的线下协调处置为主向可视化的线上协同转变，进一步提升了创建工作的实效性。利用这套系统，可以在问题处置过程中，实现指挥的可视化、实时化、扁平化，处置的协同化、精准化、实效化。一脉相承浦东“城市大脑”所秉持的“闭环管理”理念，有效依托全覆盖的三级城市运行综合管理体系，建立了问题智能发现、自动推送、动态处置、限时督办、系统分析、动态排名的全流程闭环管理模式，指令可以畅达村居一线，实现有效的体系动员、快速响应、协同联动。

例如，“共享单车管理应用场景”接入了美团单车和哈啰单车的车辆实时定位数据。根据企业传输的车辆定位数据，对浦东新区范围内的单车总量实时监控，当某一品牌车辆数超过与建交委约定的投放营运数量中规定额度10%时，平台自动报警，并形成工单发送给建交委工作人员，建交委将通过约谈等方式要求企业做好减量工作。例如，“餐饮安全应用场景”接入美团点评集团“天眼”系统的数据。比如顾客通过平台对餐饮单位进行评价，如果包含了“不卫生”、“吃坏肚子”“食品变质”、“食物中毒”等关键字，这些评价就会经系统智能分析后，推送至智慧监管应用场景，并通过应用场景实现自动实时派单至属地市场监管所进行上门核实处置，实现政府企业互动、线上线下联动。例如，针对噪音扰民顽疾，川沙新镇通过“城管微平台应用场景”，在镇域内多个规模较大的广场上安装了噪音扰民监测设备，不仅实时显示当前音量，同时与“城管微平台”系统关联，一旦监测到噪音扰民现象，不仅会自动报警，还会自动呼叫执法人员前往查看。除了噪音扰民应用场景，川沙新镇“城管微平台”还针对城市管理中的乱点、痛点，设置了20个智能监控点，实时监管和快速处置，提升执法效能，同时开展长效管理。妙境路城南路丁字路口，一度因为人流量大、商铺众多而成为城市治理乱点。经过六个月集中整治后，乱停车、占道经营等乱象不见了。在创城期间，问题发现处置从往常每天20个左右提升到每天1 000多个，达成质的飞跃；在会议数量上，从往常每周召开3—5个协调会到现在基本趋零，大幅提高了行政效率。

自2020年4月15日“智慧创城”模块正式上线运行以来，全区共有1 539个巡查点位，1 884名点位长，包括市民志愿者在内有633名巡访员以及大量市民群众参与，截至2020年9月底，共发现19 613个问题，实现问题发现实时推送100%，在线即时处置100%，问题解决率96.1%。

四、主要问题或挑战

深入贯彻落实习近平总书记考察上海重要讲话精神和上海市委“两张网”建设工作推进大会要求，践行“人民城市人民建、人民城市为人民”的工作理念，按照“城市管理应该像绣花一样精细”的要求，充分发挥“一网统管”体系优势和“城市大脑”智慧功能，解决创城过程中的各类难点、堵点，不断提高浦东新区文明创建工作体系和能力现代化水平。一是问题发现难。浦东新区在文明城区创建过程中面临区域面积大、点位数量多、点位类型丰富、分布不均衡等问题，容易产生死角和盲区。二是认定标准难。文明城区创建标准多、要求高，在落实过程容易出现走样，对各类点位也无法进行实时、精准的监管。三是汇总处置难。通过传统方式发现问题、收集、整理再到处置，花费时间长，协调成本高，处置效率低，且无法及时看到点位的整改状态。四是系统分析难。过去通常依赖经验判断来查漏补缺，无法进行系统性分析，准确判断乱点堵点。五是常态长效难。以往通过工作人员或者巡访员巡访，工作量大，市民参与度不高，无法做到常态化，各类不文明现象、问题容易死灰复燃。面对问题和挑战，需要借助信息化的手段，通过“城市大脑”和“城运体系”的管理、发现、处置机制来保证各项创建任务有效落实，运用大数据手段，提升数据分析和运用能力，及时发现创城过程中存在的不足，提高创建精细化管理水平。运用互联网手段，激发市民群众参与热情，发挥市民监督作用，不断提升文明城区创建中市民的参与度和获得感。

五、对策举措或下一步工作建议

未来，“一网统管—城市大脑—智慧文明智能化应用体系”还将继续探索运用大数据、云计算、人工智能、区块链、5G 技术、时空定位等最新技术，建立实战化算法仓和模型库，充分集成到各专项应用场景中，使场景更智慧、运行更智能、管理更高效，同时加强开发方便全区市民积极参与的技术手段，实现快速发现、及时处置、高效运转的文明城区科学化、智能化、常规化管理新模式，使浦东新区创建全国文明城区的成果“留得住、常态化”，让五百万浦东新区市民感受到实实在在的获得感。

一是提升文明创建精度。通过评创结合，以评促创，实现由传统的创建工作任务管理向标准化的要素管理转变，将标准化、精细化管理延伸到所有场景，进一步提升创建工作的精细度。利用智慧文明系统，进一步解决文明创建工作中信息难共享、标准不规范、手势难统一、态势不清晰的问题，做到底数清、动态明。

二是挖掘文明创建深度。发挥一网统管优势，利用信息化智慧化手段，对各类点位文明治理情况进行不间断跟踪监督，形成文明创建“一点位一画像”，杜绝“运动式”、“一阵风”创建，将表面的问题整治深化到系统性的社会治理，真正做到处处见文明、时时创文明、人人讲文明，不断巩固文明城区创建成果。

三是强化文明创建力度。依托“智慧文明”体系，进一步发动群众力量监督在城市管理工作中的“不作为、慢作为”现象，通过市民关注来监督职能部门快速有效解决问题，提高城市管理水平和工作效率。在及时解决多环节、跨部门的棘手问题上发挥威力，通过优化的流程，由主责部门牵头快速处置，减少中间的服务层级，推进问题的快速处置，将分散的条块力量整合成高效的联动合力。

四是延伸文明创建广度。延伸“智慧文明”点位长机制，以文明城区创建为线，连接市民日常生活的各类场景设施，充分发挥市民和业主单位参与积极性，实现90%以上创城发现问题由场所点位长进行第一时间处置解决，提升社区治理能力，引导、培养市民、业主单位等各类主体的自我管理、自我教育、自我服务的意识和能力，使各类单位在社区建设、管理和精神文明创建工作中积极参与、积极支持，共同推动城市文明进步，在提升市民自治意识的同时，不断探索实现自治共治的有效途径。

五是体现文明创建温度。借助一网统管，提升智慧创城小程序、浦东e家园App等载体功能，紧密结合浦东已有的城市管理工作机制、网络基础和相应条件，以现有的城市网格化管理模式为基础，打通公众参与城市管理渠道，助推形成市民人人可参与、时时可监督城市管理的新格局，增强职能部门履职尽责的责任意识，解决市民关心的热难点问题，培育市民参与城市管理的主人翁精神，真正实现城市管理成果的共建共享，不断体现创建靠民、为民、惠民使命宗旨。

执笔：

沈　云，上海市浦东新区精神文明建设委员会办公室一级主任科员

城市化进程视野下精神文明建设的政策建构

——以闵行区农村党建向社区党建转型为例

彭 辉 黄 钰

摘　要： 基础不牢地动山摇。党的基层组织不仅是党密切联系群众的战斗堡垒和传承纽带，也是党的组织基础和执政基础的重要载体。以城市化、农村党建、社区党建等概念内涵的梳理为切入点，展现了农村党建向社区党建转型的挑战，凝练了三大转型目标，并在此基础上，以颛桥镇银一社区、梅陇镇永联村、吴泾镇和平村为个案，总结了转型期闵行区基层党建的经验做法，提出新时期优化农村党建向社区党建的实施路径。

关键词： 城市化　闵行　农村党建　社区党建　转型

21 世纪的中国步入了城市化快速发展的新阶段，城市化已经成为推动我国经济社会持续良性发展的重要改革推动力量和基础色调，从这个角度而言，中国的城市化依然是衡量一个国家或地区现代化进程的重要标配，成为反映高水平开放、高质量发展、高品质生活、高效能治理的重要载体，而这一进程也是中国快速崛起的一个缩影，在这大江大河奔涌向前的时代，城市化进程在不断改革、不懈探索中前行、前行中反思取得了一系列瞩目成绩，域外经验和本土实际相互结合、历史传承和时代脉搏互动延展，走出了一条具有中国特色的新型城镇化道路。2019 年，摩根士丹利发布蓝皮书报告《中国城市化 2.0：超级都市圈》预测，到 2030 年中国的城市化率将升至

75%。与此同时，城市化所带来的价值观念引领、生产方式更迭、生活方式创新，给党的基层建设带来了一系列的前所未有的挑战。农村党建向城市社区党建转型过程中，如何推进基层党组织工作创新，增强党员队伍生机活力，建设高素质基层党组织带头人队伍，构建城乡统筹的基层党建新格局等诸多问题，亟需在理论和实践上作出回答。

一、农村党建向社区党建转型的基础理论

1. 城市化内涵

城市化的提法由来已久，马克思早在1858年的《政治经济学批判》中就使用的“乡村城市化”这一词来表述城乡分离和城市发展。所谓城市化，按照吴增基《现代社会学》中的解释，是指“农村人口大量向城市集中，城市的数量不断增加、城市的规模不断扩大的一个历史进程。这个进程的实质是城市文明在社会生活中的扩张，是一个社会现代化的变迁过程”。

尽管岁月荏苒、时代变迁，但人类进程向着更为舒适、更为文明、更有活力的历史发展轨迹始终未曾改变，从这个角度而言，通过城市化来促进人类自身的不断进步发展是一个不二之选。我国也是通过城市化进程的不断推进来加快经济社会协调发展、综合国力不断提升。张昕指出，按照人口学的纳瑟姆曲线，城市化率超过30%时，国家将进入高速城市化的阶段，直至城市化水平达到70%左右。美国在1880—1960年，日本在1930—1970年先后完成了纳瑟姆曲线中的高速城市化。我国城市化率也始终不断向前推进，1995年达到30%的城市化率，并在此之后城市化的态势更为凸显，正如摩根士丹利所预计，高速城市化的进程可以持续到2030年。

2. 基层党建

基层党建是党的建设的基础和重点，也是党的建设与外界交流的重要纽带和平台窗口，通过这一途径可以使得广大群众对于党的方针政策有更为真切的感受，从而凝聚在党的周围，形成社会主义建设事业的奔涌洪流。基层党建有若干个维度可以考察，比如组织维度、思想维度、作风维度，本文主

要从组织维度来对农村党建向社区党建转型过程中的成绩、问题以及相应对策加以考察。基层党的组织建设不仅是“前哨兵”，及时通过紧密联系群众，调查民意、了解民生，发现经济社会运行的问题和隐患并及时加以预警，也是“啄木鸟”，通过贯彻党的路线方针来抓早抓小及时处置来消除潜在风险隐患，更是“稳定器”，通过矛盾的及时消除来维护经济社会的和谐稳定。基层党建，就是建立健全基层党组织机构，完善基层党组织机制、发挥基层党组织职能的具体工作的统称。农村党建和社区党建都属于基层党建的范畴，是党组织的神经末梢在农村和社区分布的两种主要形式。

（1）农村党建。是指以乡镇党委为核心，村党支部为基础，农民党员为主体，辖区内其他经济组织和社会组织等基层党组织共同参与的区域性党建。农业、农村、农民有一个共同显著的特征——封闭性。这种封闭性来源于几千年来农村是以农业生产为基础而形成的自然聚居或散居村落，其社会组织结构不可避免具有相当程度的封闭性，村民之间通常具有紧密的家族及地域联系，是一个熟人社会的建构。因此，农村党建也具有同等的封闭性与特殊性。

（2）社区党建。是以街道党组织为核心、以居民社区党支部为基础、社区全体党员为主体，以做好地区性、社会性、群众性、公益性工作，强化城市基层管理、推进社区建设、服务社区居民为目标，以共同目标、共同需求、共同利益为纽带，社区各类基层党组织共同参与、形成合力的基层党建工作。与农村党建相比，社区党建具有开放性和包容性，立足治理难题、以协商民主为基、回应时代激变，必须妥善回答——单位人向社会人转变之问，街居制向街区制转变之问、社会管理向社会治理转变之问，旧有的社会管理体制已经难以适应社会发展的需求，新的社会治理体制亟待确立，原来的村民现在的市民的社会需求从传统温饱的满足上升为对美好生活的向往。从这个角度而言，社区党建是党建工作中的一个全新的课题，也是在新形势下基层党建的重要内容。

3. 农村党建向社区党建转型

（1）转型挑战。随着城市化进程的加快，大量农村居民由于失去土地、外出务工、拆迁等原因而成为了城市社区居民，因而这些转型而成的社区群众在各方面的需求也日益增加，这给基层党组织建设带来了全新的挑战。具体表现为以下几个方面：一是基层党组织建设任务更为繁重和多元。农村党建的对象一般情况下都是熟人社会，有集体经济为后盾支撑的，这为农村综合管理提供了多元化的手段来实现有效治理，而从农民转为居民之后，会逐步从熟人社会向陌生人社会转型，在彻底转型到位之前，基层党组织必须对原来的农村党建关注的内容予以保留，如养老保险、医疗保险、土地出让金的管理和使用、集体资产股份量化等问题，同时对社区党建关注的内容同样不可忽略，如居民区普遍存在的车位紧缺、多层住宅上下楼没有电梯、不文明养犬、违章搭建、垃圾散乱堆放、物业纠纷、侵占公共用地等诸多难题也需加以解决。二是城市化过程中党组织自身的变化给基层党组织建设带来挑战。农村基层党组织担负着发展经济，带领群众共同致富的功能，而社区党组织最重要的职能是社会管理和社会服务。农村基层党建的核心职责是经济属性功能，发展经济壮大实力实现共同富裕；而社区基层党建则被剥离了招商引资的经济属性，其主要精力是强化社会管理和社会服务职能，解决居民区的民生短板，满足居民对美好生活的向往。在村委会转变为居委会的转型过程中，由于两者角色的错位、交叉，以及基层党员干部的能力素质问题，使得基层党组织遭遇到一定的压力，如果转型不顺利的话，必然使得基层党组织建设呈现弱化的趋势。

三是城市化过程中需求多元化给基层党组织建设带来挑战。

党的十九大指出了我国主要矛盾已经发生了转移，这个重要的判断对于农村党建向社区党建转型具有重要的指导价值。对于农村党建而言，农民的诉求相对而言较为简单和条线分明，但对于社区党建而言，由于主体更为多元繁杂所带来的诉求更为多元不一，治理目标也会随着居民生活水平的不断提升而水涨船高。调研中我们发现，基层党组织建设往往不能根据城市化的阶段性特征以及辖区居民的阶段性要求来调整党建工作方式和内容，从而在为身份转变中的农民提供多样化的服务方面严重缺位。

（2）转型目标。一是以服务为目的，建立服务型基层党组织。新时期社区党建的任务与功能，必须从“管理型党组织”向“服务型党组织”转变，即从单纯执行上级党组织要求，逐步满足基层党员和广大群众新要求；从坐在办公大楼等党员群众上门寻求服务，逐步向走出书斋贴近基层贴近实践贴近群众主动服务转变；从相对被动封闭的党内服务为主，逐渐向主动开放为广大社区居民服务转变。二是以开放为目的，建立社会型基层党组织。基层党组织来源于社会也服务于社会，这是一种辩证统一的关系体，农村党建向社区党建转型的重要属性即为开放性和社会化，只有打破旧有封闭性的工作格局和思维方式，采用开放性心态、社会化手段开展工作才能获得社区党员群众的真正认可。实践证明，只有把党的活动与社会需要紧密结合起来，才能更好地在服务社会中实现党组织自身的功能与使命。三是以统筹为目的，建立复合型基层党组织。这实质上是要求基层党建与时俱进，改变传统单一形式和模式，而是采用更具灵活多样性。例如，通过采用“党群工作一体化”模式，充分发挥党组织功能，加强引导督导职责，凝聚人心，促进党建工作共同发展；通过采用“无职党员设岗定责”方式，以社区居民关注点为指引，设置帮扶贫困、科技信息、纠纷化解、社会治安、环境美化等岗位；通过采用“党建契约化”模式，推进“园区党组织+企业党组织”、“在册党员+在职党员”、“原有党员+流动党员”模块工作。

二、闵行区农村党建向社区党建转型的探索与实践

闵行区地处城郊接合部，兼有城市和农村的特点。“十四五”时期也是闵行区在新的起点上建设创新开放、生态人文的现代化主城区的重要阶段，闵行将把农业农村发展纳入产城融合大格局谋划推动，统筹推进美丽家园、绿色田园、幸福乐园建设，构建以城带乡、城乡互补、共同繁荣的城乡融合发展新格局，将进一步开展乡村振兴示范村创建，推进农民相对集中居住，加快撤并村撤并，提升农村人居环境。闵行也将启动农村集体经济组织产权制度改革，完善农村集体经济组织管理服务平台建设，推进农村党建向社区党建转型工作，形成优势互补、共建共享、合作共赢的局面。

1. 颛桥镇银一社区:“七彩工作法”赋能基层党建工作常做常新常效

颛桥镇银一居民区建成于20世纪90年代初，是颛桥地区最早一批的动迁安置型社区。由于周边配套设施缺失，小区治理一度乱象丛生，造成了社区里乱搭建乱设摊乱停车、破墙开店等问题。在2012年之前，社区曾一度被沪上媒体称为“沪上最烂小区”。党建引领依法治理，是推动基层依法治理的总抓手。在艰辛而又幸福的蝶变历程中，银一居民区升级优化“田园模式”，收获了社区治理的法治根基：可复制、可推广的“七彩工作法”。由颛桥镇人民政府报送的“党建引领基层依法治理七彩工作法”先后入选闵行区、上海市、“长三角基层依法治理十大优秀案例”之一。

表1　“七彩工作法”主要内容和做法

色彩	特　征	内　　容	做　　法
红色	一个核心	居民区党总支	党建引领组织强
橙色	一支队伍	“三长”志愿者队伍	志愿服务领头羊
黄色	一种机制	法律服务进社区	法律服务零距离
绿色	一股合力	政府职能部门	共建共治有力度
青色	一套规则	三公约四制度	依法自治有保证
蓝色	一张网格	七心俱乐部、关爱基金	线上线下展风采
紫色	一组平台	议事会、蔷薇工作室	蔷薇花开香万家

（1）三位一体：党建引领、依法治理、居民自治。

一是党建引领。即居民区党总支作为社区治理核心，总领全局，并通过交叉任职等方式吸纳社会各方力量成为党总支成员。党总支依托党的基层组织的工作机制和工作方式，成为社区治理枢纽。

二是依法治理。即引入社区外的力量参与社区治理，对接居民自治，实现社区内行政执法、法律服务的落地以及社区自治规则的有效运转。公安民警、城管执法、司法行政、房地管理等各职能部门参与，资深律师组成志愿者专家律师援助团，实现社区内外各方力量“资源共享、信息互通、力量共用、平台共建”。

三是居民自治。即建立包括居委会、自治组织、居民骨干（党员骨干和群众代表）的有层次的居民自治体系。其中，以“党员工作室”、“业主工作室”和“群众工作室”为载体的“党小组长、楼组长、志愿者骨干”起到了连接党组织和居民、自治组织和居民的桥梁和纽带作用，使得居民自治有层次、有成效。

（2）四治融合：自治、共治、德治、法治在党建引领下有机融合。

社区事务自治、社区管理共治、社区文明德治、社区秩序法治，凝聚各方力量、联动联勤联办联管，形成了依法依规、自我管理、民主协商、睦邻互助的群众自治新社区。

党组织、居委会、业委会、物业公司、政府职能部门等法定机构，以及蔷薇工作室、关爱基金等自治组织，是社区多元共治的主要力量。

区域化党建平台等共治平台、居民议事厅等自治平台，为各类组织、各方力量提供了“合力”的汇聚点。“小区顾问团”、“物业监督员”、“垃圾分类自愿者”，281 名党员，130 名“三长”，是参与社区治理的“领头羊”。

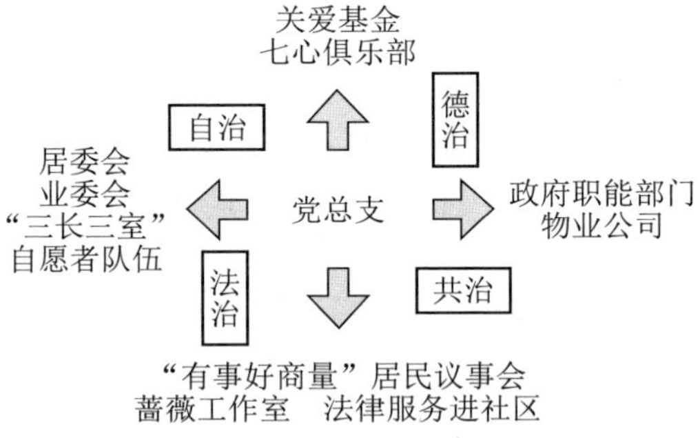

图 1　“七彩工作法”中的“四治融合”

2. 梅陇镇永联村：以法治思维为引领为红色物业发展提质增效

永联村紧邻徐汇区、新梅工业区，曾是繁华都市之中的“城中村”，自 2016 年上海开展“五违四必”环境整治工作以来，永联村的村貌得到了极大改善，从脏乱差的“城中村”蜕变为“美丽乡村”。在改造过程中，永联村积累了善用法治思维解决基层治理问题的成功经验。为进一步提升村居治理能力，永联村将“红色因子”注入物业企业，构建村居、物业党建机制，组建“红色物业”综合党委，推动村居党组织向业委会延伸，物业党组织向服务项目覆盖，建立村居党组织、业委会、物业党组织三方联席会议制度，定期会商议事、协调处理问题，推动党建引领下“红色物业”的常态化发展，创新村居治理模式，提高村居治理水平。

（1）以法治方式为引领，理顺物业企业利益诉求与社区治理目标的内在冲突关系。永联村在法治轨道上将物业企业的利益诉求与参与社区治理的目标之间有机结合，同时避免不同主体角色内在利益发生冲突，既维护物业公司作为企业盈利定位的目标需求，又使得物业企业通过动态平衡短期利益和长期利益的内在冲突博弈，通过参与社区治理获得公司更为可持续良性发展，从而为物业公司参与社区治理的主动性和积极性得以有效维护。具体而言：一是通过构建党领导下物业管理服务平台来推进物业企业党组织工作的全覆盖，实现党建引领物业的形式和手段有效创新；二是对于难以单独设置党组织的物业公司进行红色物业的创新型改造，采用“企业+企业”“企业+村居”的联建共建模式；三是推动物业企业融入村居治理的意识，让物业企业责任人全面认识物业企业在社区治理中的角色，通过法治方式明确物业企业作为党的工作队的意识；四是通过法治方式引导物业企业提供服务。通过法治对物业企业融入社区志愿服务、融入社区和谐建设和融入社区文化建设赋能方式，充分发挥法治的规范、保障和引领功能，在物业服务过程中传递好宣传好党的声音。

（2）以法治规范为准绳，厘清多元主体参与社区治理的组织架构。永联村在基层治理过程中，以法律作为规范，重塑了物业企业与社区治理多元主体的关系，最终形成了“一核多元”社区治理组织架构。“一核”是指社区治理坚持以社区基层党组织为领导核心，“多元”是社区治理的格局中政府组织、居民自治组织、市场组织、社会组织、社区居民等利益相关主体。在“一核多元”的治理架构下，物业企业与基层党组织和其他治理主体的法律关系逐步明确：一是基层党组织与物业企业的关系主要是政治引领的关系，打造“红色物业”，强化党组织对物业企业的引领作用；二是物业企业与其他社区治理主体之间主要是合作关系。通过《梅陇镇永联村村民自治章程》《梅陇镇永联村村规民约》《永联村物业管理条例》等规范性文件，居委会、物业企业、业主委员会、志愿服务组织等在实际参与基层治理过程中的权利义务关系逐渐清晰，在涉法涉诉、征地拆迁、安置补偿、治安消防、道路交通、环境污染等问题处置过程中，哪个主体处于主导地位，哪个主体处于协同地位一目了然，不同参与主体在参与基层治理过程中的协调性显著增强，充分发挥各个不同治理主体的作用，形成整合效应。

（3）以法治建设为保障，实现物业企业参与社区治理的动能转换。

目前，党委和政府在物业企业参与社区治理方面发挥了主导作用，通过人财物的倾斜配置甚至是资源兜底，但是这种模式的可持续性存在一定问题。当政府支持力度在逐渐减弱之后，物业企业是否有足够动力持续参与社会治理、发挥社会组织功能、提供准公共服务。永联村对此探寻到一条在法治建设基础上，实现物业企业持续参与社区治理的新动力。一是人员双向融合机制。“双向进入、交叉任职”。二是问题联动处置机制。村委会、业委会、物业企业在基层党支部的领导下构成了社区协商的三方联动机制。三是激励考核监督机制。建立“红色物业”红黑榜。对物业企业进行季度测评，群众满意度每半年测评，村民、社区和第三方每年年底测评，考评结果向社会公布并纳入物业企业诚信榜。对“红色物业”工作突出、居民满意度高的物业企业和物业服务管理人才给予支持和奖励。对工作不细致、服务质量不高、居民满意度评价较差则引入监督机制，加强督促整改。

3. 吴泾镇和平村：党建引领、普治结合、以德化人、精细活力

和平村位于闵行区吴泾镇的西侧，区域内高校（华师大、交大两所双一流著名学府）、高新企业（中航商发）聚集，区位优势明显。和平村区域面积 3.3 平方公里，下辖 12 个村民小组，共有 805 户 2 400 余人，外来人口 2 000 余人。近年来，和平村以党建为引领，高标准推进美丽乡村建设，并成功创建“上海市卫生村”“闵行区文明村”、“闵行区环境优美村”“闵行区村务公开管理民主示范村”“闵行区最美文化居村先进集体”等荣誉称号。

（1）突出党建引领，强化模范作用。和平村通过创建民主法治示范村来不断强化村级党组织建设，围绕全镇中心工作，认真开展好创全、“五违四必”、美丽乡村建设、村民民主自治、动迁、安置、拔点腾地、维稳、社会治理等各项重点工作的推进，使得基层党组织的活力得到充分彰显。通过开展党组织专题学习、党员干部培训、多元化主题党日活动等形式，凝聚党员力量，有效激发了党建活力，提高了党组织的向心力和战斗力。抓标准化建设，按照要求推进城市基层党建“515 领航工程”①抓支部规范化建设，落实组织生活各项制度，规范组织生活开展，确保“三会一课”常态长效开展，以高质量的组织生活不断强化党组织政治功能。当好勤政廉政表率，严格落实党风廉政建设和“一岗双责”。

（2）突出村民自治，强化民主管理。和平村党支部、村委会组织村民讨论完善《村规民约》《村民主决策制度》《村务公开制度》通过村民共商共建共治共享，强化了村规民约软法的生命力，使得软法不软。目前，在村民共享的自治格局下，村集体经济收入达 700 多万元，实现了经济的高速发展。和平村在民主法治示范村创建中，充分发动并依靠农民主体力量，依托村民会议、村民代表大会、村民议事会、村民理事会、村民监事会等载体，在村务协商的“孕育—生成—实施—监督”等环节实现了全生命周期管理闭环，着重对于民主选举、民主协商、民主决策、民主管理、民主监督优化了制度建设，形成民事民议、民事民办、民事民管的多层次村务协商格局。

（3）优化普法方式，强化依法治村。近年来，和平村在打造民主法治示范村中，改变以往在农村赶集时组织干部上街派发法治资料的“大水漫溉式”灌输法，而是借鉴并采用“刺激—反馈”普法经验，比如民法典宣讲过程中，将 1 260 条的核心条款通过漫画方式呈现，重点聚焦于婚姻、继承、侵权、借贷、医疗等具体场景领域，对于法治需求侧的重点群体，如村

① 2017 年，闵行区委下发了《关于闵行区加强城市基层党建的行动纲要》《关于进一步落实和完善“双报到”“双报告”工作的实施意见》《关于加强闵行区基层党（总）支部标准化建设的实施意见》等系列文件，形成了“5”大系统、“15”项工作举措的城市基层党建行动纲要，统称“515 领航工程”。

组党员干部、在家村民、外出务工农民、青少年、社区矫正和刑释解教人员、村办企业员工“六类人群”，重点开展多形式、多渠道宣传教育，提高村（居）民依法办事、依法维权的能力。

（4）突出以德治村，强化以德化人。以美丽乡村建设为载体，在上级领导的关心下，在全体和平村民的支持下，各项目相继通过验收并投入使用。“红色庭院、和平大院、放鹤谷、生态河道、乡愁田园、休闲空间、樱桃园、企业园区、科研基地”这九大门类的社会效益、经济效益、生态效益正在凸显，迸发出乡村振兴合力，村民的幸福感和获得感显著增强。一是红色庭院的党建阵地作用得到了发挥，成了党员群众接受红色教育的重要基地，2020年还被上海市委党校选为教学基地，多次举行局级干部培训班。二是和平大院（邻里中心）成了村民休闲娱乐的好去处，发挥了便民利民服务圈作用，使村民不出家门就能享受“文化大餐”。三是放鹤谷推动乡村振兴，用家庭园艺和花海打造一片新天地，为吴泾增添了一抹靓丽的色彩。四是生态河道治理实现了水清岸绿，切实提高了群众对水环境治理的获得感和满意度，成为了全市水环境整治的典范。五是乡愁田园，做好农民自留地文章，以农业为依托，拓展观光、体验功能，使市民体会乡村田园耕种乐趣。六是休闲空间如绿色丝带环绕全村，让群众在家门就能享受休闲健身服务设施。七是园挖掘农耕文化，配有古盆景展览与销售、草坪广场、农家乐，提升区域农业档次和生态品质。八是企业园区、科研基地以产业发展，科技兴农带动乡村振兴，促进美丽乡村建设，带动村民致富。

三、新时期推进农村党建向社区党建转型的对策建议

1. 在责任主体上以开放共治为原则，进一步切实提高转型期基层党建的社会化水平

一是在对待各类社会主体时，以更加平等的心态，秉持开放、互利、共赢的理念，积极引导社区居民广泛参与，整合、吸纳各方资源，实现社区共建共治。二是清楚界定各主体间职责边界，实现多元主体间的良性互动。在

党的引领下，社区居委会可以通过一系列的制度设计以及政策的引导来确立本社区治理的基本规则。三是充分发挥公共资源的优势以保障社区工作及社区治理的高效落实，在治理过程中，加强培育居民的自治精神，加大责任意识，推动部分社会公共事务实现居民自治，多方位、多视角完善全民参与的开放式社区治理体系。

2. 在运行机制上以民主法治为保障，进一步切实提高转型期基层党建的法治化水平

一是倡导党员干部以法治思维、法治方式武装头脑，指导行动，在深化改革、推动发展、化解矛盾、维护稳定等方面积极发挥作用。二是强调其他社会治理主体在法治的轨道上运行，如厘清业委会、“三长两室”的治理权限与责任，避免社区治理权力的泛化。三是树立依法治理的居民信念，如优化公民宣誓，扩大公民宣誓的对象，增加“律师进社区”服务频率，丰富“12·4”宪法宣传日活动内容。四是构筑“普法”基石，逐步建设完善的法律服务体系，持续保持“办事依法、遇事找法、解决问题用法、化解矛盾靠法”的良好氛围。

3. 在新生动力上以科技创新为驱动，进一步切实提高转型期基层党建的智能化水平。

一是依托“一网通办”“一网统管”建设成果，持续拓展信息技术在基层党建领域的实体应用范畴，总结疫情期间创新线上法律咨询服务的经验，探索网络信息技术与基层党建的有机结合点。二是将工作重心转移至民生领域的信息化水平建设上，通过以各类智能终端为载体，实现数字化综合民生服务平台如智慧社区全网通办，将基层党建全面延伸至社区、居委会等，着力提升基层党建的便捷性并增加基层党建的覆盖面，努力通过智慧党建等平台落实公众基本需求，全面推进基本党建智能化、信息化，达到以智能化促进基层党建体质增效的目的。

4. 在队伍建设上以专业人才为保障，进一步切实提高转型期基层党建的专业化水平。

一是要立足建立健全基层党建人才的教育培养机制，采用委托培养、定

向培养的方式来提升基层党建人才的专业技能水平和综合素质，例如基层党建部门可依托社会组织定期举办各类在职人员培训班或同高校合作委托培养基层党建人才。二是落实“调结构、改待遇、重激励”方针，通过调整基层党建人才队伍结构，改善人员待遇，实施畅通晋升空间、奖罚分明的激励制度，建立起一支理想信念坚定、数量充足、结构合理、能力过硬的职业化基层党建人才队伍，夯实基层党建基础，着重强调基层党建人才的专业化的工作精神和态度，大力提升基层党建效能，推动基层党建整体水平迈向现代化。

作者简介：

彭　辉，上海社会科学院法学所研究员

黄　钰，上海社会科学院法学所硕士生

三圈互联　文明共建

——以徐汇区着力构筑“500 米新时代文明实践圈”为例

徐汇区精神文明建设委员会办公室

摘　要： 建设新时代文明实践中心，是党中央对宣传思想文化和精神文明建设工作作出的一次重要部署，关系着推动习近平新时代中国特色社会主义思想往深里走、往心里走、往实里走的大局，关系彻底打通群众工作“最后一公里”目标的实现。上海市徐汇区委充分认识新时代文明实践中心建设试点工作的重要性、必要性和紧迫性，深入贯彻落实中央和市委部署，扎实推进建设新时代文明实践中心试点工作。2020 年以来，徐汇区坚持“区域化党建+文明实践”的理念，通过构建充满活力的实践生态圈、深入人心的思想传播圈、贴近群众的志愿服务圈，三圈互联、文明共建，着力构筑群众喜爱、特色鲜明的“500 米新时代文明实践圈”，探索“理论为先、融入治理、精准服务、提升效能”的新时代文明实践徐汇模式。

关键词： 新时代文明实践　理论宣传　志愿服务

徐汇区委高度重视新时代文明实践中心试点工作，根据中央、市委精神，研究制定《徐汇区关于建设新时代文明实践中心试点工作的实施方案》，在全区层面召开建设新时代文明实践中心试点工作部署会，持续推动试点工作走深走实。通过构筑充满活力的实践生态圈、深入人心的思想传播圈、贴近群众的志愿服务圈，打造特色鲜明的徐汇区“500 米新时代文明实践圈”，推动习近平新时代中国特色社会主义思想深入人心，推动党的群众工作落地落实。

一、强化全线推进，构筑充满活力的实践生态圈

徐汇区致力于构建以 1 个区新时代文明实践中心、13 个街镇新时代文明实践分中心、306 个居民区新时代文明实践站“1+13+306”三级贯通，以百个文明实践基地、千个文明实践点、万个文明实践楼组家庭“百、千、万”密切联动，覆盖全区的新时代文明实践组织网络。通过党建实践融合、阵地资源整合、条线部门发力、因地制宜施策，形成治理效能高、整体融合度好、群众覆盖面广、实践载体多元化的新时代文明实践生态圈，让文明之风吹拂徐汇每个角落。

一是党建实践融合，助力社会治理。徐汇区深入贯彻习近平总书记提出的“人民城市人民建，人民城市为人民”重要理念，以统筹资源、丰富内涵、融入治理、提升效能为着力点，推进党建工作与文明实践双向开放、双向互动、双向融合、双向促进。例如，龙华街道深入探索“区域化党建+文明实践”模式，深化拓展滨江党群带、滨江文明示范带功能，以党建引领新时代文明实践，强化基层党建与新时代文明实践同频共振、互联互动新形态，打造了徐汇滨江建设者之家、水岸邻里汇、绿地汇、东航滨江、水岸驿站等一批群众喜爱、特色鲜明的新时代文明实践点。又如，徐汇区、闵行区交界的华泾镇、梅陇镇，面对在区域建设中出现的盲点，深入探索毗邻党建引领下的新时代文明实践跨区域合作新模式，通过优势互补、文明互鉴、成果共享，建立了地区全方位交流与合作的新机制，形成阵地共建、资源共享、活动共办、品牌共铸的工作机制，打造“镇镇共建共治共享”模式，用实际行动为毗邻一体推进新时代文明实践中心建设贡献智慧。

二是阵地资源整合，坚持服务为民。按照徐汇区委关于“党建引领社区多中心功能融合提升”的工作部署，徐汇区专门制定《社区党群服务中心、新时代文明实践中心、社区文化活动中心功能融合提升指引》，积极推动街镇社区党群服务中心、新时代文明实践中心、社区文化活动中心功能融合提

升，打造“一门式”空间、“一站式”服务、“一体式”队伍、“一条龙”机制，提高阵地功能融合、资源使用效能和服务社区能力。例如，漕河泾街道抓住康健路135号社区党群服务中心和社区文化活动中心改造升级的机会，将街道新时代文明实践中心有机嵌入，着力打造“党建引领是实质，文化是载体，实践是内核”的服务体系。又如，凌云街道以梅陇路为主轴，打造了社区党群服务中心、新时代文明实践中心、社区志愿服务中心、社区文化活动中心、社区事务受理服务中心等多个中心，绿治、渔书、陇上BOOKS、聚陇等多个新时代文明实践点集聚的“党建+文明实践”一条街，丰富了市民“家门口”的实践载体。

三是条线部门发力，延伸文明实践触角。在扎实推进新时代文明实践三级组织网络的基础上，徐汇区始终秉持“群众在哪里，文明实践就要延伸到哪里，各类资源就要汇聚在哪里”的理念，不断发挥区域优势、强化条线部门配合，依托基础条件好、工作机制好、活动开展好、群众评价好的大院大所大校大企等区域阵地资源，以及徐汇滨江、衡复风貌区、徐家汇商圈、漕河泾开发区等功能区党建资源，延伸设立区级“新时代文明实践基地”。例如，区民政局牵头成立传承发展中华优秀婚姻家庭文化、培育文明向上婚俗文化的徐汇区婚姻登记中心新时代文明实践基地。又如，区科委牵头，将上海交通大学钱学森图书馆、上海电影博物馆、上海昆虫博物馆、上海无线电博物馆等，打造成致力于普及科学知识、提升公民科学素质的新时代文明实践基地。一大批具有徐汇特色的新时代文明实践基地将一跃成为市民群众喜爱的思想主阵地、服务大平台、志愿大舞台，有力地推动新时代文明实践工作落地落实。

四是一街镇一方案，凸显分中心特色。徐汇区12个街道、1个镇因地制宜、精准施策，努力探索适合自身的方法路径，分别制定并印发本区域试点工作实施方案。商圈林立、中西荟萃的徐家汇街道依据本区域特点和功能布局，着力开展徐家汇特色文明实践“三大行动”，与商圈党建相结合开展新思想学习行动、与徐家汇特色文化相结合开展新思想宣讲行动、与创新社会治理相结合开展新思想实践行动。位于衡复历史文化风貌区、人文底蕴深厚的天平街道充分利用辖区内红色文化、海派文化和“名家坊”平台，重点打造“梧桐·名家汇”红色经典文化品牌，并依托红色点位、人文点位、修身基地等，衍生设立宋庆龄故居、上海市妇女儿童服务指导中心（巾帼园）、天平66梧桐院邻里汇等一批新时代文明实践点。位于漕河泾新兴开发区所在地的虹梅街道，结合“两新”党建、楼宇党建、园区党建、区域化大党建等深化拓展，以“虹梅庭”站点为基点，重点突出“文明实践+科技创新”的叠加效应。致力于建设和谐、宜居社区的田林街道重点推出“五馨田林”品牌建设，着力打造“馨阵地”“馨人物”“馨课堂”“馨文化”“馨项目”等系列品牌。

二、聚焦理论宣传，构筑深入人心的思想传播圈

徐汇区在建设新时代文明实践中心试点工作中始终坚持凝聚群众、引导群众、以文化人、成风化俗，牢牢把握传播新思想、引领新风尚的工作目标，探索创新理论宣传和思想教育的方法、路径、载体。2020年以来，紧扣“四史”学习教育主线，推出“新思汇”——群众身边的理论大课堂，把理论宣讲融入惠民服务、科技创新、文化生活、党的建设、社区治理、生态环保与全面小康等工作之中，以“身边事”感召“身边人”，打造理论具体可感、群众愿意倾听、资源开放共享的宣传教育课堂，构筑深入人心的思想传播圈。

一是聚焦主题式学习，提升理论学习精准度。“新思汇”由徐汇区新时代文明实践中心联合中共上海市委党校等区域资源共同打造。推出的第一季13讲，以习近平总书记“金句”为引，结合13个街镇特点和实际案例，一街镇聚焦一主题。13位专家围绕特定主题精心备课，以形象直观、深入浅出的方式展开理论分析，剖析案例背后的理论基础，让群众身边的理论大课堂有深度、有高度，成为广大市民群众的精神家园。例如，开篇大课开宗明义，将主题定为从“人民至上”看“人民城市”的实践。在位于斜土街道的徐汇滨江规划展示馆，上海市委党校副校长曾峻教授从工业“锈带”到

生活“秀带”、创业“秀带”的徐汇滨江发展变迁中，解读“人民城市人民建，人民城市为人民”的思想理论精髓。又如，在徐汇区体量最大的居住型社区长桥街道新时代文明实践点，上海市委党校经济学教研部副主任李敦瑞教授，结合为菜市场女经营户打造温馨“娘家”、昔日“群租”重灾区变“舒心”宜居园等案例，对如何全面建成小康社会进行深入解读，加深了群众对党的理论理解，增强了群众对居住区域的认同感。

二是打造沉浸式学习，提升理论学习感知度。“新思汇”每一讲都精心选择授课空间，运用新时代文明实践阵地网络，致力于为市民群众构建身临其境、沉浸式的“学习场”，把理论与现实融为一体，增强群众对历史的感知、对家园的热爱、对美好生活的憧憬，有效提升群众对新思想、新理论的“学习力”与“感受力”，把党的声音、党的理论传递到群众心里。例如，“文化是城市的灵魂”主题的“新思汇”，走进了位于湖南街道的老房子艺术中心新时代文明实践点。在保留城市历史文化记忆的老建筑中，市民群众跟随市委党校哲学教研部胡霁荣博士，一同品读衡复历史风貌区的文脉传承、城市空间、建筑风格和社区生活治理等，文化自信、家国情怀油然而生。又如，在康健街道丁香园邻里汇新时代文明实践点，举办了主题为“人民对美好生活的向往就是我们的奋斗目标”的“新思汇”。“邻里汇”的建设是徐汇区委、区政府构建美好生活共同体的积极实践，在建设一新的康健街道邻里汇里，上海市委党校公共管理部汪仲启副教授带领市民群众共同回顾“康乐工程”20余年来为居民生活带来的变化，解读习总书记提出的“让老百姓过上好日子是我们一切工作的出发点和落脚点”的深刻内涵。

三是推广群众式学习，提升理论学习广泛度。“新思汇”坚持群众视角，打破传统的专家授课“一言堂”方式，把话筒交给市民、把讲台交给群众，通过场内场外的积极联动、线上线下的互动交流，激发市民群众真正成为理论学习的主体。“新思汇”分为线下互动宣讲和线上资源共享两部分。每期线下互动宣讲，均以教师互动演讲、主持人提炼串联、市民提问分享及观众体悟交流等形式进行，使理论平易近人、形式生动可参与，贴近市民群众思想和生产生活实际。每场线下宣讲还将以音视频形式，在“徐汇区新时代文明实践信息平台”进行资源共享；并通过“学习强国”“徐汇通App”等平台，面向社会开放，截至2020年底，各平台已超50余万的线上阅读量。近期推出的《新思汇·汇感悟》系列推文，汇集党员群众观后感，致力于让理论的声音传播得更深更广，促进“新思汇”成为“触屏可及”、反复学习的精品。

四是倡导引导式学习，提升理论学习实效度。徐汇区各级阵地积极整合区域理论学习资源，组建“新思汇”千名理论宣讲志愿队，其中有理论宣讲专家学者团队，有区委办局、街镇主要负责人组成的“汇讲团”团队，有爱国主义教育基地和红色站点宣讲骨干组成的实践基地团队，有居民区和“两新”组织党组织负责人组成的基层党建团队，以及各类优秀典型、模范人物组成的先进人物宣讲团队等。13个街镇新时代文明实践分中心还分别组建“健康枫林思想理论宣讲团”“白领宣讲团”“梧桐大课堂宣讲团”等18支“新思汇”理论宣讲志愿服务分队。“百姓宣讲轻骑兵”们发挥自身优势，用活新时代文明实践平台，在基层群众身边，分层次、分类别、多形式、多样化地宣传好党的理论、讲好党的故事，把党的方针政策带进千家万户，让理论宣传“活”起来、“火”起来。

三、提升服务效能，构筑贴近群众的志愿服务圈

近年来，徐汇区已完成13个街道（镇）志愿服务中心、306个居民区志愿服务站的全覆盖，形成了区志愿者协会、社区志愿服务中心和居民区志愿服务站三级管理网络，实名注册登记志愿者逾28万名。依托新时代文明实践中心试点工作，徐汇区进一步加强组织引导，推进志愿服务的精准化常态化，以党员干部为核心，以市民群众为主体，构筑贴近群众、多方参与的志愿服务圈，为推进新时代文明实践凝聚强大的志愿服务力量。

一是健全体制机制，培育多元团队。强化区新时代文明实践志愿服务总队指导功能，由区委书记担任总队长，区委宣传部部长担任副总队长，下设13支街镇志愿服务队和“7+N”支区特色志愿服务队。目前，相关委办局

已牵头成立徐汇区理论政策宣讲志愿服务队、科学普及志愿服务队、红十字新时代文明实践志愿服务队、“新尚汇”志愿服务队、生态环保志愿服务队、帮困救助志愿服务队、“光启晚晴”离退休干部志愿服务大队 7 支区特色志愿服务队，同步成立 36 支分队，面向全区域开展文明实践志愿服务，与各级阵地共育团队、共建项目。突出街镇志愿服务队服务群众功能，由街镇党（工）委书记担任队长，注重发挥本地离退休干部、优秀基层干部、退役军人、文化人才、科技能人、群众性活动带头人等的作用，成立 414 支居民区志愿服务队、123 支街镇特色志愿服务队。2020 年下半年，徐汇区推出以培育志愿者骨干、孵化志愿服务项目、健强志愿服务团队为重点的“志愿汇 · TALK”系列主题活动，线上线下惠及区域内全体志愿者，不断提升文明实践志愿者的素质能力。

二是用好信息平台，优化工作流程。为了让徐汇市民群众了解并参与新时代文明实践，同时提升参与文明服务的积极性与便利性，徐汇区按照城市运行“一网统管”要求，依托“汇治理”“徐汇通”等信息平台，建设“徐汇区新时代文明实践信息平台”，以“1+N”模式对接“上海市新时代文明实践综合服务平台”，提供新时代文明实践动态展示、“新思汇”课程点播、阵地展示、志愿服务项目供需对接等信息化流程。同时，衔接“上海志愿者网”，推动上下联通、条块联动、线上线下同频共振、各类资源有效配置，提升文明服务效能。依托信息平台，逐步完善供需对接机制，各级阵地定期发布文明实践需求清单、资源清单、项目清单、团队清单，深入推进“群众点单—阵地派单—志愿服务组织（志愿者）接单—群众评单”的服务群众流程，强化“孵化项目—招募志愿者—实施项目—评估效果—优化项目”的项目管理流程，不断推动文明实践信息化闭环式工作机制、提高制度化管理水平。

三是广泛发动群众，助力基层自治。自试点工作开展以来，徐汇区始终坚持既要为了群众也要依靠群众，充分发挥群众的主体作用，广泛开展线上线下同频共振的文明实践活动，形成人人参与、人人服务、人人受益的生动局面，2020 年三级阵地共开展约 3 000 场文明实践活动，惠及市民群众百万余人次，动员志愿者约 50 万人次。新冠肺炎疫情期间，徐汇区各级阵地将防疫志愿服务作为文明实践主战场，积极动员各方志愿力量投身疫情防控，累计发布抗疫志愿服务项目近 400 项，线上线下招募 2 万余名志愿者参与疫情防控工作，形成了联防联控、群防群控的坚实防线。为深化全国文明城区创建，徐汇区各级阵地组织志愿者近 10 万人次，广泛开展“文明健康、有你有我”六大主题活动，加大“除陋习，践行‘新七不’规范”宣传实践力度，开展文明交通、文明餐桌、节约粮食、清洁家园等文明实践，助力营造“汇善汇美、文明徐汇”的城区文明风尚。在第三届中国国际进口博览会上，徐汇区组织近千名城市文明志愿者上岗，为中外游客提供志愿服务，并广泛开展文明交通、文明旅游等文明实践宣传，弘扬时代新风，彰显文明风尚。

案例报告

文化志愿赋能文明实践

——上海宣传系统积极助力新时代文明实践中心建设

中共上海市委宣传部基层工作处

摘　要：上海市宣传系统以多年来打造的品牌活动“文明与文化同行”主题志愿服务为牵引，围绕文明实践中心建设，组织开展“文明与文化同行·新时代文明实践志愿行”主题实践活动，以文明共建为纽带，引导发动宣传系统各级文明单位和其他基层文化单位，以文化志愿服务为载体，以“三同”目标建立“三联动”机制，以“四传”服务助力文明实践中心阵地建设，以“四融入”模式推动文明实践工作常态长效，积极助力新时代文明实践中心建设提质增效。

关键词：文明与文化同行　新时代文明实践中心

一、案例的实施开展情况

2020年以来，上海市宣传系统各单位认真贯彻落实中央和市委关于新时代文明实践中心试点工作有关要求，以习近平新时代中国特色社会主义思想为指导，践行“人民城市人民建，人民城市为人民”重要理念，发挥行业优势、整合优质资源、加强条块联动，自觉承担宣传思想文化战线使命任务，积极助力新时代文明实践中心建设提质增效。

坚持“三同”目标，建立协同参与的“三联动”机制。在上海市委宣传部统筹部署下，上海市宣传系统各单位深刻认识和把握新时代文明实践中心建设的重要意义，在整体谋划时坚持“三同”目标导向，即推动思想文化建设与精神文明建设在阵地建设中实现同向发力；推动基层公共文化建设在平台聚合中实现人民群众同享成果；推动新时代文明实践工作在联动共建中实现同心协力，在工作实践中探索建立“三联动”机制：一是文明与文化联动，集聚文化力量。以宣传系统多年来打造的品牌活动“文明与文化同行”主题志愿服务为牵引，围绕文明实践中心建设，组织开展“文明与文化同行·新时代文明实践志愿行”主题实践活动，以文明共建为纽带，引导发动宣传系统各级文明单位和其他基层文化单位，以文化志愿服务为载体，踊跃参与全市新时代文明实践中心建设。活动自 4 月开展以来，得到系统各级文明单位的积极响应和热情参与，共有 65 家单位提出项目申报，其中全国文明单位 9 家、市级文明单位 39 家、宣传系统部级文明单位 11 家。二是城乡联动，精准对接需求。宣传系统各基层单位多为市级文化单位，驻地多在市中心，为更好服务资源相对较少的郊区建设实践中心，宣传系统重点聚焦全国试点区之一的崇明区，组织引导基层单位到崇明开展服务活动，推动优质文化资源向郊区倾斜，促进城乡融合发展。在文明实践志愿服务项目确定过程中，充分尊重崇明百姓的实际需求，采用宣传系统基层单位“自主申报、分类供单”、崇明区“分级选择、按需点单”的方式，从征集到的 69 个志愿服务申报项目中，最终确定了 29 个重点项目和 40 个培育项目，其中重点项目实现了崇明 19 个区、乡镇两级文明实践中心全覆盖。三是条块联动，深化同创共建。着力发挥宣传思想文化行业优势，将市级新闻媒体、理论社科、文艺、出版等行业的重点单位引入参与文明实践中心建设。7 月 24 日，市宣传系统与崇明区委宣传部共同召开“文明与文化同行·新时代文明实践志愿行”崇明启动会，发布市宣传系统与崇明区结对共建倡议书，宣传系统重点项目单位与崇明各文明实践（分）中心签署结对共建协议，通过组织共建、项目共建、团队共建等形式，携手推进崇明各级文明实践中心平台建设，在同创共建中，进一步推动条块联动走深走实。

开展“四传”服务，助力文明实践中心阵地建设。围绕文明实践中心六方面任务内容，宣传系统各单位结合自身实际，在志愿服务内容中突出“四传”重点：一是传思想，学习宣传理论政策，结合全市“四史”学习教育，推动习近平新时代中国特色社会主义思想等党的创新理论“飞入寻常百姓家”。例如陈云纪念馆的“红色文化展览系列”项目，上海人民出版社的“优秀‘四史’书籍音像制品赠送”项目，上海社会科学院的“尚社青年讲师团理论宣讲”项目，上海《宣传通讯》的生态岛悟学项目，上海永乐股份的“红色流动电影下乡放映”项目等。二是传文化，发挥宣传系统打造“上海文化”品牌集群优势，大力弘扬中华优秀传统文化、革命文化和社会主义先进文化。例如市文旅局老干部服务中心的“不忘前辈初心，牢记当今使命——文旅系统老同志送戏下乡”项目，上海世纪出版集团下属多家出版单位推出文化阅读推广项目、文化助力新农村建设图书捐赠项目，上海戏曲艺术中心下属多家院团推出戏曲普及推广项目，上海民族乐团推出“风雅东方”民乐艺术推广项目等。三是传政策，把民生保障、医疗卫生、生态环保等与普通百姓利益密切相关的政策讲清楚、讲明白，让党的为民利民惠民政策深入人心。例如上海广播电视台融媒体中心的“法制下基层”志愿服务项目，解放日报社“哎哟不怕”抗癌公益项目等。四是传新风，讲述先进典型的感人故事，引领普通百姓见贤思齐、明德惟馨，弘扬时代新风。例如新民晚报社的“听故事学榜样”新闻记者讲述身边故事项目，上海图书馆的好家风好家训传承项目等。

二、案例的实施成效

活动自开展以来，受到基层普遍认可和欢迎。新时代文明实践中心建设是一项长期的系统工程，需要整合社会各方力量，协同推进、齐抓共管，在常态化、长效化上下功夫。在参与的过程中，上海市宣传系统也逐步探索实践“四融入”模式，先行先试积累文明实践中心条块共建经验。一是把共建实践中心融入文明单位创建。宣传系统把参与文明实践中心建设纳入系统文明单位创建，明确工作要求、列入考核内容，推动文明单位创建更好围绕中心、服务大局，切实贯彻中央文明委关于深化新时代文明单位创建部署要求。成立宣传系统全国文明单位联盟，示范带领各级文明单位积极投身文明实践中心建设，例如全国文明单位东方明珠推出“登东方明珠塔，了解上海的过去、现在和未来‘四史’学习”项目，邀请崇明百姓走出崇明、走进城市地标，感受城市发展脉搏，激发奋斗热情。二是把推动公共文化服务均等化建设融入文明实践中心建设。公共文化服务的公益性、基本性、均衡性是上海建设人文之城的重要标识之一。作为全市公共文化服务的有益补充，宣传系统以文明实践中心为载体，有针对性地引导系统文化志愿服务资源、项目、力量向远郊地区倾斜，推动公共文化服务提升普惠性、扩大受益面。同时，注重在“送文化”的基础上“种文化”，提高群众自我“造血功能”。例如，中福会儿童艺术剧院的青年演员们受聘成为崇明三星镇“海棠星播客”荣誉讲师，以专业力量服务带动郊区基层群文团体建设。三是把志愿服务融入文明实践中心。文明实践中心是开展志愿服务的广阔舞台，通过参与文明实践中心建设，宣传系统进一步整合系统单位志愿服务资源，打好打响服务“组合拳”。同时，推动各单位加强志愿服务规范化、常态化、品牌化建设，形成一批特色鲜明的文明实践志愿服务团队和项目。例如，上海广播电视台组建由10多位知名主持人组成的长江口生态保护文明实践志愿服务队，与崇明区陈家镇合作，在上海市水生野生动植物保护基地建立“SMG长江口生态保护文明实践志愿服务点”，发出《守护长江母亲河》文明实践志愿服务倡议，开展“鲟豚守护”联合志愿行动。四是把红色文化融入群众生活。2021年是建党100周年，第十届中国花博会也将在崇明举办，宣传系统以此为契机，将新时代文明实践中心作为推动传承红色基因、弘扬红色精神的重要阵地，充分用好红色资源、讲好建党故事，努力将红色文化融入群众生活、根植人们心中。例如，中共一大纪念馆与崇明区新乡村深度合作，在上海冠华不锈钢制品股份有限公司新时代文明实践站开设“伟大开端——中国共产党创建历史图片展”，在乡村、更在民营企业首度举办常设展。

三、下一步完善的思路与对策

在取得现有工作成效的基础上，下一步，上海市宣传系统将进一步整合系统资源、完善工作机制，在结对崇明的基础上，进一步扩大服务覆盖面，将市级优质文化资源惠及更多百姓。一是以项目为带动，提升文化志愿服务资源整合力度。通过项目化的方式，打破单位壁垒，强化各单位间融合协作，进一步整合系统资源，不断做强宣传系统理论宣讲、艺术普及、文化教育、科普宣传等优势项目。二是以培训为抓手，提升文化志愿服务整体水平。组织开展志愿服务知识传授、技能传习、项目交流等学习培训，提升宣传系统志愿服务队伍整体素质，激发宣传系统广大职工群众参与志愿服务的积极性和主动性。三是以机制建设为保障，推进文化志愿服务常态化长效化。联合系统各直属单位，在完善志愿服务运行机制上进一步下功夫，建立健全志愿服务激励、保障机制，鼓励守正创新，让“我志愿、我奉献、我快乐”理念在系统中蔚然成风。

文明实践始终在路上，上海市宣传系统将继续贯彻落实好中央和市委有关要求，强化使命担当、发挥优势特点，以文化促文明，以文明促发展，继续以“文明与文化同行”为主旨，拓展新时代文明实践中心建设新视野，持续深入践行“人民城市”重要理念，全力助推全市文明实践中心建设做深做细做实，为不断提升人民思想觉悟、道德水准、文明素养和全社会文明程度，做出宣传系统积极贡献。

人群密集空间风险防控的“黄浦方案”

——黄浦公安分局创建“三化融合”平安治理体系

杨　杰

摘　要： 针对超大城市公共空间人群聚集所带来的风险高、影响大、人流及疫情管控难等突出问题，黄浦公安分局结合社会主义精神文明建设，以“人民城市人民建、人民城市为人民”理念为指引，以服务城市发展、推进“一网统管”建设为目标，坚持“科技+人力”理念，以智慧公安建设为牵引，围绕外滩、南京路步行街、豫园等处，立足长期实践思考，探索形成了以智能化、专业化、社会化“三化融合”为核心的人群密集空间风险防控的“黄浦方案”，进一步提升人群在密集空间的安全和防范意识，走出了一条精细化治理新路，为更高质量城市发展、更高水平“平安上海”提供新支撑、新动力。

关键词： 人群密集空间　风险防控　智慧公安　黄浦方案

党的十九届五中全会指出：“为了满足安全、环境需求，坚持人民至上、生命至上，把保护人民生命安全放在首位，全面提高公共安全保障能力。”黄浦区作为上海“心脏、窗口和名片”，每年都吸引超亿人次游客到此观光旅游，人群密集空间风险防控已成为黄浦区城市公共安全管理的重大课题之一。对此，黄浦公安分局借助智能化技术大发展契机，准确把握规律、认真研究规律，以智能化、专业化与社会化的“三化融合”构建出具有较强安全韧性的精细化风险防控平安治理体系。2020 年 11 月，在市城市管理精细化工作推进领导小组、市精神文明建设委员会办公室、市政府发展研究中心指导，上海交通大学中国城市治理研究院和人民网上海频道联合主办的历时五个月的首届上海城市治理最佳实践案例评选活动中，黄浦公安分局参评的《“三化融合”创建精细化平安治理体系：人群密集空间风险防控的“黄浦方案”》，荣获首届上海城市治理最佳实践案例。现就相关调研及实践情况汇总如下。

一、背　景

黄浦区是上海全球城市经济实力、城市形象、文化繁荣、社会活力、创新创意精彩浓缩与集中表达的核心区域，高标准的要求、特殊的区情、敏感的地理位置以及突如其来的新冠肺炎疫情，共同决定了黄浦区在风险防控中的难度和压力。其中，豫园、外滩、南京路等人群密集空间的风险防控显得尤为重要。黄浦公安分局研究认为，当前人群密集空间安全管控面临的暴恐、维稳风险日益突出，新冠病毒的变异以及西方国家暴发第二波疫情导致防疫难度日益增大；同时，安全作为由物质文明通向精神文明的一座桥梁，如何创建精细化的平安治理体系，让人群在密集空间服从管理、提升安全意识，把握好“安全与舒适”的关系成为重要的现实课题。针对区内重大活动多以“自发集聚的滞留性活动”为主的特点，以及人群密集空间风险防控的难点，尤其是密集人群的规模、构成、流变特征不确定，传统处置手段不匹配，风险防控社会协同不到位等堵点，必须准确识变、科学应变、主动求变，沉着有效应对挑战。对此，黄浦公安分局以市委、市政府“一网统管”和市公安局智慧公安建设为契机，立足于外滩城市功能和长期实践，逐步探索形成以智能化、专业化、社会化“三化融合”为核心的人群密集空间风险防控“黄浦方案”，有效提升了重大活动安保工作能力和底气，从而进一步降低暴恐、维稳、疫情传播以及人流管控风险。

二、措　　施

（一）构建以现代科技前沿技术为基础的预警处置模式，实现风险防控的智能化。一是“预警监测”，提前精准研判。运用“大客流风险洞察系统”，对未来7天乃至1小时，上海的气候、轨交、民航、铁路、宾旅馆（尤其是外滩周边）数据及历史客流数据进行多维度分析，智能预测客流量、持续时长，并匹配针对性预案。二是“实时监测”，掌控客流数据。在重点路口、景区出入口和重要通道，运用可视化监测分析平台和“客流眼”技术，实时监测客流数量、流向、密度。三是“重点监测”，消除治安风险。运用智能化手段提升对各类风险隐患的发现率，提前介入处置。四是“智慧警务”，高效处置警情。将“警力撒点图”与“警情热力图”相契合，做到“警力跟着警情走、勤务跟着需求走”。预警处置模式将信息技术深度嵌入公共安全治理，围绕人群密集空间管理需求，产生定制化应用效果，有效提升了技术潜能和治理效能。

（二）建立扁平和动态的实战管理模式，实现风险防控的专业化。一是聚焦防控方案专业化，构建内外联动、梯次有序的全过程管理体系。适时实行“封闭管理”，围绕中山东一路和外滩亲水平台，形成北到外白渡桥、南到新开河约8万平方米的监测空间，区域内人数超过阈值即实行总量控制。梯次增强“周边管理”，南京东路客流量超过阈值即采取布设警力“隔离墙”、引导客流“南进北出”、沿线路口“波次放行”、分割客流“分列式”前进等措施，减少人员聚集风险。若客流持续增加，则采取“引流至九江路、天津路入外滩”“封闭南京东路地铁站”等递进式管控措施，防止大客流直接冲击外滩。配套强化“节点管理”，在南京路和中山东一路路口，实行“开关式、雨刷式、导流式”管控措施，消除进出外滩客流对冲风险；对陈毅广场等外滩亲水平台核心区域，实行部分江堤通道“只下不上”、部分地面区域“铁马”隔离等管控措施，引导江堤客流“南北均衡”分布。二是聚焦指挥调度专业化，完善指挥扁平、用警科学的高效组织体系。按照

“分块包干、分兵把口、责任到人”的原则，建立指挥部、责任区、责任段等指挥架构，实现各层级、各环节、各要素的及时指挥和有效调动。立足“防万一”，明晰指挥调度权责，一旦发生突发事件和重大警情，现场指挥员可直接对具体岗位民警下达指令，执勤民警通过移动警务终端也可“一键调取”安保动态信息，保证足够安保力量及时上岗、驰援。三是聚焦应急保障专业化，健全常态警戒、快速响应的现场保障机制。在重大活动举办前，统筹对接交通、通信、医疗、气象等事项，协调消防救援、医疗救护、应急等部门做好人员、车辆、装备配套保障和现场备勤。在重大活动进行中，于核心区附近设置多个应急处突集结点，力量集中备勤、随时待命；同时，建立医疗观察员、中转医疗点、固定医疗站三级应急医疗保障体系，全区医院增配值班力量，一旦出现突发情况能及时响应处置；增加地铁 2 号线行驶班次，启动公交、出租车专项保障，加大公交运力满足大客流离场需求。2020 年国庆 71 周年和 12 月 31 日跨年倒计时活动期间，为应对公共场所人群聚集疫情防控，全体参战民警根据防疫要求全程佩戴口罩，并通过外滩、南京东路步行街区域 113 处广播进行防疫和客流疏导宣传提示，倡导市民群众自觉佩戴口罩、保持社交距离、文明有序出行。适配的实战管理模式契合组织韧性理论，保证了管理组织在突发情况下的稳定性、对抗压力时的灵活性、自我完善中的适应性，提升了管理组织治理公共安全复杂情况的韧性水平。

（三）整合社会治理各方主体力量打造“共建共治共享”治理新模式，实现风险防控社会化。一是“共建”：警企联动，打造“商圈智能安防系统”。按照“企业出资、共建共享”思路，推动智慧公安在商圈落地。例如，针对景区常态存在的大客流风险和消防、治安管理难题，由豫园管理方出资，与黄浦公安分局豫园派出所共同推进豫园商圈智能安防系统建设，有效提升了安防实战能力和商圈管理效能。二是“共治”：警社联动，打造“风险处置闭环”。黄浦公安分局外滩治安派出所协同景区管理部门、环卫、楼宇物业及商家等多元主体，坚持实战导向，每月开展一次实战演练，提高联动配合能力，实现“小公安”到“大公安”的转变。黄浦公安分局豫园派出所依托智慧豫园商圈“大脑”，在客流趋于饱和时，及时将园内实时客流总量、流速、流向、分布等信息推送至各社会安防点位，调度社会力量配合做好园内客流单向通行、防冲撞拥挤等秩序引导工作。三是“共享”：警商联动，打造“商圈共同体”。“数据共享”方面，已实现商城管理人员、保安每日位置实时上图、每日工作微信上云，连同商城风险警情隐患接入商城指挥室，实施统一调度，并与黄浦公安分局豫园派出所共享信息。“平安共享”方面，通过在豫园各重点部位安装的1 400余个烟感温感设备及320个匹配地下管线特点的智能井盖，监测安全异动，形成覆盖商圈的“机器嗅觉和触觉”网络。“商业共享”方面，基于商圈智能安防系统热力分析图和智慧商圈数据，实时了解各商铺人气集聚度，助力管理方适时优化运营模式，挖掘商业价值，促进商圈良性发展。“共建共治共享”治理新模式引导、培育和发挥多元主体作用，形成“警社合作、警企合作、警商合作、全民安防”的治理方案，是协同治理理念在公共安全管理领域的深入探索和有益实践。

三、成　　效

（一）具备了承办不同尺度重大活动的实力和底气。黄浦公安分局先后圆满完成了“2017年中共中央政治局常委集体瞻仰‘一大会址’”，2019年进博会中外嘉宾晚宴、中法元首豫园双边会谈等重大活动，以及国庆70周年、71周年和2020跨年迎新等群众自发性庆祝活动安保工作。可以说，“黄浦方案”是“人民城市人民建，人民城市为人民”重要理念在基层的生动实践和充分体现，为下一步如何在更大范围深化技术赋能、提升组织韧性、培育平安建设共同体等探索出了可行路径。

（二）推动了技术治理在基层的创新和发展。黄浦公安分局为智能技术如何与公共部门实现有效深度协作提供了实践样本，既围绕现实需求不断革新和再造政务流程，改建升级现有技术应用平台并重构了指挥协作系统，最大化释放了智能技术在政府组织中的应用潜能；又围绕特定的人群管理需求，充分发挥智能技术的弹性功能，使其在风险预判预警、人群分流引流、现场警情处置等具体治理情境中发挥出了定制化的应用效果。

（三）丰富了组织韧性理论的实践和发展。黄浦公安分局扁平化的现场指挥层级建设强化了内外联动、梯次有序的稳定性，“雨刷式”导流、“交替开关”交通站点等动态管理模式塑造了灵活性，智能化机器学习和大数据分析等手段提升了因地制宜、不断学习的适应性，最终探索形成了一套实现“组织韧性”的科学管理方案。

（四）诠释了精神文明建设的意义和深度。在公共安全管理领域，单靠政府力量不仅无力有效应对“黑天鹅”和“灰犀牛”事件①，而且会产生“无限兜底”的治理负担，因而需要社会多元力量共同参与。黄浦公安分局探索出了“警社合作、警企合作、警商合作、全民安防”的治理方案，形成了各方力量“共建共治共享”的治理新模式，进一步激发全社会正能量，使群众在安全治理体系常态化运行的基础上，感受到了治理的精度和温度，同时，游客安全意识、安全出行习惯在社会多元力量共同管理过程中正潜移默化地逐渐养成，既是安全治理体系助力精神文明建设典型体现，也为打赢人群密集空间风险防控战提供强大精神动力。

四、启示与展望

该案例呈现了超大城市人群密集空间风险防控的治理新路，提供了可复制、可推广的经验和范本。在借鉴“黄浦方案”过程中，应以场景融合、流程融合、目标融合为着力点，把握好三个关键。其一，以场景融合构建韧性防控，进一步推动技术手段和人群监测的场景融合、有机互嵌，强化公安系统与“一网统管”架构下各级城市运行管理中心的无缝对接，实现公安系统和城运系统双向赋能，着力构建韧性防控机制。其二，以流程融合提升治理效能，进一步推动警务流程再造，实现风险“预测—分析—研判—处

① “黑天鹅”一般是指那些出乎意料发生的小概率高风险事件。“灰犀牛”比喻大概率且影响巨大的潜在危机。

置”全流程的有机衔接，提高安全治理整体效能。其三，以目标融合凝聚社会合力，通过治理目标的设定，吸纳整合社区、企业、商圈等社会主体形成“安全共同体”，提升风险防控的社会合力和共治水平。

作者简介：
杨　杰，上海市黄浦区副区长、公安分局局长

挖掘“隐身”青年力量
催生社区内生动力

——青年参与基层社区治理工作机制探析

刘传宝

摘　要：青年与社区向来具有密切关系，社区是青年的吸附地，青年之于社区重要性不言自明。新的时代环境下，如何让青年在社区发挥作用，如何让社区更好的服务青年群体，都是摆在我们面前的重要课题。本文试图厘清青年与社区治理的关系，依托共青团这一传统的青年群众团体纽带，动员更多的青年走进社区、扎根社区、服务社区、共建社区，形成青年与社区的良性互动，推动社区自治内涵的深化。

关键词：青年　社区治理　自治活力

创新社会治理、加强基层建设，“核心是人、重心在城乡社区”。然而，社区治理的现状是，青年群体对社区的关注度、融入度不高，社区中的青年缺位现象较为普遍。甚至有青年开玩笑说，只有两件事情才能让自己走进社区，一个是“遛娃”，一个是遛狗。根据笔者的工作实践，青年与社区的关系，目前有四个层次：第一层次是青年是社区的陌生人；第二层次青年被动参与社区；第三层次青年人主动参与社区；第四个层次是从青年的个体到青年的群体，整体参与社区治理。当前大多数社区的青年处于被动参与社区的状态，作为一名党团员，如何发挥党建引领作用，发动号召更多青年，特别是体制外青年参与社区治理成为当前工作的重要课题，本文从动员青年参与社区治理的实操难点分析、紧迫性分析、路径解析三个方面进行了探讨。

一、动员青年参与社区治理的实操难点分析

（一）社会结构碎片化

在市场经济的浪潮下，青年思想多元化、个体高度流动分散。比如，最近兴起的“佛系青年”、“宅男宅女”成为年轻一代描述自我状态时的热词。“佛系”、“宅族”排斥群体行为和最低限度参与集体活动，这种现象都是社会进入原子化时代的重要体现。社会发生原子化后，有机的、立体的社会组织结构呈现出碎片化的状态，人脱离各种定义自我的共同体，以独立的个体形式存在，人际关系淡漠，这给共青团开展社区工作提出挑战。

（二）青年在社区离散化

社区已成为青年的主要聚居场所，是绝大多数青年不同活动轨迹的交汇点。社区对服务青年、凝聚青年具有重要意义。现实中，很多团员青年的组织关系挂靠于其学习或工作的（业务）系统内，社区对青年的教育、管理和组织缺乏刚性约束条件。社区结构形态也发生了一定变化，一些老城区面临拆迁、改造，居民们纷纷乔迁至独门独户的新居，过去那种街坊邻居间和睦融洽的地缘关系已逐渐式微，取而代之的是铁栏栅、防盗门，青少年整天被关在家里，足不出户，造成了社区归属感的弱化。而在条式社会管理模式下，青年治理资源又基本按照业务系统纵向分配，使得青年对社区的依赖度不高。

（三）社区对青年边缘化

“上面千条线，下面一张网”，社区工作繁重具体，许多工作属于“保底线”性质的指标任务。相比较而言，团的工作则显得重要但不那么紧迫，在实际工作摆布中很难排上号、摆上桌。在青年高度流动分散的大背景下，社区是青年稳定的聚集区；同时，应该看到，社区集合着不同专业、职业、

特长的优秀青年，而且越是中高档小区，人力资源越加优质丰富，他们中许多人有着较好的物质生活保障，对参与社区活动没有强烈的需求。

（四）社区对青年发挥作用的制度供给不足

青年在社区存在结构错位的现象，往往有时间的人没能力，有能力的人没时间，导致青年的专业性发挥不足。社区也往往存在资源错配现象，社区中的公共资源投入主要针对中老年群体，目前，宝山区已实现老年活动室每个社区100%覆盖，基本解决老年人活动场所问题。青年在社区中发出声音、发挥作用的制度供给不足，有些青年一腔热情不知道找谁对接开展志愿服务，即便是很多已经加入业委会的青年自称为“孤独的堂·吉诃德”，找不到组织。

二、动员青年参与社区治理的紧迫性

习近平总书记指出：“现在，很多青年在新经济组组、新社会组织、社区里，里面有很多有本事的人，有的甚至可以一呼百应。工作做不好，他们可能成为负能量；工作做好了，他们就可以成为正能量。”李强书记要求团组织加强组织发动，团结引领广大青年在基层治理等方面为社会多作贡献。让青年在社区中发出青年声音、发挥青年作用，挖掘社区“隐身”青年力量，有利于激发社区自治活力，催生社区内生动力。

（一）基层治理的主要矛盾发生变化

随着社会经济快速发展，社区治理已经不是人与机制之间的矛盾，核心矛盾已转化为治理理念之争——“邻里关系型治理”和“法理效能型治理”理念之争，传统的熟人社会已经变成了某种程度上的市民社会，社区中往往因为公共事务产生不和谐的声音，甚至导致冲突发生。青年是社会最具活力的群体，在社区治理和社区生活中有着不可替代的作用，这种变化迫切需要正能量的青年参与到社区治理工作中。

（二）为党赢得社区青年迫切需要

习近平总书记在同团中央新一届领导班子成员集体谈话时强调：团的所有工作归结到一点，就是要当好党的助手和后备军。动员青年参与社区治理，就是把握当好党的助手和后备军的根本定位，帮助和带动更多青年成为社区治理的参与者和拥护者，成为社区民生服务的生力军和突击队，成为社区活力和正能量的带动者和传播者。青年对社区的认同感、归属感和参与度提升了，社区才有长远发展、勃勃生机。

（三）强化基层基础组织建设需要

共青团工作的一个主题词就是大抓基层，动员青年参与社区治理工作与全团大抓基层要求是一致的，要通过发动青年参与社区治理，努力做到把工作对象转化为工作力量、把工作成果转化为组织建设“两个转化”，努力将更多青年团结在党团组织周围，提升基层团组织的组织动员、资源协调、平台枢纽作用。

三、青年参与社区治理路径解析

坚持“需求由青年提出、设计集青年智慧、实施聚青年参与、效果请青年评价”思路，通过片区化、项目化、清单化工作方式，开展青年走进社区工作。

（一）坚持统筹资源，借势借力开展工作

（1）统筹人才资源。探索区青年联合会（以下简称“青联”）牵头，建立青联主席、常委下沉社区机制，青联工委项目组对接机制，夯实青联“四进八送”工作，将青联的组织资源、人力资源、物质资源与社区的生动实践有效衔接，在服务基层、惠及民生的过程中实现青联改革目标。探索区少工委牵头，推动全区少先队工作者到社区报到，到“社区通”上注册，

参照团干部、团员，实现与街镇社区对接；深化“社区少工委”建设，各街镇对本区域社区少工委建设进行摸排、调整充实，区教育局、各街镇团组织定期开展联席会议，设计社区少工委项目，鼓励少先队员走进社区。

（2）统筹活动资源。统筹协调区域内团组织系统内外资源，把推动青年走进社区作为盘活区域资源的有效途径，坚持“跨界整合”的思维，认真排摸区域范围内各类资源，积极挖掘区域单位、社会组织、创新创业企业等社会各阶层的阵地优势，形成更大的资源集聚，并做好分类梳理，将各类青年资源汇聚到基层、到社区，做到资源下沉、服务共享。探索整合区民政局（社建办）、区文旅局、区体育局等委办局单位资源，梳理项目资源清单，以社区需求、团员青年需求为导向，针对社区文化、社区环境、社区治安、社区医疗保健、治安巡逻、青年议事会等社区服务，推动实现本区域不同类型、不同隶属关系的团组织、单位、青年个体资源下沉社区开展活动，凝聚青年、反哺社区。建立《宝山区青年走进社区片区对接目录》。鼓励区域化团建单位青年通过公益岗位认领、项目认领等活动机制，下沉到属地社区开展活动，凝聚青年、反哺社区。开展青年社会组织社区建功行动，联合上海青年家园，为青年社会组织与基层团组织牵线搭桥，推进青年社会组织服务社区，探索与社会组织开展横向合作，支持社会组织设计、承接社区“微治理”项目，促进青春社区、环境保护、文明宣传、助老扶幼、公共安全等社区治理项目的深入开展，联合更多青年团体壮大力量、丰富内容。

（3）统筹组织资源。完善基层团组织体系，全面梳理居民区团组织建设情况，推动符合条件并建立社区团组织，努力实现社区团组织全覆盖。开展片区化、项目化推进。依托“爱家园、爱宝山”青年社区融入项目、互联网+社区等项目，分别推进宝山城区（友谊街道、吴淞街道、张庙街道）、中部（大场镇、顾村镇、庙行镇）、北部（罗店镇、罗泾镇）、南部（淞南镇、高境镇）、宝钢股份对口（月浦镇、杨行镇）等五个片区青年进社区工作。深入推进 6 200 名团员青年走进社区。结合“1+100”团干部直接联系青年机制，街镇团工委按居委建立微信工作群，推动驻区团组织、团干部到所在地街镇团（工）委、社区团组织联系报到，参与街镇、社区青年工作共建，引导团员到社区报到，通过参与志愿服务等多种方式积极服务社区。

（二）精准施策，产品供给

（1）把握互联网时代特征，善于使用网络工具。

依托宝山特色的“社区通”工作平台，加强社区线上阵地建设。发挥共青团组织的优势，开拓青少年参与社区治理的网上阵地。发挥团员青年在“宝山公告”、“社区公告”等板块发挥活动组织的引领作用，在“党建园地”板块发挥共青团党的助手和后备军作用，在“议事厅”、“身边事”等板块发挥共青团志愿服务的生力军作用。在上述板块的信息发布、活动组织、身边事问答等事项中，通过统一的［遇见共青团］前缀 logo 标识展示团员青年正能量。在“小区群”板块发挥共青团是党组织铁杆助手、铁粉的作用，积极增强社区活动的凝聚力，在“社区通”网络平台上弘扬正气，营造清朗网络空间。

（2）把握居民的核心需求，开展岗位建功和一线服务。

针对社区治理存在的违章搭建、垃圾分类、文明养犬等难点，号召发动区绿化市容局的黄马甲突击队、城管执法局的青年突击队深入社区开展宣传攻坚克难。针对社区老人的理发需求、医疗需求、家电维修需求，号召区卫计委、驻区部队、区域化团建单位等参与一线服务。

（3）把握社区重点群体，逐步培育青年社群。

围绕青年的需求兴趣，与各类青年团队合作，开展青年人喜闻乐见的、富有时尚元素的实践活动和项目。特别是针对年轻父母的育儿需求，组织开展小小金融家、小小交警、小小医生等亲子类活动，提升青年父母群体的获得感，增强团组织与社区青年黏合度。同时，进一步激发社区青春活力，围绕青年设计师、社区规划师、青年墙绘师等主题，吸引和发掘一批积极向上、有影响力的青年骨干成为社区活动和社区服务的策划人、志愿者和参与者。

（4）把握青少年的受众特点，开展精准配送活动。

针对青年开展公益活动的需求，组织与联合区农委、工商银行宝山分行、市北电力、公益跑团等单位和社会组织，开展爱鸟宣传、反诈骗宣传、电力安全使用、光盘行动、公益捡跑等公益活动，得到社区青年的积极响应。

（三）久久为功，稳妥推进

（1）扩大朋友圈。

通过深入开展社区活动，让广大青年团员更加接地气，更加理解群众工作内涵，让共青团在社区阵地里和青年朋友实现矩阵式积累，团情、友情充分交织，将广大青年紧紧围绕在共青团的周围，凝聚在党的旗帜下。通过推进青年走进社区，锻造委办局青年、社区青年干部的群众工作理念和群众工作方法，打造一支更加接地气的干部队伍。

（2）宣传持续推进。

通过收集总结青年走进社区工作的主要做法和典型经验，打造特色品牌，形成可复制、可推广的工作模式。通过“青春宝山”新媒体矩阵，发布活动信息和服务项目，扩大青年走进社区的辐射度和影响力。对青年走进社区中的先进人物和优秀项目，注重培育挖掘，形成以点带面的良好效应。

（3）工作对象转化为工作力量。

通过青年进社区工作，进一步完善社区团队组织体系，进一步健全社区青少年工作者队伍，进一步开拓社区青少年工作阵地，进一步培育社区青少年工作项目，形成团队组织和青年社会组织通力合作、蓬勃发展的良好局面，共同参与社会治理创新，汇聚更多青春力量，营造社区美好生活。

作者简介：

刘传宝，共青团上海市宝山区委委员会副书记

文化自信之后的文化自觉

——2020 年上海特色伴手礼中扶贫产品研究

陶爱莲　唐健盛　刘　波

摘　要： 文化自信与文化自觉相互促进。上海市消保委连续三年开展上海“伴手礼”评测活动，整个活动的最终成果是为来自海内外的宾客提供最能代表上海精神、上海气质、上海水平的“伴手礼”，其充分体现出文化自信。申报 2020 年上海特色伴手礼的产品中出现一批与扶贫相关的产品，研究显示这并非刻意安排，而是一种文化自觉。扶贫的最有效方式就是产业扶贫，只有将贫困地区引入到产业链中，才能将扶贫的成效巩固下来。

关键词： 精神文明　上海特色伴手礼　扶贫

一、研 究 背 景

（一）连续三年的上海特色伴手礼测评彰显文化自信

2020 年 10 月 30 日，经过三轮测评，2020 年上海优选特色伴手礼出炉。上海已经连续三年开展了特色伴手礼测评活动，其牢牢把握着“不断坚定文化自信”的核心要义。随着我国经济社会快速发展，我国的消费品产业无论是在技术、能力还是规模上都已位居全球前列。国人在消费方面的文化自信也逐渐增强。特别是在新媒体传播时代，一个老字号的故事远比洋品牌的广告更能打动中国消费者。上海特色伴手礼评测的核心环节就是对国内外和上海本地消费者的调查，测试哪些产品的故事更能代表上海文化，从而使上海特色伴手礼具备了新媒体时代极强的传播力。

（二）压力和张力并存的客观环境

2020 年初，突如其来的新冠肺炎疫情和国际上出现的逆全球化思潮给我国经济发展带来了外在压力。2015 年 9 月，世界各国领导人在联合国总部通过了联合国 2030 年可持续发展议程，消除一切形式的极端贫困是 2030 年可持续发展议程的首要目标。中国对世界承诺，到 2020 年，中国现行标准下的农村贫困人口将全部脱贫。脱贫攻坚、实现共同富裕构成内在张力。并存的压力和张力，是我国当前经济和社会发展的客观环境。

二、2020 年上海特色伴手礼评测的新特点

在国内大循环为主体、国内国际双循环相互促进的新发展格局下，上海特色伴手礼评测活动本着助力打响上海“四大品牌”，促进消费提质升级，服务第三届中国国际进口博览会的宗旨和目的，围绕“愿意消费”，通过兼具公益性、公平性、严谨性和专业性的消费评测，以好的产品催生消费新需求，促进了后疫情时代上海消费市场恢复和发展繁荣。与前两年相比，2020 年上海特色伴手礼评测活动呈现出三大特点。

（一）供给需求两头旺

“五五购物节”带动上海消费市场全面复苏，市场的人气和活力持续旺盛。据统计，2020 年上海特色伴手礼的申报企业数比 2019 年增长 40%以上。入围 2020 年上海特色伴手礼的 60 件产品中有 40%是首次参加企业申报的。消费者对 2020 年上海特色伴手礼评测过程的关注度是上年同期的 3.6 倍。

（二）创新占 C 位

随着新零售和国潮文化的兴起，上海本地企业的创新力不断增强，且这一上升趋势并未受新冠肺炎疫情的影响，迭代升级成为核心竞争力。据统

计，2020 年上海特色伴手礼的申报产品中有超过八成都是 2020 年上市的新品。其中，冠生园大白兔、老庙黄金、开开、森蜂园等 20 余家企业还专门为参加 2020 年上海特色伴手礼评测打造了兼具品质感、时尚感和地域特色的全新产品。传统工艺也通过时尚设计凤凰涅槃，如乔家栅状元糕、沈大成柿柿如意礼盒、老庙古韵金系列等；老字号品牌通过联名 IP 彰显新意，如大白兔东方明珠联名款奶糖等；文创产品通过注入地域内涵脱颖而出，如豫园湖心亭立体便笺纸、上海图书馆“五谷丰登”料理盘等；健康产品叠加文化消费跨界出圈，如雷允上“允上生活”沉香伴手礼、老凤祥祥允赐福葫芦香囊等。

（三）扶贫产品异军突起

扶贫产品以多种形式出现在伴手礼中。作为原材料的扶贫产品，如安徽砀山的梨是上海梨膏糖食品厂申报的秋梨膏的主要原材料，云南大理州洱源县的玫瑰花是上海乃欣实业有限公司申报的 520 玫瑰花茶礼盒的主要原材料，云南保山龙陵县的藏红花和鲜石斛是上海市药材有限公司申报的雨田氏藏红花面膜礼盒的主要原材料；作为重要创新元素的扶贫产品，如贵州省的赤水竹编成为上海哈尔滨食品厂有限公司申报的“竹报平安”糕点礼盒的特有包装，云南红河州绿春、元阳等县的绣娘的手绣成为上海穆驰实业有限公司申报的穆驰真丝刺绣面罩的特有纹饰；作为扶贫工具的产品，如上海晨光文具股份有限公司申报的“晨星的孩子”公益产品礼盒从外包装到内部产品均使用自闭症儿童的绘画创作进行设计，上海三牛食品有限公司申报的万年亲系列上海伴手礼同时也参加了红十字的博爱公益项目。

三、思考和建议

（一）文化自信与文化自觉相互促进

张友谊认为：“文化自信是主体对自身文化的认同、肯定和坚守。文化自觉是文化自信的前提，文化自信是建立在文化自觉的基础上的。没有深刻的文化自觉，就不可能有坚定的文化自信。中国人民的文化自信是在文化自觉的过程中逐渐建立起来的，是对中华文化的高度认同和充分肯定。”①但我们在 2020 年上海特色伴手礼评测中感受到了文化自信之后的文化自觉。扶贫产品走进上海特色伴手礼中，并没有任何组织的刻意安排，而是企业自觉地将扶贫工作与市场工作紧密地集合在一起。可以说文化自觉是文化自信的基础，文化自觉又是文化自信后的再升华，这样“螺旋式上升”，最终实现“各美其美，美人之美，美美与共，天下大同”。

（二）将贫困地区纳入产业链巩固扶贫成效

根据贫穷产生的根本原因，扶贫形式可以分为发展经济式扶贫、人力资本式扶贫和社会改革式扶贫。发展经济式扶贫就是在各行业部门通过大量增加投资、促进资本形成，着重进行基础设施的建设和完善，并且大力发展工业和农业，进而带动整个国家或地区 GDP 的高速增长。人力资本式扶贫就是在贫困地区增加贫困人口参与经济、社会和政治的机会，包括参与各种知识技能培训，以及提高他们的教育发展、医疗卫生服务水平、提高地区自主治理能力等关键方面。社会改革式扶贫就是发展需要更多方面的、更多投入的彻底的努力，包括不发达地区或此地区部分人员更快、更为有效的大规模改革和发达地区或此地区部分人员更多的关心和更实质性的贡献。

正如习总书记所指示的：“产业扶贫是最直接、最有效的办法，也是增强贫困地区造血功能、帮助群众就地就业的长远之计。要加强产业扶贫项目规划，引导和推动更多产业项目落户贫困地区。”②产业扶贫并不是简单地理解为在当地发展产业，而是要将贫困地区纳入产业链中。目前来看很多贫困地区独立发展的产业基本以第一产业和第二产业为主，其产生的初级产品在当地无市场，同时也很难吸引一线城市消费者。其结果也往往只能通过非市场的手段予以消化，这样显然是无法持久的。2020 年上海特色伴手礼中的

① http://theory.people.com.cn/n1/2017/1129/c40531-29674115.html.

② 习近平 2018 年 10 月 23 日在广东省清远市连江口镇连樟村考察时的讲话。

扶贫产品则是将贫困地区纳入产业链中，成为高度市场化产业链中的一环。正因为在产业链中，在需求端的推动下产业链中的资源会去主动补足产业链中相对薄弱的环节，例如上海市药材有限公司的专家会去指导云南保山龙陵县的藏红花和鲜石斛标准化种植等。甚至对原有的产业形态进行升级和完善，例如上海乃欣实业有限公司在云南大理州洱源县建设了玫瑰基地；上海穆驰实业有限公司品牌策划团队会组织云南红河州绿春、元阳等县的绣娘进行学习和就地生产。只有这样，才是尊重了产业发展规律和市场规律。也只有这样，才能将扶贫成效巩固下来，才能为实现共同富裕打牢基础。

讲好上海故事就是文化自信的重要表现形式，上海特色伴手礼就是一个可以吸引亿万人的上海故事。2020 年是我国脱贫攻坚的收官之年，也是下一轮乡村振兴的谋划之年，上海故事需要自觉地吸纳更多的故事元素来精彩，上海水平需要自觉地通过建立标准和输出标准来分享，上海精神需要自觉承担起责任而彰显。

作者简介：

陶爱莲，上海市市场监管局二级巡视员、上海市消费者权益保护委员会副主任（秘书长）、上海新消费研究中心主任

唐健盛，上海市消费者权益保护委员会副秘书长、上海新消费研究中心总干事

刘　波，上海新消费研究中心副总干事、上海迪博大数据研究所所长、博士

以特色课程深化思政教育

——浦东新区青少年思想建设的创新探索

上海市浦东新区教育局

摘　要：以习近平新时代中国特色社会主义思想为主线，立足上海作为党的诞生地、新时代全国改革开放排头兵、创新发展先行者的定位，围绕加快实现教育现代化的目标任务，上海市浦东新区教育工作党委、浦东新区教育局开设“中国系列——浦东版”系列思政课程，探索青少年思想建设的创新路径。在内容上，利用鲜活的“中国故事”，使理论回归生活，让课程内容“活起来”；在形式上，采用视频、音频、图文相结合的形式，生动活泼，深受学生欢迎；在传播上，形成了课前课后、线上线下、校内校外相结合的“三维”传播体系。在实践上，开展“传承红色基因”系列活动，传承中华优秀文化，净化心灵、启迪心智；在载体上，以集团化、学区化为依托，推进大中小思政教育一体化建设，全面提高思政课的内涵和质量，努力实现德智体美劳“五育并举”。

关键词：创新模式　思政引领　立德树人　五育并举

上海市浦东新区现有基础教育学校670所，学生数约55万，其中民办学校172所、国际学校11所，学校面广量大、种类繁多、差异较大。2019年浦东教育大会上发布的《浦东教育2035》明确：要充分发挥浦东体制优势和区位优势，建成“五育并举、公平优质、开放融合、活力创新”的新时代高品质浦东教育。浦东德育围绕培育学生红色基因、全球视野、创新思维，培养立志为中国特色社会主义事业奋斗终生的有用人才，努力探索具有上海精神、浦东特色的思政教育创新之路。

习近平总书记一直高度重视浦东的发展，2018 年在出席首届中国国际进口博览会活动后，到浦东新区的城运中心、张江高科技园区调研；2019 年 3 月，习近平总书记主持召开学校思想政治理论课教师座谈会并发表重要讲话。2020 年 12 月，习近平总书记又在浦东开发开放 30 周年庆祝大会上发表重要讲话。浦东新区教育局以此为鼓舞和契机，将习近平新时代中国特色社会主义思想作为主线，立足上海作为党的诞生地、新时代全国改革开放排头兵、创新发展先行者的定位，围绕加快实现教育现代化的目标任务，并结合浦东新一轮发展的形势和任务，探索开设“中国系列——浦东版”系列思政课程，目前区级层面已开设了《社会主义核心价值观》《校长谈德育》《中华经典讲堂》《国防教育》《青少年学四史》等九大系列 70 多节课程，覆盖全区约 55 万师生，全面提高思政课的内涵和质量，努力实现德智体美劳“五育并举”。

一、内容创新，紧扣时代脉搏更赋生命力

一是坚持正确的政治导向。通过“中国系列——浦东版”系列微课，帮助学生构建正确的世界观、人生观和价值观，树立民族自信，培养爱国主义情怀，鼓励学生努力学习，艰苦奋斗，为实现中华民族的伟大复兴贡献自己的力量。利用鲜活的“中国故事”，结合看得见、摸得着、感受得到的国家发展、社会进步、人民生活改善的现实，使理论回归生活，让课程内容“活起来”。在庆祝新中国成立 70 周年之际，制作了《庆祝伟大祖国 70 周年华诞——开学第一课》微课程，为学生讲述了新中国成立、国旗、国徽、国歌的诞生、改革开放、网络强国建设、超级工程中国高铁建设等事迹，为学生展现了中国人民自强不息、锐意进取、勇攀高峰的奋斗历程和新中国成立以来的辉煌成就，在学生心中根植爱国、爱党、爱人民的深厚情怀。

近期，还将推出《学习习总书记新时代中国特色社会主义思想》、《学习习近平总书记“引经据典”》等系列微课，通过带领学生研读习近平总书记在一些重要场合讲话时引用的诗词典故等，引导学生学经典、树自信、怀天下、立志向。

二是注重优秀思想品质的引领。思政课内容选择向上向善、求实求真的课堂内容，充满正能量，诸如身边的好人好事、红色革命故事和优秀传统文化、成功励志故事等，使之可亲可近可感可爱，给学生心灵埋下真善美的“种子”。“社会主义核心价值观——浦东版”系列微课就是以国家名誉主席宋庆龄、中国著名教育家蔡元培等名人志士的感人故事，著名教育家于漪、上海检察官施净岚的先进事迹，将思想与实践相结合，帮助学生全面学习、深入理解社会主义核心价值观，让正确的世界观、人生观和价值观在学生心灵中播种扎根，在成长过程中逐步领会践行。

三是贴近当前学习生活的现实。要设计思想性、理论性、有亲和力和针对性的思政课，植根现实生活、紧跟时代发展、反映社会关切和人文关怀，打造接地气、有生气的课程。在全国人民众志成城、抗击疫情的特殊时期，在全市学生网上学习的第一天，通过“浦东德育公众微信号”开播了“浦东德育网上学习第一课”，邀请了复旦大学中文系副主任、中国学研究中心主任吴兆路教授，正高级教师、建平实验中学校长李百艳和杨思高级中学语文骨干教师丁路平录制视频课，由 3 位名师从不同学段、不同角度，结合习近平总书记关于疫情防控的重要讲话精神和关于青少年成长的用典名言，融入中华优秀传统文化元素，引导和启发学生在这段特殊时期进行思考和反思，从身边的榜样中汲取正能量，将其作为自己成长的养料。特别是李百艳校长讲授的《在不确定的世界做一个确定的人》的微课讲话稿被刊登在 3 月 2 日的《人民教育》上，阅读量超过 10 万人次。

二、形式创新，利用多媒体更有吸引力

在思政课改革创新中，教学形式的探索十分重要，新颖的教学形式有助

于内涵的表达和思想的传递。“00后”学生被称为“网络原住民”，互联网是他们生活中不可或缺的一部分，为了将思政课教学内容更高效地推送给学生，在制作课程内容时采用了视频、音频、图文相结合的形式。在制作“中国系列——浦东版”系列微课时，充分利用互联网优势，搜集各种资源，并剪辑成10分钟左右的小视频，同时结合图文形式，课程在“浦东德育”微信公众号推出后，受到学生热烈欢迎。采用音频加图文的形式，制作“社会主义核心价值观”、“国防教育”系列微课，提高了信息传递效率，激发了学生学习社会主义核心价值观的热情，再结合学习和生活实践，不断深化学生对社会主义核心价值观的理解。

三、传播创新，借助新媒体更具灵活性

当前，传播媒介与传播方式的重大变化，需要学校在思政课教学中开拓新的模式与路径，更好地引导学生自觉弘扬主旋律，积极传递正能量。依托浦东教育官网及学校网站、浦东德育及各学校的公众微信平台、校园广播电视台等新媒体，形成了以课堂教学为基本平台，课前课后、线上线下、校内校外相结合的“三维”传播体系，将思政课程与新媒体有机结合，打造更高水平的思想政治理论课传播系统，使学生不仅在课堂上学习，还能利用课余时间自主、自觉学习，以努力实现习近平总书记所要求的“灌输性与启发性相统一”的思想政治理论课的建设目标。

在区层面“中国系列——浦东版”思政课程的总框架下，浦东新区中小学积极开发“浦东学校版”思政课程，利用“云教学”方式发布优质德育课程，将“德智体美劳”的优质课程在网上进行共享共用，使浦东约55万师生受益。专门开设“校长谈德育”微课程，截至2020年底已有55位校（园）长线上开课，在全区传授、交流工作经验；近百所学校发布了心理健康教育、家庭教育、未成年人思想道德建设、劳动教育等各类课程；2020年寒假，万科实验小学设计推出了“为你朗读”课、建平实验中学发起了“谈古喻今名言隽句诵写讲画演活动”、杨思高级中学开展了“习近平总书

记关于青少年成长的用典名言诵写讲活动”等线上思政课程，获得了广大学生的积极参与。3 月 2 日网上学习第一天，福山花园小学等学校举行了庄严的网上升旗仪式。

四、实践创新，强化活动体验更富滋养力

坚持学生的主体地位，根据学生的认知规律和身心特点，结合“中国系列——浦东版”系列微课程，开展了形式多样、富有地域文化特色的实践活动，让学生深入思考、体会和总结，发挥学生在德育教育中的主动性、积极性、自觉性。开展“传承红色基因”系列活动，以张闻天故居、黄炎培故居、浦东中学等爱国主义教育基地为依托，丰富学生红色教育活动，增强青少年爱国情怀：广泛开展了“戏剧进校园”等活动，将戏曲、书法、国画、中华武术、民俗工艺等优秀传统文化带到广大未成年人身边，激发他们学习传承传统文化的兴趣；围绕庆祝中华人民共和国成立 70 周年和建党 98 周年举行了隆重的“同升国旗，同唱国歌”的升旗仪式和“百校学生、万名党员唱响祖国”大型合唱活动，进一步培养青少年的爱国、爱党、爱人民的情怀；开展了浦东新区中小学生“光影之魅”研学冬令营，引导未成年人在丰富多彩的影视教育活动中，感受电影艺术，领悟电影内涵，将电影育人成效浸润在孩童心中；组织广大青少年诵读、书写和讲解中华经典诗文，发挥优秀文化作品愉悦身心、净化心灵、启迪心智的作用；抗击疫情期间，组织开展了“心手相连　战无不胜—浦东新区学生原创书画诗文征集活动”“2020 浦东新区共抗疫情师生美术作品征集活动”“为爱发声、童心战‘疫’”朗诵活动等，以书画作品、诗歌文字等讲述医护人员、科研人员的先进事迹和感人故事，向英雄致敬。2020 年暑假正值疫情防控，浦东新区开展了“追寻红色记忆 · 传承红色基因”中小学生线上夏令营，参与人数达到 31.6 万人次，该项目荣获 2020 年上海市未成年人暑期优秀项目奖。

五、载体创新，发掘区域资源更展新优势

浦东未来发展的目标定位是中国改革开放的示范区，上海建设“五个中心”和国际文化大都市的核心承载区，全球科技创新的策源地，同时又有中国浦东干部学院这样培养党的中高级领导干部的政治学院，这都为浦东德育工作提供了高质的、特有的、丰富的、鲜活的教学载体和课程资源。下一阶段，将着重推进以下两项工作：

一是拓展思政教育基地。围绕浦东未来发展的规划，在“一新”——中国（上海）自由贸易试验区临港新片区、“一轴”——东西城镇发展轴（陆家嘴金融城、张江科学城、国际旅游度假区、浦东枢纽、南汇新城）等重点发展区域，发掘适合德智体美劳全面发展的德育基地，形成系列课程，进一步完善以政治认同、国家意识、文化自信、人格养成为重点的思政课架构。

二是推进大中小思政课一体化建设。浦东新区教育局已与中国浦东干部学院、浦东区域内相关大学的马克思主义学院开展结对共建，开展思政教育一体化相关课题研究，加强思政教育顶层设计；开展大中小学思政课集体备课，形成一体化教研模式；请大学帮助开展中小学思政课教师思想政治理论培训，提高教师思想政治理论水平；联合开展大中小学思政教育相关活动，丰富思政课实践教学内容。

未来，浦东新区教育局全面贯彻党的思政教育方针，将“课程思政”建设作为全面落实立德树人根本任务，立体化布局、全方位行动，把思政小课堂同社会大课堂更为紧密结合，不断完善以习近平新时代中国特色社会主义思想系列课程和必修课为核心、云端思政课为支撑、社会实践为拓展的立体综合的“中国系列——浦东特色思政课程体系”，努力培养德智体美劳全面发展的社会主义建设者和接班人。

广引“源头水”　巧筑“灌溉渠”

——黄浦区开展未成年人红色教育的实践探索

中共上海市黄浦区教育工作委员会

摘　要： 着眼于新时代未成年人思想道德建设工作，上海市黄浦区为更好落实立德树人要求，改进未成年人思想道德建设的实施，立足于党的诞生地所在区丰富的红色文化资源，一方面广引“源头水”，用好红色场馆，讲好红色故事，充分发掘红色文化资源的育人作用；另一方面巧筑“灌溉渠”，基于未成年人身心特点，不断丰富和活化未成年人红色教育的形式、载体，在“拔节孕穗”期青少年心中播下真善美的种子，把好理想信念总开关，帮助未成年人扣好人生第一粒扣子。

关键词： 黄浦区　未成年人　红色教育

一、总 体 概 况

习近平总书记在学校思想政治理论课教师座谈会上强调，青少年阶段是人生的“拔节孕穗期”。因此，只有这个阶段正确的“输入”和恰当的“灌溉”，才会有未来正向的“输出”和丰硕的“收成”。所以，一方面要有正本清源的“源头水”，红色文化是我们党在革命、建设和改革中形成的宝贵精神财富，理应成为每个青少年的人生必修课。正如习近平总书记 2014 年在视察南京军区机关时强调指出，要把红色资源利用好、把红色传统发扬好、把红色基因传承好。这是我们开展红色教育的重要遵循。我们一定要把这些基因、传统、资源传承好、发扬好、利用好①。黄浦区作为党的诞生地所在区，具有丰富的红色文化资源，红色遗迹数量居全市之首，具有开展红色教育的“先天优势”。另一方面要精心构筑“灌溉渠”，才有可能实现“精准滴灌”和“科学种植”。未成年人红色教育既要基于未成年人思想道德建设工作的根本任务，又要着眼于未成年人年龄特征和认知特点，在发掘红色教育资源的过程中，活化红色教育形式。

基于以上的思考，黄浦区不断加强顶层设计，初步构建了“红色思政”区域思政课一体化建设格局，并已形成了未成年人红色教育的四大目标任务：一是进一步加强红色教育基地的未成年人教育专项建设，为黄浦青少年打造红色版图；二是进一步推进红色教育资源的课程化，逐步开发依托思政、历史等关键学科的红色课程；三是进一步拓宽红色教育的空间，红色教育活动实现线上线下相结合；四是进一步丰富红色教育的路径，形成青少年喜闻乐见的红色教育新模式。

同时，要求每一个黄浦青少年在红色教育方面至少做到“四个一”，即知道一名与黄浦有渊源的革命人物及简要事迹，了解一件发生在黄浦的革命历史事件，寻访一处黄浦的红色遗址、遗迹或场馆，参加一次学校或社区组织开展的红色教育主题活动。各学校均把上述要求纳入了综合实践课程（小学）、社会实践活动（初中）、志愿服务和研究性学习（高中）以及各项教育教学活动之中。

二、主要特色及经验

近年来，黄浦区在打造未成年人红色教育品牌的过程中，进行了大量的实践和探索，并且初步形成了一些初步的经验。

① 周金堂：《把红色资源红色传统红色基因利用好发扬好传承好》，《党建研究》2017 年第 5 期。

（一）广引“源头水”，整合红色教育资源

1. 形成红色教育资源开发的协同机制

在区域协同育人机制一体化的大背景下，区委宣传部作为未成年人思想道德建设工作领导小组牵头单位，统一部署全区青少年红色教育活动，初步形成了青少年红色教育资源开放这一专项工作的跨部门协作机制。既充分发挥区层面的统筹作用，又着重发挥好教育部门以及其他（非教育）部门的各自优势，互为补充，互相借力，互通有无，过程中形成多个特色项目。在其过程中，未成年人思想道德建设工作领导小组各相关部门分工协作，形成合力，打造了颇具黄浦特色的红色教育系列品牌。

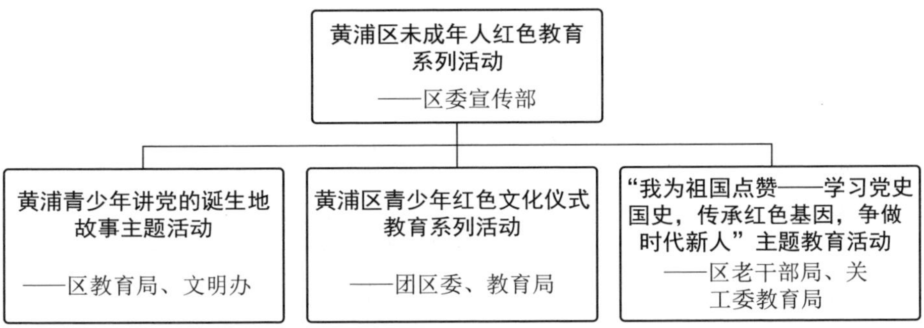

2. 打造校内外红色教育版图

（1）“红色校史”，打造校内资源版图。

黄浦区教育系统有5所学校被命名为爱国主义教育基地，十余所学校具有红色基因和革命传统，其中就包括了《卖报歌》的诞生地报童小学、被誉为“民主革命堡垒，爱国志士摇篮”的储能中学以及培育了《大刀进行曲》作者麦新的格致中学等。2018年，结合区学校德育特色共享课程的推进，推出了“红色校史”德育特色共享课程，鼓励学校发掘校史中的红色故事、革命人物事迹等史料，并将其纳入学校思政课和德育主题活动。2020年，结合黄浦区青少年“四史”学习教育，又结合向明初级中学（原启秀女中）、黄浦学校（原公共体育场）、市南中学（原清新学堂）等在党史、

国史上具有首发首创之举的学校校史，制作了五集“四史”宣讲片《时代的先觉者》。该片推出后，受到了广大师生的好评，多家媒体进行了深度报道，并进入了“学习强国”平台。

区域内许多学校积极投入红色校史资源的开发。例如，报童小学积极梳理“报童近卫军”在革命战争时期的事迹，编写了学生校史读物；收集采访老报童的视频影像资料，形成“口述红色历史”资源库；梳理学校发展脉络，打造红色校史馆（目前已被纳入《黄浦区学生社会实践护照》）和“红色长廊”。储能中学以仪式教育和戏剧教育为抓手，一方面在重要节日、纪念日，在校园内的“八烈士像”前举行庄严的仪式，激发学生的爱党爱国情怀；另一方面依托学校拓展性课程排演红色戏剧，以实际行动传承当年储能学子以戏剧为武器宣传革命道理的传统。五爱高级中学等学校将校友的感人事迹以思政、历史跨学科微课的形式，娓娓道来责任和初心的故事。大同中学、敬业中学、光明中学等百年老校聚焦发掘本校发展进程中的地下党组织和学生进步组织的相关史料，形成了一批红色校史“微课程”。

目前，依托区文明办、教育局等部门构建的红色教育课程建设机制，全区已形成了近20门与红色教育相关的区级德育特色共享课程，辐射面涵盖全部学校。

（2）“红色学习圈”，打造校外资源版图。

多年来，黄浦区不断整合各类社会实践资源，以“黄浦区学生社会实践护照”为载体，形成了“多彩学习圈”海派文化实践体验版图。其中，通过确立跨部门合作和馆校协作机制，将区域内14个爱国主义教育基地纳入“学生社会实践护照”，着力打造“红色学习圈”。广大中小学生手持“护照”参观场馆，了解中国共产党的发展史、中国人民争取民族独立的斗争史等知识；参与互动答题，反馈学习成果；开展微调查、微研究，认清自己的“根”和“魂”，争做担当民族复兴大任的时代新人。

一是优势互补。红色教育基地与教育部门发挥各自专业优势，合力发掘适合未成年人的教育内容。中共一大会址、中共代表团驻沪办事处、孙中山故居等；通过确立多方位协作开发机制，区教育学院各学科教研员、基层优秀学科教师发挥专业优势，将各个红色教育基地学习内容与思政、历史等学科知识相融合，开发基地参观寻访的“学习任务单”，使参观寻访活动不再是简单的“走马观花”。疫情期间，在各基地单位的配合下，黄浦区还推出了线上版“红色学习圈”，广大青少年可以足不出户，“云游”红色场馆，参与红色研学。

二是项目共享。各红色教育基地单位也发挥自身资源优势，在寒暑假不定期推出实践体验项目，为未成年人假期生活、探究性学习、亲子活动、团队仪式活动提供了丰富的选择。例如卢湾一中心小学与中共一大会址纪念馆合作，组建了“红喇叭”红领巾志愿者服务队，孩子们在讲解员的辅导下，逐步掌握了用普通话、沪语及英语向各地参观者进行介绍，成为学校少先队工作的一大亮点；光明中学学生学习新思想理论社团坚持学习与实践相结合，将理论课堂搬到了红色教育基地，打造了移动的思政课堂。

三是课程共建。部分学校结合校情、生情进行“学生社会实践护照”的二度开发，积极推进“馆校合作”，打造校本红色教育课程。例如，卢湾二中心小学将属地的红色资源和道德与法治课程相结合，建设综合实践课程，学校将五年级教材的“国父——孙中山”一课的上课地点放到了孙中山故居纪念馆，解说员扮演孙中山先生，为孩子们讲述“中山装”的来历，一件件藏品帮助小学生全面了解“建国方略”，使道德与法治课一下子变得“有滋有味”“身临其境”。

四是“串珠成链”。黄浦区将红色教育基地进行主题化的串联，形成红色寻访路线。一方面依托社区教育、终身教育资源，由街道学生社区实践指导站和社区学校统筹辖区内“老中青”携手开展红色人文行走活动，形成了若干“经典线路”，如“海派黄浦　红色魅力”（从“党的诞生地”到“国歌唱响地”）、“海派黄浦　红色荣耀”（环人民广场红色资源带）以及“雏鹰仪式教育研学路线”等。2018 年至今，黄浦区开展了“文文明明访遗迹，红色行走续传奇”青少年红色人文行走活动，不断激发主观能动性，鼓励学生、教师、家长将红色教育基地“连点成线”，打造更多的红色行走主题线路。

（二）巧筑“灌溉渠”，优化红色教育形式

1. 打造“师说红课”，聚焦适切性

红色资源往往是固化的，但是开发模式是没有定式的。为了使未成年人红色教育真正地入脑、入心、入行，更具适切性，黄浦区从提升广大教师的红色教育专业能力入手，推出了“师说红课”红色教育品牌。鼓励广大教师结合自己的专业特长和任教学科，不断活化红色教育资源，精心设计红色教育课程。区教育系统组建了由青年骨干教师组成的“师说”红色文化暨基层理论宣讲团，推出了具有鲜明海派风格、黄浦特色，符合未成年人认知特点的红色网络课程——“顾老师讲红色故事”。课程以黄浦区丰富的红色文化资源为素材，以青少年乐于接受的方式讲述红色故事，增强政治认同，培育爱党情怀。目前，课程已推出聚焦中共一大的第一季“从石库门走出的希望”和聚焦中国共产党发起组所在地（《新青年编辑部》旧址）的第二季“初燃星火照童心”。

一是内容上通俗易懂。视频的主创人员充分考虑青少年的认知特点，在大量文献查阅和参考相关纪录片的基础上，确立了放眼历史时空、聚焦红色建筑、展现人物风貌、突出关键时刻、讲好深刻影响这些重点，从近代上海得天独厚的历史背景入手，将中共一大会址的传奇故事和中共一大代表们的不凡经历用通俗的叙述展现在广大未成年人面前。

二是形式上喜闻乐见。课程主要以网站、微信公众号等新媒体进行推送，便于传播和推广。目前推出的第一季“从石库门走出的希望”共有六集，即得天独厚、前世今生、璀璨繁星、他山之石、不速之客、开天辟地，主要通过区未成年人思想道德建设工作新媒体平台进行推送，并已在东方网播出。目前，“顾老师讲红色故事”课程线下受众已达50 000人，每集课程的网上点击人数均在20 000人左右，已经成为中小学利用班、团、队活动，区域各学段思政课以及社区亲子共学的重要素材和教育资源。目前，

该视频已被列为“学习强国”平台的学习资料，被上海市委宣传部评为“2019—2020年度上海市优秀理论宣讲微视频”，同时获评首批上海市“中国系列”课程。“师说红课”的开发和实施，进一步激发了广大教师身处党的诞生地所在区的使命感和广大青少年成长在党的诞生地的自豪感和责任感。

2. 演绎红色经典，突出“代入感”

为增强红色教育活动的体验性，避免时代跨度较大所造成的“代沟”，黄浦区积极创设活动平台，为学生更好地体验红色经典创造条件。例如，开展了“文文明明颂经典，红色故事育初心”黄浦区青少年讲党的诞生地故事主题教育活动。活动中的红色小故事全部由区党史办提供，确保史实正确无误，同时还由语文骨干教师对故事进行了童味化的改编，受到广大未成年人尤其是小学生的欢迎，共有近1 500名青少年在区“零零岛”网络少年宫平台上传了红色故事诵读音频，四万多人进行了线上关注。“白色恐怖中的白色小楼”“孩子剧团诞生地”“红色电波从这里传播”“贝勒路上的天桥”等内容鲜活、可读性强的红色小故事，一下子就拉近了学生与历史的距离感，使他们仿佛置身于革命年代、峥嵘岁月。同时，活动坚持线上线下相结合，涌现出了一批“红色故事小达人”，并组成了“党的诞生地”红色故事宣讲团。

根据学生的认知特点，推出了“追寻先烈的足迹，颂扬红色主旋律”黄浦区青少年红色电影之旅活动，精选了10多部上海电影制片厂出品的经典红色电影，并在“喜马拉雅”App上建立了活动专区供学生进行配音体验。短短一个月就有2 950名学生上传了自己和同伴、家长和老师共同合作的红色配音作品。这一系列活动的推出，都让广大未成年人在演绎红色经典作品的过程中有了更多的“代入感”，并产生了强烈的思想共鸣。

近年来，黄浦区依托区域丰富的红色文化资源，通过广大未成年人对红色经典的“代入式体验”，与红色建筑的“零距离接触”，以及与革命先辈的“跨时空对话”，不断固化红色教育品牌，活化红色教育形式，进一步厚植红色基因，颂扬红色经典，培养和树立未成年人爱国爱党的情感。

三、主要问题及挑战

（一）开展未成年人红色教育具有政治意义

2021 年，我们将迎来中国共产党成立 100 周年。习近平总书记强调了一件大事："中共中央决定，今年在全党开展中共党史学习教育，激励全党不忘初心、牢记使命，在新时代不断加强党的建设。"新年伊始，习近平总书记亲自为这场党史学习教育大课"开课"。教育部也印发了《革命传统进中小学课程教材指南》。这充分说明了对中小学生进行革命传统教育，植入红色基因，是贯彻党的教育方针、落实立德树人根本任务的需要，是增强学生对伟大祖国、中华民族、中华文化、中国共产党、中国特色社会主义认同的必然要求，对于传承革命文化和社会主义先进文化、培养德智体美劳全面发展的社会主义建设者和接班人具有重要意义。

（二）开展未成年人红色教育符合时代要求

进入新时代，未成年人思想道德建设工作面临严峻的挑战。随着经济社会的深刻变革、价值观念的日趋多元、互联网技术的迅猛发展，未成年人的成长环境和学习生活方式与过去相比，发生了很大变化，诸如西方资本主义文化的渗透、社会上的各种不良示范以及互联网的有害信息等元素，都侵蚀着未成年人的身心健康，对未成年人形成正确的价值观有一定的负面效应。在这样的背景下，做好未成年人的红色教育，就成为至关重要的现实问题，亟需通过红色文化的传播和红色基因的传承，在广大青少年中间，厚植爱国心，培育强国志，激发报国行，树立起崇高的理想信念。

（三）开展未成年人红色教育存在短板不足

红色教育作为未成年人思想道德建设的重要内容，一直受到各级部门和中小学的重视，但是在实效性方面仍然存在着一些明显的不足。具体包括：

一是针对性不强。部分学校在开展未成年人红色教育的过程中，直接使用为成人学习所编写的教育素材，忽视了青少年在教育活动中的主体地位；也有些未根据学生年龄特点进行教育内容的“二度开发”，造成了“小学生听不懂”“中学生觉得浅”等问题，所以教育效果往往是“不入脑”。

二是常态化不足。红色教育往往以主题活动、实践活动等形式存在，常常与十一、七一、红五月等时间节点的纪念庆祝活动结合较好，但融入学校各类课程的效果不明显，使红色教育的常态化略显不足，造成教育效果“不入心”。

三是代入感不够。红色文化具有一定的时代感，如果不在教育方法上进行创新，通过“代入”使学生心中产生共鸣和激荡，许多内容是不易于他们理解的，容易造成教育效果“不入行”。

因此，在当今世界多极化、经济全球化、社会信息化、文化多样化深入发展的背景下，未成年人红色教育需要教育者不断更新观念、创新形式，不断提升红色文化的吸引力、说服力和感染力。

四、下一步工作打算

（一）要为未成年人红色教育精心设计分学段目标体系

为进一步提升未成年人红色教育的针对性，要按照由浅入深原则，一体化设计和分学段安排相结合。基于不同年龄阶段学生知识结构、认知特点、生活实际，提出相应的教育内容、具体要求和呈现方式，体现一定的进阶性；同时，确保未成年人红色教育总体要求、核心思想贯彻始终。

小学阶段要围绕政治思想与道德启蒙，内容上要选择革命领袖、革命英雄事迹故事，革命文物、革命歌曲等；形式上要注重寓教于乐，丰富多彩，多以诵读、小报、艺术表演等体验性较强的活动为主；激发学生的爱党爱国情怀，感知幸福生活来之不易，初步树立为国家富强而奋斗的志向。

初中阶段要围绕政治觉悟提高和品德锤炼，内容上要选择各个历史时期重大历史事件、伟大成就、代表性人物及其感人事迹；形式上要注重知行合一，多以参观寻访、征文演讲等交互性较强的活动为主；使学生了解中国共产党领导中华民族从站起来、富起来到强起来的历程，懂得没有共产党就没有新中国的道理，努力用实际行动把红色基因传承下去。

高中阶段要围绕政治认同和精神升华，内容上要选择各个历史时期马克思主义中国化的典型成果；形式上要注重自主参与，多以社会调查、课题研究、理论社团为主；引导学生深刻认识历史和人民选择马克思主义、选择中国共产党、选择社会主义道路、选择改革开放的必然性，坚定“四个自信”，坚定为中华民族伟大复兴而奋斗的理想。

（二）要将思政课建设成未成年人红色教育的主阵地

在 2019 年举行的学校思想政治理论课教师座谈会上，习近平总书记指出：“思想政治理论课是落实立德树人根本任务的关键课程……我们办中国特色社会主义教育，就是要理直气壮开好思政课，用新时代中国特色社会主义思想铸魂育人，引导学生增强中国特色社会主义道路自信、理论自信、制度自信、文化自信，厚植爱国主义情怀，把爱国情、强国志、报国行自觉融入坚持和发展中国特色社会主义事业、建设社会主义现代化强国、实现中华民族伟大复兴的奋斗之中。”党带领人民在革命、建设、改革过程中锻造的革命文化和社会主义先进文化，为思政课建设提供了深厚力量。因此，思政课理应也必须成为传承红色基因，开展红色教育的主阵地和主渠道。小学、初中道德与法治课和高中思想政治课在内容上，一是要注意对革命传统思想及其内涵的深刻解读，促进政治认同，提高政治觉悟；二是要引导学生坚定理想信念，弘扬革命精神，树立正确的世界观、人生观和价值观，培养高尚品德。在形式上要注重学校小课堂和社会大课堂的融合，依托区域丰富的红色场馆和遗址遗迹资源建立若干学校思政课现场教学基地，将中国共产党近百年为民族独立、人民解放和国家富强、人民幸福而不懈奋斗中形成的革命传统融入思政课堂，打造知行合一、情理交融的关键一课。

同时，要积极发挥课程思政和学科德育的育人价值，要依据学科内容体系和独特育人功能，把反映革命传统重要人物事迹、重大事件、伟大成就、重要论述作品、节日纪念日、故居遗址遗物、馆藏文物等适宜内容有机融入各学科教学，做到“润物无声”。

黄浦区是党的诞生地所在区，是《义勇军进行曲》的首唱地，也是解放上海第一面红旗升起的地方，红色文化资源丰富，红色基因深深植根于黄浦的土壤。开展未成年人红色教育，不断引红色、革命的源头活水灌溉未成年人的心灵，筑牢理想信念之基，是黄浦所承担的历史重任，更是历史的必然选择。未来，我们将努力发掘“党的诞生地”为代表的红色教育资源，进一步优化红色资源服务于未成年人思想道德建设方向上的转化，不断将红色文化资源转化为广大青少年喜闻乐见的活动载体和文化产品，从而提高他们在红色教育中的参与度，提升区域未成年人红色教育的效果，努力培养担当民族复兴大任的时代新人。

执笔：

陈　亮，中共黄浦区教育工作委员会书记

胡　宏，中共黄浦区教育工作委员会副书记

李　彬，黄浦区教育局德体卫艺科副科长

激活“妇女之家”，创建“宜居之家”

——黄浦区妇联“绿街坊”的探索实践

上海市黄浦区妇女联合会

摘　要：近年来，上海市黄浦区妇联始终围绕“激活‘妇女之家’，创建‘宜居之家’”这一主题，紧密结合人民群众对美好生活的向往，不断探索实践。特别是通过激活“妇女之家”，以绿色为抓手，以生活为平台，以居民为主体，打造了一支“绿街坊”志愿者团队，逐步形成了社区“微治理”中人人有责、人人尽责、人人享有的良好氛围，较好回应了习近平总书记提出的“人民城市人民建、人民城市为人民”重要理念。

关键词：妇女之家　绿街坊　社区治理

一、“绿街坊”产生的背景

黄浦区作为上海的中心城区，自1843年上海开埠以来，商业大楼、弄堂、老公房、公寓大楼等见证了黄浦发展的辉煌历史，承载了一代又一代人的记忆，但如今，紧密拥簇的密集型居住模式以及空间绿化的缺失已无法满足人民对美好生活的需求。为全面践行“人民城市”重要理念，黄浦区妇联自2014年起，借力专业社会组织，投入专项资金，不断探索在不同时期城市发展遗留下来的“原住建筑”中融入绿色元素，并于2017年成立了“绿街坊”。“绿街坊”是一支在黄浦区妇联的引领和社会组织的指导下，以项目为依托、以绿色生活为着力点，以“微治理”为主要路径，开展社区治理的志愿者团队。

“绿街坊”成立后，不断拓宽服务范围，丰富服务内涵，提高服务水平，完善运行模式，如今已成为妇联参与社会治理的有效抓手。

二、“绿街坊”的主要做法

（一）以“微更新”嵌入社区治理

“微更新”是一种以“空间重构”和“社区激活”为模式的治理方式。“绿街坊”以多元的、丰富的、与居民生活息息相关的需求为根本，立足群众关心的实事，开展“自下而上”的微项目，进而采取“上下联动”形式，落实微项目，嵌入社区治理。社区作为城市最主要的构成单元，其公共空间与居民的日常生活密切相关，因此，社区的更新和改造不仅要关注居民生活品质的提升，更要关注公众参与、社会治理等议题。在具体的活动中，“绿街坊”以“果色 Family”项目为依托，通过建立时间跨度长、活动频次多、内容递进、形式生动的微项目，对社区更新进行精细化、人情化、在地化的考量，找准社会治理的切入口，切实参与社区治理。“绿街坊”的成立有效解决了传统“微更新”项目中，社区居民参与度不够、长效支持机制不足等问题。

（二）以“微机制”保障长效活力

“微机制”是一种以“小而精”“精而优”为特色的保障方式。经过三年的发展，“绿街坊”从不同年代的建筑群、不同居住的人群、不同类型的主题参与社区治理，逐步形成具有可行性、长效性和普适性的“绿街坊”机制。

一是架构建设，确立三个人设，责任予以落实。“三个人设”分别为小组长、宣传员和讲师。其中，小组长是志愿团队的“领头雁”。通过激活社区有兴趣、有时间、有奉献精神的居民力量，以自荐、推荐、竞选的方式，选拔“绿街坊”小组长。宣传员是志愿服务“代言人”。“绿街坊”通过设立社区新闻官（宣传干事），规范台账制度，向居民大力宣传“绿街坊”志愿者的绿色生活、“绿街坊”项目改造的典型案例，做绿色生活的代言人，实现“居民传居民”。讲师是志愿服务“传承人”。“绿街坊”挑选思路清晰、表达能力上佳的成员培训成为“乐绿讲师”，从技术理性维度，把新鲜、好玩、科学、技术的内容教给居民，实现“居民教居民”。

二是能力建设，开发培训课程，提高运作效率。通过“1+5”带动模式的运作，以组长为圆心，辐射组员进行技能培训：为“乐绿讲师”提供“走进绿色—五居家”知识和社区授课技巧培训课程；制作会议主持、活动台账、宣传版面模版，便于宣传员的掌握和使用；建立社区活动模块，提高居民网上互动技巧，让志愿者能够从“了解→认知→参与→主导”层层递进，快速适应。

三是制度建设，规范议事流程，形成自治雏形。建立例会制度，每单月9号在全区范围组织“绿街坊”网上例会，建立“乐绿讲师”专项例会制度，建立妇女议事会议事制度，逐步形成一套完善的例会制度。另外，形成“1+5”带动模式：1名小组长服务5名组员，1名志愿者带动5户家庭。对于“1+5”中的“1”而言，是活化“赋能”的概念，通过培育志愿者的组织和宣传能力，使其逐渐提高对自身影响力的认识，并开始有信心通过自身行动，影响到更多人。对于作为普通参与者的“5”而言，将“1”定位在榜样的角色上，通过比照效仿，假以时日，“1+5”中的“5”，逐步成长，成为次生代的“1”。如此复制，带动更多的居民加入绿色生活，以此形成“自我管理、自我服务、自我教育”的自治雏形。

四是文化建设，促进创意互动，构筑熟人社区生态。深挖社区特色，围绕“家文化”，着眼“绿色浪潮”，以社区认同中的绿色文化认同感为主线，营造以文化认同感为核心的社区共同体。以弄堂文化、邻里文化为基底，开创妇女之家“绿色邻里节”“弄堂花市”“邻家小院”等绿色文化品牌；促进交流互动，多元主体共同参与，撬动居民热情，在社区居民心中逐步形成“家园意识”“共同体意识”，从而从陌生人社区变成熟人社区，再由熟人社区变成好人社区。

经过三年的发展，“绿街坊”建立了软、硬兼顾的社区绿化服务长效机制，形成了“1+5”带动模式，触发居民参与动力。把居民从小众爱好的“独乐乐”引导至大众行为的“众乐乐”上，通过项目实施，激发了社区群众爱绿、种绿、享绿的兴趣以及参与社区建设的积极性。

（三）以“微平台”传递共治理念

“微平台”包括参事议事平台、互帮互助平台，是居民参与“微治理”的重要载体。在黄浦区，这一“微平台”分为线上、线下两个平台。线上平台是由妇女之家组建的“绿街坊”和“果色大家庭”微信群，是一个可供互动的线上健康营。线下平台被称为“WE”家，是在创新社会治理背景下妇女之家功能的进一步延伸，是妇女之家的“毛细血管”“神经末梢”。“WE”家以自家问题、自家需求、自家特色为着力点，通过妇女干部团结社区居民，通过“民智议事厅”参事议事，实现自己的家自己爱、自己的家自己治，达到“我家”成为“大家”的效果。例如，江阴路72号通过建立“WE”家，自下而上协商制定卫生执勤、公共厨房、公共卫生使用公约，使“老旧小区”的改造效果得以保持；成都北路254号通过建立“爱吾嗣”的“WE”家，打造楼道文化主题墙，解决楼道杂物堆积等社会治理难题；归属长江居民区的黄浦大楼通过“WE”家，以“微展览”的形式，展示居民的书法、摄影、绘画等作品，以弘扬传统文化、传统美德，展现大楼的自治风采。

目前，“WE”家已将触角延伸至商务楼宇；未来，各个社区将以妇女之家为圆心，在各小区各楼宇建立“WE”家，而“WE”家也将以更加多元的形式，更加丰富的内容，进一步延伸妇女之家的服务功能，发挥妇联执委作用，组织妇女群众积极参与社区“微治理”。

（四）以“微课堂”触发参与动力

“微课堂”以形式多样、内容丰富的培训课程为载体，旨在提高妇联组织参与社会治理的水平和能力。“微课堂”模式分三个阶段：一是夯实队伍的主体能力，加强人才队伍建设，提升妇联深入探寻社情民意的能力；二是走向社区服务，加强载体创新，以承接项目为活动载体，整合社会资源形成服务网络；三是推动个体责任意识“觉醒”，触发妇女之家原生生命力。

具体来看，“微课堂”包括基础课程、进阶课程和社区活动。基础课程以“走进绿色”为主题，以“五居家”为核心，包括居家心理、居家健康、居家清洁、居家美化和居家服务，以居民生活中的“小事、烦心事”为需求开发课程，使居民乐于接受，自愿参与。进阶课程则通过居民“自助点单”的形式，按需所取，有针对性地开展环保理念、景观活动、蔬果种植、花卉养护、垃圾分类等50门课程，从用户端和服务端优化社区服务体系建设。此外，在课程学习的基础上，配合课程开设，创建了“弄堂花市”“寻绿护绿添绿”“海棠节”“24小时展”“垃圾分类推广展”等品牌项目。

三、“绿街坊”的初步成效

2017年，“果色Family”项目荣获上海“公益之申”年度“十佳公益项目”。截至2020年底，该项目已覆盖黄浦区近74%的居民区，受众妇女之家112个。发迹于“果色Family”项目的“绿街坊”已覆盖20个“妇女之家”，“绿街坊”从无到有，从有到佳，以精细的社区治理、宜居的社区环境、和谐的社区氛围、贴心的社区服务以及有力的社会组织，认证了其可行性、长效性、普适性，实现了志愿者队伍的可持续发展。

（一）让社区治理更精细

多元参与，协商共治，以人民为中心创新社会治理是黄浦区完善“共建共治共享”，构建“社会治理共同体”的题中之义。“绿街坊”在参与社区治理中，通过民主协商、自我管理、持续服务等方式，充分调动居民积极性，真正实现社区事务“自己提、自己议、自己治”。民主协商，在老旧小区改造的背景下，江阴路72号的妇女代表“五姐妹”提出了问题需求和改造建议，并提交至居民区零距离家园理事会平台，通过多种途径进行群众商议，最终明确了最迫切、最急需改造的项目提议。自我管理，物业绿化是小区绿化的重要一环，但物业绿化的长效管理问题重重。为此，五里桥街道打浦居委的教师公寓探索在区域上把物业绿化和居民绿化严格区分，一方面组织居民定期对物业种植的绿化加强养护，另一方面开辟居民绿化阵地，开展居民认领管理制度。持续服务，“绿街坊”以项目制的方式开展，项目结束后，如何将“绿街坊”的志愿者精神继续延续？“绿街坊”建立了“微信群”平台，每个群至少配备了 1 名社会组织成员和 1 名指导老师，方便居民反映问题、交流经验、群策群力。例如，种植新手在遇到“花草衰败”的问题时，通过拍照，发布在微信群中，便会有有经验的居民回应，也有资深的“微课堂”老师回复。依靠“微信群”平台互动，“绿街坊”实现了“居民教居民，家庭系家庭”的互助模式。

（二）让社区环境更宜居

2017 年，黄浦区妇联通过社会组织，在不大拆大建、不妨碍居民正常生活、不破坏小区原有的时光记忆点的情况下，探索老旧小区的有机更新和活化利用，用充满创意的小修小补，让老旧空间向更加注重品质和活力的“逆生长”发展，着力改善存量空间的品质环境。“绿街坊”通过“微治理”方式，进行社区小微空间改造。这种改造不一定是惊艳的，但一定是宜人的，是城市“抗衰老”的良药。例如，项目组从微细处入手，利用专业化思维，将防水阻燃的雪弗板植入盆栽的花卉和菜苗中，有效解决了“上海小楼”的空中花盆滴水问题，带动了更多“上海小楼”老房子的居民“走出家门，走进绿色”，着手改善社区环境。

（三）让社区氛围更和谐

随着社会结构的加速转型和城镇化进程的深入推进，陌生人社区成为城市社区的主要形态，传统意义上认同感和归属感的形成基础正在逐步瓦解。为此，“绿街坊”通过搭建“托绿所”“植物急救室”等特色平台，不断增强居民对社区的认同感和归属感。以“托绿所”为例，受启发于“托儿所”，“绿街坊”引导居民在短期或长期外出时，将家中养植的花卉暂时托管在“托绿所”，由“托绿所”团队帮忙照料，营造了“一家有乐，大家分享；一家有难，大家相帮”的融洽氛围；以“植物急诊室”为例，很多居民将萎蔫、濒临死亡的绿植交由“绿街坊”团队“抢救”打理，在“抢救成功”后，再返还给居民，但也有部分居民选择将重获新生的绿植捐给社区，美化社区环境，这一循环模式成功在社区营造出一种“人人为我，我为人人”的良好氛围。另外，“绿街坊”通过策划“植物展览”活动，组织大家以新时代“串门赏花”为主题，增加居民之间的社交机会，探索构建新时代居民社交模式，减少居民间的“距离感”，增加社区中的“人情味”，丰富居民对社区生活的“参与感”。

（四）让社区服务更贴心

近年来，黄浦区倡导零距离家园建设，围绕居民对美好生活的需求，聚焦社区治理瓶颈难题、优化社区治理体系。各类服务纷纷走进社区，“绿街坊”在“居民教居民”的过程中，对各类服务进行剖析，同时收集居民的大量需求信息。在社会组织的指导下，教授居民和家政服务人员，让社区服务更贴心。

专栏　社区服务类别

居民心理——着力于解决家庭矛盾、邻里纠纷等

居家美化——阳台绿化、阳台装修

居家清洁——科学的酵素清洁法，让做家务成为一种时尚

居家健康——健康体验课程

居家服务——完善家政服务

（五）让社会组织更有力

“绿街坊”以其独特的视角，独特的地位参与了社会治理模式的完善，

助力社会组织开发更多与老百姓生活息息相关的课程和活动。目前，社会组织的基础课程已从单一的阳台种菜、厨房酵素发展到五居家，进阶课程更是五花八门，从儿童、学生、白领到退休居民，无一不是受众和社区所需要的。在妇联的引导和“绿街坊”的实践中，社会组织也在不断壮大，与“绿街坊”相辅相成，共同致力于社区治理。

四、“绿街坊”的未来走向

经过多年的发展，“绿街坊”已成为居委和“妇女之家”参与社区治理的有力抓手，得到了居委干部、居民的高度认可和喜爱。多个“微治理”项目，在“绿街坊”中开出灿烂之花，结出丰硕之果。在项目回访中，居委干部均表达了希望“绿街坊”能够持续发展，进一步推动社区自治建设；居民则更多地希望能在队伍提升和园艺栽培技术上，得到更多具体的指导和帮助。因此，着眼于未来，“绿街坊”有长效发展的必要性和可行性。

一是着眼现存问题，力图突破。“绿街坊”作为一支志愿者队伍，不可避免地存在志愿者年龄结构的优化、后备力量的培育等需求。例如，宁波路居委的“绿街坊”队伍，由于大组长退出后，整个志愿者团队渐渐不再运作，“微信群”也不怎么使用，小楼的绿化时好时坏。实际上，社区的宜居环境是居民参与社区志愿活动的重要中介要素，它在一定程度上会影响居民参与社区志愿活动的动机强度。因此，“绿街坊”要在打造社区宜居环境的同时，注重对志愿者队伍的培育，增强“绿街坊”的“吸新凝旧”功能，尤其增强对“1+5”模式中，1 个小组长的后备队伍培养和储备。

二是着眼科技赋能，不断创新。积极适应互联网时代，抢抓机遇、统筹规划，突出“科技赋能”、深化“绿色宜居”，积极构建“云上绿植”新模式，打造真正的蓝天白云绿地。尤其疫情期间，可用崭新的思维、创新的手段将“绿植”“玩转”网络，通过开设“教学直播”“养植直播”，与更大范围的“爱绿人士”交流互动；通过发起“养绿、护绿”热门话题，推出“绿街坊”的“微治理”故事，以当下火热的短视频形式连线社区，讲述项目成效，以“征集观者感受”的新形式推动“绿植”与“人物”的对话，邀请网友以自身的“养绿”经历和周边的“养绿”故事，为“绿街坊”增添鲜活性和互动性。

三是着眼品牌运作，不断推广。“绿街坊”已形成一定规模，且逐渐成熟，其长效性、可行性和普适性在多个“微治理”项目中得到证实，但活动的宣传力度不足。正如金坛路居委干部指出的，“绿街坊”和社会组织做了大量的工作，但都没有留下痕迹，缺乏标识性的宣传。这种宣传不仅是对“绿街坊”做法和成效的宣传，更是对绿植花卉、绿色生活理念的宣传，通过宣传，使“绿街坊”可推广可复制，遍布各地。但品牌运作，除注重宣传以外，要保证“微治理”的效果，要有精准的团队定位等，首先打造出一支精品团队，才能更好地吸引“爱绿人士”加入品牌运作。

模式化探索、专业化提升、社会化服务

——浦东新区妇联社区家庭文明指导服务中心建设实践

王丽蓉

摘　要：党的十九届四中全会明确指出，要“注重分析家庭家教家风在基层社会治理中的重要作用”。近年来，上海市浦东新区妇联聚焦模式化、专业化和社会化，积极发挥妇联凝聚妇女、带动家庭、联动社会的功能，以党建为引领、统筹谋划、社会协同，不断加强社区家庭文明指导服务中心建设，探索构筑“家家幸福安康”的生动局面，在聚合正能量中提升浦东发展的软实力，提高家庭文明程度和市民文明素质

关键词：“家中心”　家庭文明　家庭服务

上海市浦东新区面积 1 210 平方公里，现辖 12 个街道、24 个镇。至 2019 年末，全区常住人口 556.70 万，户籍家庭总数为 108 万户。近年来，上海市妇联始终把家庭文明建设作为妇联工作的主责主业，将家庭文明建设作为精神文明建设的重要内容加以规划，鼓励妇联根据辖区特色和居民的实际需求，规范化创建各具特色的“家中心”服务平台。在上海市妇联的指导和支持下，浦东新区深入贯彻“注重家庭、注重家教、注重家风”重要指示精神，围绕推进新时代文明实践中心工作要求，着力加强社区家庭文明建设指导服务中心（以下简称“家中心”）建设，探索建立模式化、专业化、社会化的运行机制，积极发挥妇联凝聚妇女、带动家庭、联动社会的功能，在聚合正能量中提升浦东发展的软实力，提高家庭文明程

度和市民文明素质。

一、主要做法

浦东新区“家中心”建设从2005年的首家试点开始，经历了模式化探索、专业化提升、社会化服务三个阶段。特别是“十三五”以来，“家中心”进一步加强与浦东“家门口”服务体系建设的相互融合嵌入，积极纳入文明社区、文明城区创建的整体规划。

（一）坚持以人为本，开展模式化探索

一是积极规划，确保硬件设施到位。2005年5月，浦东新区妇联首先在潍坊新村街道试点成立了“家中心”，并逐步在全区推广。在实践过程中，将“家中心”建设纳入文明社区、文明城区创建的整体规划，探索“党委领导，政府支持，文明办、民政指导，妇联主管，社工承办，社会参与”的运作模式，并按照资源共享的原则，各街镇落实不少于50平方米的办公设施和多功能活动场所，标识清晰，定期开放，为社区妇女儿童、家庭提供咨询、服务、指导、讲座、培训等菜单式服务，担负起教育妇女、指导家庭、服务社区的职责。

二是整合资源，确保软件配置到位。各街镇“家中心”除街镇妇联主席外，挑选、配备了1名具有一定组织协调能力和实践经验的社工，担任常务副主任负责日常事务管理。同时，充分整合社区资源，在社区内挖掘具有专业技能、奉献精神的教师、律师、医生、心理咨询师等专业团队充实“家中心”的指导服务力量，开展各类“家中心”服务，形成了“幸福家庭心灵驿站”“家庭教育指导”“法律维权服务”“早教大篷车”“亲子阅读指导”等服务载体，最大限度地为社区家庭服务。

（二）坚持需求导向，注重专业化提升

一是探索家庭社工的专业化试点。2015年，浦东新区妇联在全国妇联

系统率先开展家庭社工专业服务试点，尝试探索“妇联牵头、社会参与、社工服务、家庭受益”的服务模式，运用三级妇联协同保障、专业社工分类服务等策略，面向基层、服务家庭，聚焦家门口服务体系建设，夯实“家中心”职能，推进社区家庭参与基层社区治理的实践创新。在服务过程中，家庭社工服务重点关注沉默少数，服务弱势家庭，通过开展入户走访、挂牌服务、开通“家庭社工信箱与热线”、设立“家庭社工接待日”等，免费向社区家庭提供婚姻、家庭等方面的咨询和指导，并认真做好个案跟踪，做好办实于细微处、进家门、见真情、有温度的服务。截至2020年底，家庭社工服务已全面覆盖全区36个街镇，年均走访服务6 000多户次弱势家庭，为近300户“问题”家庭提供个案服务。《浦东家庭社工专业服务实践》在《上海精神文明建设蓝皮书（2019）》刊出。

二是完善“家中心”项目化服务覆盖。群团改革以来，浦东新区妇联持续加大对街镇“家中心”服务项目的支持力度，积极推动资源向基层下沉、力量向基层汇聚、服务在基层提供，通过主动承接围绕中心工作的重点项目、精心筹划为民排忧解难的特色项目、热情支持群众喜闻乐见的自治项目，以更好地聚合社会服务力量、延伸工作手臂，满足区域内妇女儿童、家庭的多元异质化需求，努力打造“一街镇一品牌”。到2016年，“家中心”项目服务全面覆盖全区36个街镇，每年服务人次达10万，“家中心”服务已涉及家庭文明、家庭教育、家庭服务、维权关爱、妇女发展、女性关爱等多种类型，为更好地发挥妇联凝聚妇女、带动家庭、联动社会、参与基层治理的作用提供了有力支撑。其中，川沙新镇“家中心”邻家妈妈服务项目在全市推广。

（三）坚持改革思维，拓展社会化实践

一是创新社会化的服务基地建设。2019年9月，在全市率先开展社会化的家庭文明建设指导服务基地建设，傅雷旧居、傅雷图书馆、傅雷故居、上海江东书院4家单位被首批授牌为“浦东新区家庭文明建设指导服务基地”，积极探索项目化运作、实事化服务、社会化参与的社会公益性服务平

台建设，努力推动“家中心”阵地的社会化发展。充分挖掘盘活存量资源，面向全区家庭提供菜单服务、预约服务、定向服务，每年有针对性地举办专题展览、讲座宣讲、实践课程示范、主题活动等各类服务，更好地为妇女、儿童和家庭设计服务内容，改进陈展方式，开发活动项目，增强“家中心”阵地的亲和力和影响力。

二是打造区域特色的服务品牌。2020 年 1 月，在东岸滨江 8 号望江驿启幕“家庭会客厅·和美”。家庭会客厅打造过程中坚持“三个突出”：突出共建共享、突出价值引领、突出开门聚力，通过“我的会客厅，我来当主人”“最美家庭风采展”“‘家在浦东’城市微旅行”“中外家庭共迎新”“童心童绘墙”等载体，努力使这一空间成为对外展示浦东新区妇女儿童家庭时代风采、探索创新公共空间的家庭工作、创建有影响力的儿童友好社区示范点的特色阵地，成为市民群众共建共享美好空间的打卡点。

二、工作思考

深入学习贯彻落实党的十九届五中全会关于加强家庭、家教、家风建设的重要部署、习近平总书记在浦东开发开放 30 周年讲话精神，“家中心”建设要与时俱进、革故鼎新，更好地团结动员广大家庭积极参与社会治理，助力提高社会文明程度。

一是加强“家中心”建设，要始终坚持服务大局、统筹发展。要深刻把握浦东发展要求和时代潮流，把“家中心”建设放在推进新时代文明实践中心建设、特大城市的特大城区治理体系和治理能力现代化的大格局下谋划思考，加强与“家门口”服务体系、“城市大脑”等社会治理、城市治理平台功能复合、协同联动、优势互补，与各项改革措施和具体工作相互融合嵌入，促进资源整合、功能互补、协同运行。

二是加强“家中心”建设，要始终强化党建引领、凝聚人心。坚持把党建引领作为一根红线贯穿“家中心”建设始终。聚焦家庭所思所想所盼，在解决问题和服务群众中教育引导群众；精准把握不同地域、不同家庭的实际需要，形成一批服务菜单，满足人民日益增长的精神文化生活需求；创新工作理念和方式方法，发挥“家中心”凝聚人心、化解矛盾、增进情感、激发动力的作用。

三是加强“家中心”建设，要始终突出社会协同、开门聚力。在社区家庭日趋多样多变多维的形势下，“家中心”必须积极动员社会力量参与，不断加强专业工作者队伍建设，多渠道、多方式地为需要帮助的家庭提供支持服务。要将“家中心”阵地作为参与社会治理的重要载体，促进多方协同联动，保障家庭服务的可持续性，做好事、解难事、办实事，以更好服务社区家庭，推进共建共治共享的社会治理新格局。

三、今后发展

一是进一步加强“家中心”建设的系统性规划。统筹和创新妇联家庭工作，出台新时期“家中心”建设的实施意见，加强“家中心”发展的顶层设计，深化家庭工作项目化、实事化、社会化发展，推动形成“家家幸福安康”生动局面的实践阵地。要进一步明确“家中心”的功能定位和主要任务，依托现有场地和设施资源，打通家庭方面的各类平台，促进资源整合、功能融合、协同运行，进一步充实服务资源，因地制宜探索专业化、社会化运作模式。

二是进一步完善“家中心”的运行机制。主要是“三大机制”建设：(1) 供需精准的对接机制，聚焦群众需求，形成一批服务菜单，积极探索百姓“点单”、中心“派单”、服务提供方“接单”、群众“评单”相贯通的工作模式，满足社区家庭的多元需要。(2) 灵活多元的动员机制，将“家中心”服务作为参与社会治理的重要载体，积极吸纳体制内外、系统内外、线上线下的各类资源参与家庭工作，进一步凸显“家中心”在价值引领、道德教化、服务凝聚、文化传承等方面的积极作用。(3) 高效协同的联动机制，积极发挥基层妇女干部、知心大嫂、家庭志愿者、专业家庭社会工作者等的作用，探索“妇工、社工、义工”协同联动，并依托“项目化管理平台”“上海志愿者网”等信息平台，加强招募注册、项目发布、培训指导、服务记录、服务评价、褒奖激励等制度化建设，推动“家中心”建设走得越远越深，引领广大家庭在践行新时代家庭观中创造更加幸福美好的生活，助力形成“家家幸福安康”的生动局面。

作者简介：
王丽蓉，浦东新区妇女联合会副主席

深化精神文明创建，助推文化品牌建设

——上海大剧院精神文明创建工作的探索和思考

徐 寅

摘　要： 作为上海城市文化的名片，上海大剧院在精神文明创建工作中，始终坚持以习近平新时代中国特色社会主义思想为指导，以建立文明创建长效机制为抓手，以培育和践行社会主义核心价值观为根本，以建设城市公共文化服务体系和提高市民文明素养为己任，努力实现“一流的艺术管理、一流的艺术服务、一流的艺术队伍”的创建目标，为提升“演艺大世界”发展能级，打响“上海文化”品牌，建设“亚洲演艺之都”作出积极贡献。

关键词： 文明创建　先进文化　服务标杆　大剧院

上海大剧院（以下简称“大剧院”）自 1998 年 8 月正式对外经营演出以来，已连续十届被评为市级文明单位，并于 2014 年荣获第四届全国文明单位，多年来，大剧院始终秉承“国际性、艺术性、经典性、原创性”的品牌定位，坚持传播先进文化，弘扬上海城市精神，将国内外优秀的文艺作品在剧院的舞台上交融呈现。2020 年，面对全国新冠肺炎疫情暴发的严峻形势，大剧院充分发挥剧场行业标杆的示范作用，坚决投身疫情防控阻击战，用奉献尽责的实际行动展现全国文明单位的责任与担当。

一、传播先进文化，打响上海品牌

上海大剧院始终围绕中国特色社会主义进入新时代这一历史方位，积极培育和引导群众文化消费需求。开业至今，大剧院迎来了无数世界级表演团体和海内外众多的艺术名家，演出场次累计达到 11 400 场，演出覆盖了交响、歌剧、舞蹈、戏剧、戏曲、音乐剧、综艺等各个门类，共计接待观众达到 1 370 万人次，平均上座率 91%。在剧目选择上，始终坚持“名家、名团、名作”的节目特色，在上演世界级艺术院团经典剧目的同时，力推本土院团与中国艺术家的作品。不仅有献礼改革开放 40 周年、新中国成立 70 周年、上海解放 70 周年的红色剧目，有以民乐、昆曲为代表的江南文化的原创制作，也有传播“一带一路”国家文化的舞台艺术精品，对于弘扬上海城市精神、传播中国声音起到了积极的推动作用。

作为首批“爱国主义教育基地”和“高雅艺术进校园活动”优秀剧场，每年都有多场学生艺术节、汇报演出和艺术比赛成果展示等在此举办。上海大剧院在力推高端演艺文化产品的同时，也致力于培育具有国际化大都市特质、融艺术性和教育性为一体的公众艺术教育品牌，截至 2020 年 6 月，大剧院共推出各类公益教育演出、艺术普及讲座、表演艺术展览、户外高清直播等活动 1 500 多场，受惠市民 60 多万人次。2020 年新冠肺炎疫情期间，大剧院将近五年来的 100 余次“艺术课堂”的内容剪辑成线上课程放送，每天 15—20 钟。其中为“暂别观众 100 天”制作的《有光就有戏》60 分钟特辑，仅线上观看量就超 120 万人次，相关话题讨论度近千万。

作为城市文化的核心机构，大剧院一直是上海重大文化活动的平台、合作伙伴和品牌标志。多年来，大剧院除作为上海之春国际音乐节、上海国际电影节、上海国际艺术节、白玉兰戏剧表演艺术奖、国庆文艺晚会等重大文化、节庆活动的演出剧场外，还成功举办了第十二届中国艺术节，承接了多台中国文化艺术政府奖“文华大奖”的演出，为这项国家级综合性文化艺术盛会首次在上海举行增光添彩。

目前上海大剧院荣获（保持）了上海市文明单位、上海市著名商标、上海市示范剧场、上海市平安示范单位、上海市爱国主义教育基地、上海市社会治安综合治理先进集体、上海市五星级诚信创建企业、上海市公共建筑节能改造示范项目等荣誉称号。作为上海唯一获得全国文明单位的剧场，大剧院还协助市演出行业协会带领全市近 50 家剧场，在中国国际进口博览会举办前夕完成了剧场行业首次获得“上海市文明行业”的创建工作。

二、树立行业标杆，倡导文明服务

20 多年前，从国内唯一一家对标国际的“大剧院”，到如今全国各地百家“大剧院”，上海大剧院见证了中国文化演艺产业的飞速发展。2018 年，大剧院主办了以“激发城市多元创新活力”为主题的“2018 世界剧院运营及发展高层论坛”，并联合英美多家著名剧院共同签署了《上海宣言》，提出将携手在科技融合艺术、打造区域创意核心等方面进一步合作，从而覆盖更广阔、更多元的观众群体。同年，大剧院又宣布与阿里文娱集团在剧院运营管理、智慧剧场建设、大数据跨界营销等剧院信息化领域达成战略合作。通过推进剧院与科技的融合发展，全方位提升用户体验，引领剧院和演艺行业的转型升级。

此外，作为首批签约试行《上海市剧场管理标准和服务标准》的试点剧场，上海大剧院全力打造有国际视野和专业水准的现代化综合性剧场。定期开展全院范围的剧场服务培训，提高服务意识、强化服务技能、完善服务流程，助力“上海服务”的品牌建设。经过长期的实践和探索，大剧院已形成一套专业化标准化《服务工作手册》，并通过了 ISO9002 国际质量体系认证。2020 年新冠肺炎疫情暴发后，大剧院第一时间通过官方微博、微信发布演出取消或推迟公告（涉及演出共 219 场），制定详细的“全渠道”“无接触”退票方案，最大限度保障国内外每位观众的基本权益。同时率先制定了《上海大剧院恢复演出疫情防控方案》，从人员、设备、制度等方面强化、细化防控防疫措施，升级入场检票系统，实现“随申码”状态显示、身份识别、体温测量等“一码通行”核验，并为每位观众提供“防疫安心包”，全力打造安心剧院，确保演出正常有序。该方案得到了上级主管部门和张文宏主任的肯定，并在全市剧场行业内加以推广。

剧院还每年开展外部顾客满意度测评，在演出经纪公司、租场单位、购票观众的范围内，针对演出、演员、设施设备、管理服务等进行现场或电话随机抽样调查。调查结果显示，剧院无论在购票体验、节目质量、演出服务、剧场环境等软硬件各方面都获得较高的认同，受访的平均满意度常年保持在95%左右，也是国内首家获工商行政管理局“上海市著名商标”认定的剧院。

三、文明文化同行,践行志愿精神

为促进艺术资源的有效利用，扩大宣传展示、开放服务的覆盖范围，大剧院一直致力于同周边的社区、学校、医院、部队等开展共建，通过免费参观、艺术讲座、公益低价票等形式，实现文化惠民。目前已与南京东路街道、南京路上好八连、人民广场管理办公室、人民广场派出所、长征医院、格致中学等单位签订了共建协议。并与签约单位合作开展各项活动，搭建群众性文化活动平台，努力实现文化服务的集约化和最大化。

多年来，大剧院坚持每季度不少于一次，邀请社区老人和部队官兵走进剧场参观及观摩演出；为困难学生提供演出现场的志愿者实践岗位；安排艺术家送艺术普及讲座进社区、进学校、进企业。进博会期间，还与人民广场管理办公室、广场派出所针对疏散、消防、反恐等可能的突发事件达成联动共识、开展实战演习，确保重要设施、重点目标、重大活动的绝对安全。

大剧院还参与黄浦区“组团式零距离服务”，远赴云南开展沪滇定点帮扶，向澜沧县和西盟县捐赠了价值8万元的《上海大剧院艺术课堂——环球经典名曲导读》音像制品和艺术书籍，帮助当地学校推广艺术教育普及。2020年抗击新冠肺炎疫情期间，全院上下一心积极参与防疫物资生产一线的志愿服务，制作了88 000多个口罩，以实际行动为抗疫贡献力量。

四、深化创建责任，发挥典型效应

上海大剧院已连续十次获得上海市文明单位。为了实现长效管理，院创建工作领导小组根据各部门的职能将剧院的创建规划和目标进行分解，与各部门签订责任书，确立部门创建目标、口号和责任。同时，结合实际工作制定《文明创建示范部门（班组）测评标准》，配合实地检查，协作部门满意度调研，分管领导打分等进行综合加权测评。考核覆盖全院 15 个部门和班组，最终评分作为部门和中层干部年终考核及绩效分配的一个重要指标。评选出的文明部门（班组）将优先获得下一年度各类培训和推优的名额。这一制度将创建和日常工作紧密结合，在同步部署、同步推进、同步考核、同步奖励中提升了员工对创建目标、措施等实质性工作的认识和重视，完成了创建机制长效性建设的闭环管理，形成了一套真正意义上职责明确、密切配合、齐抓共管的创建机制。

大剧院党支部要求全院 40 余名党员结合自身岗位职责，从学习、工作、服务群众等方面做出公开承诺，并在宣传栏公示；开辟“党员责任区”，以“履行一份岗位责任，联系一名身边群众”为目标，完成群众结对，发挥党员在学习和工作方面对群众的引领和示范作用；开展党员志愿服务活动，号召党员投身到一线服务岗位，践行志愿服务精神，弘扬社会主义核心价值观；定期开展优秀部门、优秀员工、文明部门（班组）、服务明星等评选表彰，引导部门员工之间相互学习，形成见贤思齐、争当先进的良好风气。

五、工作亮点及成效

1. 重机制强化组织领导。为深化文明创建工作，大剧院成立了文明单位创建工作领导小组，形成了领导负总责、全体员工都有责的创建机制和工作格局，制定了年度工作安排计划，将创建工作内容逐一分解、细化量化，落实到每个部门并与各部门签订上海大剧院文明创建责任书，部门根据大剧院创建规划提出本部门的创建口号和目标，大剧院于每年底开展文明创建示范部门评选工作，真正做到文明单位创建人人有责，人人参与。

2. 重服务强化品牌建设。作为上海城市文化名片，加大艺术教育的普及力度，开展线上线下复合式宣传，利用不同渠道打造品牌，打响上海文化品牌建设。同时，持续开展“青年艺术先锋队”“学雷锋剧院开放日”等志愿行动，将志愿活动与主营业务有效结合，号召全体党员、主营业务青年骨干积极投入到志愿服务工作中，搭建多元化学习平台，促进全体员工的成长。

3. 重责任强化服务建设。大剧院积极贯彻落实《新时代公民道德建设实施纲要》《新时代爱国主义教育实施纲要》最新要求，扎实推进社会主义核心价值观建设落细落小落实，重点围绕全市新时代文明实践中心建设、市民修身行动、“垃圾分类”等专项行动，深入推进大剧院“文明与文化同行”志愿服务活动，以文化服务弘扬志愿精神，切实履行社会责任。

作者简介：

徐　寅，上海大剧院党支部书记、副总经理

丰富公共文化供给，助力城市文明建设

——上海博物馆打造市民修身行动示范基地

贝文玥

摘　要： 市民修身行动是上海市精神文明建设的重要组成部分，旨在通过教育培训和时间养成，引导市民群众修身律己、崇德明理，形成与上海国际文化大都市建设相匹配的良好市民精神风貌。上海博物馆作为上海的重要文化窗口，在打响“上海文化”品牌、推进长三角一体化和“一带一路”倡议中不断发挥着文化力量。特别是在公共服务上，努力践行“人民城市为人民”的发展理念，以公众需求为中心，打造市民修身行动示范基地，逐步提升服务能级，丰富文化供给，不断满足人民的精神需求。

关键词： 市民修身行动　文化供给　精神文明建设

上海博物馆坚持以习近平新时代中国特色社会主义思想为指导，贯彻落实中央实施中华优秀传统文化传承发展工程的意见要求，按照“让文物活起来，讲好中国故事”的精神，围绕全力打响“上海文化”品牌、加快建成国际文化大都市这一战略目标，积极发挥馆藏文物、专家学者等方面的优势，通过高质量的文化产品、丰富多彩的文化活动，传承中华优秀传统文化，传播人类文明成果，增强人民群众的文化自信，提升大众的文化艺术修养，在服务国家文化战略、打响“上海文化”品牌过程中，为上海建设国际文化大都市、“体现国际风范、彰显中国元素、具有上海特色”的世界著名旅游城市做出贡献。

一、上海博物馆市民修身行动的实践

上海博物馆是国家级的中国古代艺术博物馆，馆藏文物 102 万余件，其中珍贵文物 14.4 万余件，藏品之丰富、质量之精湛、体系之完备，被誉为文物界的“半壁江山”，近几年来每年接待观众超过 210 万人次。作为上海的重要文化窗口，上海博物馆承担着公共文化供给和精神文明引领的重要职责，始终坚持以服务社会为核心的价值理念，致力于推进市民修身和满足市民精神文明需求，为市民提供优质的公共服务。

（一）打造高质量展览，传播中外优秀文化

展览，作为博物馆对外传播的主要形式，是市民感受博物馆、感知文物文化最直观的方式，也是博物馆展现学术研究成果的重要方式。上海博物馆通过举办具有国际视野、中国特色和深度内涵的文物和艺术精品的陈列展览，为市民提供优秀的文化大餐，向全世界传播中国文化。近几年来，上海博物馆努力建构起世界古代文明系列展、边远省份文物精品展、特别文物系列专题展和馆藏文物珍品展的“3+1”展览模式，每年推出特别展览 6—8 场，不断满足公众对文化生活的需求。其中，2018 年底开幕的“董其昌书画艺术展”，因其高质量的学术性、艺术性和经典性，在短短 4 个月展期内，吸引了近 60 万人次前来参观，1 150 平方米的展厅内观众的平均参观时间超过 2 个小时，被誉为“难以超越的董其昌艺术大展”。2020 年举办的“春风千里——江南文化艺术展”，是典型的主题性展览，突破时间脉络，突破单一门类，侧重文物阐释，讲好江南故事，为市民在疫情常态化后提供了春风拂面般的精神享受。

2019—2020 年上海博物馆特别展览情况

序号	2019 年	2020 年
1	2019 年 1 月 30 日—2019 年 2 月 24 日 猪丰卣满迎新春	2020 年 1 月 14 日—2020 年 3 月 29 日 “灵鼠兆丰年——上海博物馆鼠年迎春特展”
2	2019 年 4 月 26 日—2019 年 7 月 28 日 熠熠千年：中国货币史中的白银	2020 年 4 月 29 日—2020 年 6 月 28 日 “高斋隽友——胡可敏捐赠文房供石展”
3	2019 年 5 月 16 日—2019 年 8 月 18 日 浮槎于海：法国凯布朗利博物馆藏太平洋艺术珍品展	2020 年 5 月 21 日—2020 年 7 月 19 日 “无尽意——赵朴初书法艺术展”
4	2019 年 5 月 28 日—2019 年 9 月 1 日 灼烁重现：15 世纪中期景德镇瓷器大展	2020 年 5 月 26 日—2020 年 8 月 23 日 “春风千里——江南文化艺术展”
5	2019 年 9 月 10 日—2019 年 10 月 7 日 莱溪华宝：翁氏家族旧藏绘画展	2020 年 8 月 7 日—2020 年 10 月 18 日 “荷浦珠还：荷兰倪汉克新近捐赠文物展”
6	2019 年 11 月 5 日—2020 年 2 月 9 日 美术的诞生：从太阳王到拿破仑——巴黎国立高等美术学院珍藏展	2020 年 9 月 15 日—2021 年 1 月 10 日 “宝历风物：黑石号沉船出水珍品展”
7	2019 年 12 月 7 日—2020 年 2 月 23 日 金石筼筜：金西厓竹刻艺术特展	
8	2019 年 12 月 17 日—2020 年 4 月 5 日 沧海之虹：唐招提寺鉴真文物与东山魁夷隔扇画展	

（二）开展丰富的公共教育，满足市民的文化需求

上海博物馆坚持以人为本，以公众需求为导向，不断创新社会教育内容与形式，提升公众文化服务能级。两年来，上海博物馆充分利用本馆专家资源，同时邀请海内外著名文博专家来上博，开展各类教育活动 700 余场，受益市民逾 6 万人次。近两年，推出“世界考古”“亚洲文明”“民艺”“江南文化”和特别展览等系列讲座，让市民能够接触多元文化和展览背后的故事，引导市民对传统文化的思考、培育跨文化比较思维，从而增强民族文化

认同感，树立文化自信。为了让市民近距离地了解非遗项目，上海博物馆面向公众开放古陶瓷修复技艺等6个上海市非物质文化遗产项目，并通过新媒体宣传等途径，向社会宣传推广中华文化遗产。

本着现代博物馆教育理念，开展全年龄段的多种教育活动，2019年7月，上海博物馆与上海文广互动电视有限公司合作打造上海博物馆学院。截至2020年6月，共开设各类课程368场，其中亲子课程的家长满意率高达90%以上。同时，上海博物馆开发“博物馆青少年人文讲堂”系列课题，引领青少年思索何为“审美”、何为“美育”。

为了完善对社会特殊人群的教育服务，上海博物馆以“浮槎于海：法国凯布朗利博物馆藏太平洋艺术珍品展”为契机，根据肢障、听障、视障等特殊群体的不同特点，尝试推出面向残障人士的无障碍课程。为了让视障群体也能触摸文物，展厅中还特意放置了5件文物复制品，并附盲文说明。上海博物馆设计的面向残障群体的“痛感课程”，以满足社会特殊群体的文化需求，帮助他们更好地参与到社会公共生活当中。

（三）完善服务项目设施，营造良好参观氛围

上海博物馆不断完善一线服务设施和服务水平。在提供基础的寄物、无障碍服务、餐饮、母婴室服务的基础上，增设充电宝租借、医疗、饮用水等服务，进一步打造舒适的观展服务。为了更好地让观众了解展览，上海博物馆不断丰富导览措施，不断增强专职讲解员和社会志愿讲解力量，2019年，专职讲解员队伍总计接待讲解3 078场，服务人数61 563人次，社会志愿讲解共服务4 465人次，累计服务时间8 930小时。为了满足博物馆观众日渐更新的参观体验需求，提供更好的观展导览服务，在人工讲解、语音导览等传统导览的基础上，新增了文物二维码导览与智慧导览等新媒体手段，推出了iPad“智慧导览”观众导览服务系统，系统实现了文物解读与观众参展的实时智慧互动。同时，这一智慧导览通过文物后的感应器自主牵引式引导，极大方便了游客进行高效参观。

（四）助力夜经济“文化深度”，打造博物馆奇妙夜

为响应上海市委、市政府号召，回应公众需求，进一步促进夜间经济发展，上海博物馆积极探索夜间开放新模式，于2019年7月至9月每周五晚开放夜间专场。除开放特展外，还分别组织讲座、亲子活动等多种有创意的活动，丰富了公众的夜间文化体验。为助力“上海夜生活节”，2020年6月6日，上海博物馆举行了“展览+文创+轻餐饮”的综合性夜场活动，并搭建了文创市集，让观众得以在夜间专场品茗赏珍，感受春意盎然。通过开放博物馆“夜游”体验，让市民感受到不一样的参观氛围，增加城市夜间经济的“文化深度”。

二、上海博物馆市民修身行动的特色与经验

（一）紧随形势发展步伐，提高文化服务站位

上海博物馆紧紧响应国家发展战略，围绕“一带一路”倡议、长三角一体化建设、“上海文化”品牌建设，开展各项市民修身活动。上海博物馆充分发挥国际化优势和地域优势，以中国古代艺术为核心，拓展交通中西、亚洲文明、中国节日等多系列文化教育活动，为市民带来丰富的文化盛宴。特别是近几年来，在我国大力推进“一带一路”建设向纵深发展的背景下，通过传播“一带一路”等多元文化，不断加强市民对国家战略的理解，也拓宽了市民的文化视野，在充分理解各地文化及风俗背景后，更加坚定文化自信。

（二）挖掘馆藏资源特色，打造上博品牌项目

上海博物馆作为中国古代艺术博物馆，具有深厚的文化底蕴。为了向市民展现出最真实、最独特的博物馆文化，上海博物馆挖掘馆藏特色，发挥专家学者研究专长，为市民提供丰富的文化产品。2019年起，上海博物馆推出由馆内资深专家主讲的“上博讲坛”，为市民讲述博物馆文化和文物知识。2018年底，结合上海市委、市政府要求，上海博物馆围绕“上海文化”

品牌建设，深挖馆内文物资源，以“丹青宝筏：董其昌书画艺术大展”为起点，正式启动江南文化、海派文化的系列展览。根据馆藏特点，上海博物馆不断挖掘江南文化资源，集全馆各部门专家力量，在2020年举办了突破单一门类的综合主题展“春风千里——江南文化艺术大展”，更深层次、多角度地为市民展示了精彩的“江南文化”。配合江南文化展，上海博物馆相应推出了系列文创产品，出版了“江南文化”系列丛书，特别是与上海市社联联合举办“江南文化讲堂”，不仅让市民更深入地感悟江南文化的魅力，更是成为“江南文化”的重要交流平台。

（三）放大文化传播效应，打造修身行动体系

上海博物馆作为社会公共文化服务机构，服务理念从以“物”为中心逐步向以“人”为中心转变，开展各项公共服务。为了更充分地发挥文化力量，服务各层次、各年龄段的市民，上海博物馆以展览为中心，依托系列公共教育活动，形成了较为完善的市民修身行动体系。以2019年为例，上海博物馆推出了面向全社会的公众讲座、工作坊、艺术欣赏活动近200场，设计全年龄课程及亲子活动超500余种，大大拓展了博物馆公共教育的覆盖面。同时，上海博物馆致力于博物馆文化走出去，通过进校园、进社区等方式，传播展览、文物知识，拓展了博物馆的“空间”，努力打造“流动的博物馆”，从而放大博物馆的文化效应。

2019年上海博物馆开展公共教育活动情况

序号	项　目	场数
1	公众讲座	171
2	艺术欣赏	3
3	博物馆奇妙夜	2
4	工作坊	12
5	全年龄课程（学生、青年、中老年）	6
6	亲子活动	334
7	上海博物馆学院课程	251

三、上海博物馆市民修身行动示范基地的展望

博物馆作为一座城市的重要人文景观之一，承担着城市文化客厅的作用。特别是在文旅融合的背景下，市民对博物馆的文化需求愈加强烈。为更好地服务市民，发挥市民修身行动示范基地的作用，上海博物馆将始终以公众需求为中心，丰富文化供给。一是拓展文化空间建设。以上海博物馆东馆建设为契机，不断拓展上海博物馆展示空间和教育空间，在丰富展品、提升展陈手段的基础上，探索更多的沉浸式展示和互动交流项目，缩小市民与博物馆之间的时空距离。二是加强与社会各界的联动。在主体多元的文化服务背景下，要充分借助博物馆协会、博物馆共建、区域化党建等多种平台与渠道，开展与社会的广泛交流与合作，拓宽博物馆的视野，借助社会力量，提供质量更好、内容更丰富的文化活动。三是提升公共服务能级。从自身建设出发，不断提高服务质量，完善服务设施和服务举措，关注特殊群体的需求，更好地为全体市民提供服务。

近几年来，上海博物馆荣获了全国爱国主义教育示范基地、上海市文明单位等荣誉称号。在以习近平新时代中国特色社会主义思想指导下，上海博物馆朝着建设世界顶级的中国古代艺术博物馆、朝着打响“上海文化”品牌的更高目标，不断攀登前进。

作者简介：
贝文玥，上海博物馆党委办公室工作人员

向世界传递“徐泾温度”

——“微笑四叶草”诠释进博会志愿精神

上海市青浦区徐泾镇社区志愿服务中心

摘　要：三年来，徐泾镇“微笑四叶草”志愿者，以最好的形象、最饱满的热情、最温暖的服务，奋战在进博会志愿服务第一线，用实际行动充分诠释和发扬了“奉献、友爱、互助、进步”的志愿精神。徐泾镇紧紧围绕习近平总书记提出的：“中国国际进口博览会不仅要年年办下去，而且要办出水平、办出成效、越办越好”的国家战略部署，建设“上海之门”，全力打造高品质、高能级的“会展首位镇”，向世界传递青浦文明志愿者的“徐泾温度”。

关键词：志愿服务　微笑四叶草　会展首位镇

徐泾镇位于上海市青浦区的东侧，2014 年国家会展中心落成于此，为高品质会展保驾护航，同年 10 月成立“微笑四叶草”志愿者团队，成为闪耀在国家会展中心舞台的“志愿守护星”。打造以“精彩进博在徐泾”为特色品牌的环国展公益文明区域带，建立具有徐泾特色的“一区一带”，形成“区带联动”效应。

徐泾镇作为进博会的永久举办地，紧紧围绕习近平总书记提出的：“中国国际进口博览会不仅要年年办下去，而且要办出水平、办出成效、越办越好”的国家战略部署，在青浦区委、区政府的领导下，在徐泾镇社区志愿服务中心（以下简称“中心”）设立青浦区服务保障进口博览会志愿服务指挥中心（以下简称“指挥中心”），下设五个工作组，并有专人负责。

中心按照前期准备、会期实施和总结表彰三个阶段分别成立工作组开展具体工作。前期准备阶段：招募志愿者、准备志愿者装备和工作用品、安排和实施志愿者培训、制作融入“微笑四叶草”元素的文创产品用于志愿者的奖品和纪念品、预定餐饮、建立微信联系工作群等。会期实施阶段：成立进博会后勤保障组，分工负责接送带车、午餐点心及工作物资发放、摄影摄像、简报编写、指挥部值守等5项工作。总结表彰阶段：总结服务保障进博会的成绩和经验，通过表彰大会的形式，对参与进博会的优秀志愿者和优秀团队给予表彰，并给所有参与进博会的志愿者发放进博会“独家定制”相册以志纪念。

一、做法与经验

（一）招贤纳士，志愿者来源多元化

1. 扩大社会招募

依托“上海志愿者网”“绿色青浦”“文明青浦”“微徐泾”等市、区、镇三级网络媒体发布招募令，启动“寻找最美四叶草”精英招募行动，让更多的志愿者参与到进博会的保障服务中来。首先通过应聘者资料进行初步筛选，其次再开展面试进行最终甄别，将有特长的志愿者配置到语言、救护、摄影等不同的岗位上，便于更好地发挥作用。

2. 缔结长期伙伴

联合87家央企、市企、高校、社会机构等，成立“微笑四叶草”志愿者联盟，积极打造国际会展服务发展带。并与上海政法学院、上海师范大学、上海国家会计学院、上海市红十字备灾救灾中心4家单位签署长期战略合作伙伴协议，为徐泾镇提供语言及救护等特色志愿服务。

3. 发动各方力量

将全镇60家基层单位、中建三局（沪）、“同心善行”青浦统一战线服务队、卫家角息园、曙光医院等企事业单位，充实到志愿者团队大军，进一步扩大“微笑四叶草”队伍规模。利用长三角一体化的区域交通优势，吸

纳这些地区的人才参加到进博会的保障服务中来，不断扩充志愿者队伍的来源，也将志愿服务的理念传播出去。

（二）至精至诚，服务保障多面化

1. 保障基地硬件品质提升

志愿者保障基地从第一届的露天帐篷变迁到室内。在核心区域内设置志愿者的临时休息场所，以便利志愿者就近休息。基地内配备了药箱、热水、暖宝宝等物品，体现“徐泾温度”。

设置进博会医疗专项志愿服务站，从1个站点到3个，从1个值班医生到6个，从保健咨询、应急救护再到按摩推拿、宣肺润喉茶、防虫醒脑香囊等贴心服务，进一步提升对志愿者的保障能力。

配置车辆接送核心内志愿者上下岗，外围点位及时得到补给。以便签到、发放工作手册、记录卡、便民手册等物资，提升保障力度。

2. 保障服务软件内容升级

邀请相关专家对志愿者进行全方位的培训，内容包括《志愿者形象与服务规范岗位实训》《志愿服务阳光心态与情压管理》《进博会相关情况介绍》《特殊人群服务规范》《现场初级急救》《疫情防控知识》六大专业课程。第三届进博会因疫情的原因，增加了《疫情防控知识》的培训课程，并增设了线上培训。培训结束后，进博会志愿者一同集结，参与誓师大会和现场实训，到对应点位进行实训打卡。

3. 岗位设置更科学精简

点位精简：在常态化疫情防控下的第三届进博会设置40个点位，增设了机动巡逻岗，以提供拾遗补阙的作用。排班紧凑：为了减少人员的交叉，将进博会志愿服务的8天日程按前4天和后4天、早班和中班共分4组设置，每个志愿者只能选择一组参加，从而极大地减少了人员交叉的可能，降低新冠肺炎传染风险产生的可能性。增加测温：对核心区内志愿者，在上车前往点位前进行测温监控，对核心区外自行上岗的志愿者在送配送物资时进行测温监控，以保障所有上岗志愿者的健康安全。

(三)沟通无距,数据信息实时化

1. 组长制的管理模式

按就近点位组划分小组,每个小组每天每班设一个小组长,由小组长统领管理本小组管辖的点位上同一天同一个班次的志愿者。由小组长设立本小组成员微信联系群,沟通联系本小组成员。设立小组长微信联系群,将点位上发生和发现的情况及时上报指挥中心。

2. 服务数据逐日统计

开展交通引导、信息问询、秩序维护、应急救助、语言翻译和其他服务六个大类志愿服务,每天服务结束后填写志愿服务记录卡、心愿卡并回收,指挥中心统一汇总服务数据、典型事例、志愿者风采、微言佳句和每日之星评选结果等内容纳入当日编写的简报中。

3. 专人值守答疑解惑

指挥中心有专人值守,负责接听电话和微信工作群的问询,及时解答志愿者碰到的各种疑难问题,确保服务高效率有序地进行。

(四)暖心服务,人文关怀感性化

集体生日:如有志愿者的生日在进博会期间,中心定制的具有“四宝”“宝妹”品牌吉祥物的蛋糕,给他们过一个难忘的集体生日。实地参观:在延展期间,组织近20名志愿者进入国展中心,参观进博会国家馆等,以此激励回馈志愿者。金句评选:开设《每日之星》和《微言佳句》的评选活动,每天评选出一批获得者,发放“四宝”周边文创产品作为奖励。表彰大会:以“12·5”国际志愿者日为契机,举办“寻找最美四叶草”志愿者表彰大会,遴选出一批优秀志愿者或集体并予以表彰,进一步弘扬志愿者精神。

(五)砥砺奋进,服务保障实绩

第二届进博会的点位数设置从第一届的93个减少到75个,这是基于第一届的成功经验，对点位设置进行了优化，在能够承担起保障任务的前提下，精简点位的设置。第三届进博会的点位数设置则进一步减少到 40 个，但增设了机动巡逻岗，以适应点位减少可能产生的服务缺口。

表 1 “微笑四叶草”进博会志愿者招募和上岗情况

年　份	招募进博会志愿者人数	日上岗人数	日进驻点位
2018 年	880	428	93
2019 年	807	322	75
2020 年	396	172	40

表 2 “微笑四叶草”进博会志愿服务分类情况　　单位：次

年份	交通引导	信息问询	秩序维护	应急救助	语言翻译	其他	服务次数合计
2018 年	54 327	39 485	24 260	322	5 164	2 508	126 066
2019 年	54 569	42 061	18 932	45	5 035	2 884	123 526
2020 年	24 431	17 609	5 402	92	404	2 390	50 328

第二届进博会虽然点位数减少，日上岗人数也相应减少，但服务总数任然达到了 123 526 次，和第一届的服务总数 126 066 次基本持平，说明这个点位的精简设置是合适的，基本满足了服务保障的需求。

第一届进博会的交通引导服务次数为 54 327 次、信息问询服务次数为 39 485 次、语言翻译服务次数为 5 164 次、其他服务次数为 2 508 次，而第二届进博会的交通引导服务次数为 54 569 次、信息问询服务次数为 42 061 次、语言翻译服务次数为 5 035 次、其他服务次数为 2 884 次，基本持平。第一届进博会的秩序维护服务次数为 24 260 次、应急救助为 322 次，而第二届进博会的秩序维护服务次数为 18 932 次，应急救助为 45 次，显著减少，显然是由于我们展会筹备的不断完善，相应辅助措施得力。

第三届进博会的服务次数减少，大约只有前两届的 40%左右，应该是新冠肺炎疫情导致的总人流量的减少而减少。但语言翻译服务次数仅 404 次，只有前二届的 1/12 都不到，说明这一届进博会由于新冠肺炎疫情的影响，观展的外籍人士显著减少，从而使这一服务需求显著减少。

二、问题及建议

中国国际进口博览会已经举办了三届，对于历届的经验进行总结，并对一些不足予以完善，使“微笑四叶草”志愿服务品牌能够更加发扬光大。

1. 便民工具的局限性改善

目前的便民手册和文化修身地图都只有中文版，不利于给不懂中文的外籍人士使用，而这一点是不符合进博会的国际化形象的，应进行不断进化，能够发展出中英文版、中法文版、中日文版、中韩文版等多语种版本，使之能更广泛地服务于各种观展人群。

便民手册和文化地图虽然信息丰富，但还是有些重，服务的志愿者无法携带很多本上岗。而对于部分问询者，只要会展中心的门号、展厅号或者周边的道路名就能达到指路的要求，故可考虑印制一些三折页或单片，纯以指路导引为目的，以便于更好地上岗服务。

2. 培训需求适应性调整

进博会已经成功举办了三届，培训内容虽然有调整，但基本面相同，这个对于初次参加进博会志愿服务的志愿者来说是合适的，但对于“三年级生”显然是有些不适合。建议今后能够进行模块化培训，初次模块和往届模块，或者设置得更细些，分成3—4个模块，以适应更多的志愿者需求。

3. 服务数据云端收集

目前服务数据是通过回收服务信息记录卡或通过小组长汇总好上传数据，如果每个志愿者能够直接通过小程序或手机App的模块上传服务数据，将能够加快数据的采集进程，减少数据缺失的可能性，提高数据的准确性。

执笔：庄红梅

全力吹响抗疫集结号

——仁济医院精准施策，弘扬抗疫正能量

摘　要： 2020 年的新冠肺炎疫情，是新中国成立以来我国遭遇的传播速度最快、感染范围最广、防控难度最大的一次重大突发公共卫生事件。这既是一次危机，也是一次大考，是对上海交通大学医学院附属仁济医院公共卫生应急管理能力的大考，也是对仁济医院长期精神文明创建工作的大考。仁济人始终秉承“仁术济世”的精神和“病人至上”的宗旨，以高度的责任心、大局观与使命感，奋战在抗击新冠肺炎疫情的最前沿。在这次抗疫斗争中，仁济医院全体职工全力以赴、恪尽职守，树立以疫情为重、以病人为先的大局意识，坚决服从组织安排，以无私无畏的态度、科学严谨的精神、坚韧不拔的毅力和积极乐观的心态勇担医者使命，先后派出 4 批次共 172 人的医护队伍驰援武汉，5 批次共 28 人支援上海市公共卫生临床中心，2 批次共 7 人次检验人员支援北京、新疆核酸检测工作，用行动诠释了仁济精神。全体仁济人风雨同舟、同心同德，汇聚成无坚不摧的磅礴力量，为抗疫斗争的阶段性胜利提供了强有力的思想道德支撑。

关键词： 新冠肺炎疫情　医院　精神文明

2020 年初，面对前所未知、突如其来、来势汹汹的新冠肺炎疫情，仁济医院经历了前所未有的大考。医院党委积极落实习近平总书记关于疫情防控的指示精神和党中央、上海市的决策部署，迅速反应、立即行动，按照坚定信心、同舟共济、科学防治、精准施策的总要求，把疫情防控作为当时最

重要的工作，全力吹响抗疫集结号。

一、精神引领、文化传承、榜样力量

疫情当前，医院全体医护人员闻令而动、听令而行、不计生死，挺身而出，用血肉之躯筑起防疫高墙，用行动诠释着仁济人的担当，用舍己为人的无私奉献托起人民的生命与健康，传承了“仁术济世”文化的光辉底色。全院上下大力发扬同舟共济、共克时艰的团结互助精神，听从指挥、服从大局、争先恐后、协同抗疫，展现出了非凡的凝聚力和向心力，扎实完成了党和国家交给他们的任务。

（一）精神引领，主动作为，弘扬抗疫正能量

抗击疫情期间，医院宣传和精神文明部门主动作为，发挥精神引领作用，把握宣传阵地，营造良好舆论氛围，弘扬抗疫正能量。通过多渠道、多视角、多层次广泛宣传，营造团结协作的抗疫舆论氛围，唱响仁济人上下一心、众志成城抗疫的主旋律。截至 12 月底，据不完全统计，仁济医院共有 3 000 余条抗疫专题报道被各大媒体刊登或播出，包括央视、新华社、《人民日报》《光明日报》《解放日报》《文汇报》《新民晚报》、上海电视台、上海广播电台等重要主流媒体及 *China daily*、*Shanghai daily* 等英文媒体，其中主流纸媒头版、整版报道 50 余次，东方卫视与新闻综合频道播出新闻 40 余条。

医院内部立足《仁济医院报》、官方微信订阅号和服务号等宣传阵地进行大力宣传，《仁济医院报》出版 6 期抗疫专版，致敬抗疫前线的仁济人；仁济微信订阅号推送近 300 条抗疫主题微信；用心记录“仁济战士”的每一次出征、每一次回家，医院官微、仁济院报报道 60 余篇（次）。

（二）挖掘典型，传播大爱，树立医务人员正面形象

医院连载和出版《查医生援鄂日记》。1 月 28 日起，医院每天在仁济官

微连载日记，各大媒体争相转发。4 月 20 日书籍正式首发，这是国内第一部正式出版的由援鄂医生撰写的抗疫日记。《人民日报》、《光明日报》、《解放日报》、《文汇报》、《新民晚报》、《羊城晚报》等相继发表书评。《查医生援鄂日记》入选中宣部重点出版物、光明书榜、上海市民修身书单，有声书在学习强国、喜马拉雅、爱奇艺等平台上线。

大力推广仁济医院原创的抗疫战歌。上海市第八批援鄂医疗队员、仁济医院风湿科医生李佳根据自己的亲身感受创作了抗疫公益歌曲《勇气》《等你》。3 月 13 日，经由上海市委宣传部牵头，上海广播电视台东方卫视以及上海人民广播电台、上海音乐学院、仁济医院联合发布著名歌唱家、上海音乐学院院长廖昌永倾情演绎的抗疫公益歌曲《勇气》。歌曲已在央视、《人民日报》、上海武汉两地电台、电视台、阿基米德 App、QQ 音乐等多个平台上线播放。

聚焦“90 后”医护人员，彰显新时代中国青年风采。上海市第八批援鄂医疗队员戴倩作为唯一的“90 后”火线入党的援鄂护士代表，成为全市宣传的典型并参加市级事迹报告会。

举办战地婚礼和援鄂医疗队员集体婚礼。雷神山婚礼的主人公是上海市第八批援鄂医疗队员、仁济医院青年护士于景海、周玲亿。梨视频全程直播，《人民日报》等 100 多家媒体争相报道。“五一”集体婚礼的十位新娘都是仁济援鄂的医生与护士，央视、《人民日报》、《光明日报》等 50 多家媒体报道。这样特殊的婚礼不但见证了白衣战士历经考验的忠贞爱情，还大力弘扬青年医者的使命担当，同时也彰显医院管理的温情人性。

（三）科普先行，树立品牌，引导大众克服恐慌情绪

医院充分利用舆论工具，发挥宣传平台作用，主动担负科普宣传的社会责任，让百姓在获得正确科普知识的过程中克服疫情带来的恐慌情绪，同时在百姓中树立起医院的品牌权威性。

春节期间，医院专家参加东方卫视《名医话养生》直播、上海教育电视台《科学防“疫”》等节目的紧急录制，借助主流媒体传播科普知识，

疏导大众紧张情绪。利用微信服务号和公众号两大自媒体宣传阵地，对大众进行科普宣教，推送抗疫原创科普近200篇，累计阅读量近200万，单篇最高阅读量近7万。科普内容紧贴需求，契合不同阶段防控要求，涵盖疾病基本知识、居家注意事项、返岗防护要求等，受众面广，满足普通公众、特殊疾病患者、医务工作者等不同人群需求。

二、精准保障　人文关怀　凝聚人心

医院党委始终坚持物质保障、人文关怀两手抓，全力做好前线和后方保障，全面提升一线医务人员作战信心。抗疫期间，党委组建了三个和保障相关的工作小组："保障组"落实全方位后勤保障，全力采购防护物资，努力确保医护人员防护装备到位；"综合组"综合协调保障各类会务工作、统筹院内一线医护人员生活与工作、确保员工各项疫情防控工作落到实处；"关爱组"落实心理疏导、福利待遇、培训支持、家属慰问等举措，打造一线职工"暖心"实事工程，为医务人员身心健康保驾护航。

（一）积极响应，各项保障措施暖人心

为了更好服务在抗击新冠病毒肺炎疫情一线的医务工作者，仁济医院特别制定关爱职工多项举措，为参与疫情防控的医务人员保驾护航。具体包括：畅通诉求、能量补给、药引助力、身心加油、协调保障等。工会迅速建立医院急诊一线工会小组长微信联络群、第一时间掌握医务人员诉求，及时跟进协调落实。为及时补充疫情防控一线医务人员体力和增强他们的免疫力，为医务人员提供良好的休息环境，配备必需的生活用品；每天为抗疫一线医务人员及时供应果汁、牛奶、能量棒等食品以及中药房特别熬制的中药汤剂。在防控疫情特殊时期，尊重医疗队员和家属的意见，以安全适当的方式看望慰问医务人员家属，上门慰问、微信群或点对点"云慰问"、慰问信等多种形式多管齐下。特别加强医务人员心理干预和心理疏导，以"轻心工作室"为平台，每日由本院职工轮流值班；推广心理咨询热线，及时响应医

护人员的来电和诉求，做好跟进保障服务。发挥心理医学科队员的专业特长，缓解一线医务人员的心理压力，为一线医务人员提供精神支持。重点关注援鄂医疗队队员的心理状况，并多次开展援鄂医疗队员回家后的相关服务，全方位、全周期关爱援鄂医疗队员身心健康。

（二）创新举措，疫情之下显关怀

2月14日，仁济“TONY”理发店开门营业。仁济“TONY”理发店免费为全院医护人员提供剪发服务。在奋战疫情的特殊时刻，理发店等服务行业受疫情影响暂停营业，医务人员无处理发。为了解决医务人员理发难的问题，仁济医院工会联合后勤保障处将这份特殊的情人节礼物送给忙碌在一线的仁济职工们。仁济“TONY”理发店除了常驻理发师姚师傅之外，还有很多爱心人士不断前来帮忙义剪，他们的助力汇聚成爱心的长河，源源不断地流淌在仁济家园。

支援物资运抵抗疫前线，“羊羊杂货铺”火速开张。为保障仁济医院援鄂队员的物资供给，仁济医院工会竭尽所能筹备物资，先后两次将装满12吨的物资由仁济医院送往武汉抗疫一线。在丰富物资的加持下，2月24日晚上，在上海交通大学医学院附属仁济医院第三批援鄂医疗队的驻地，一家特殊的杂货店——“羊羊杂货店”开张了！这家“杂货店”所有上架商品只送不卖，免费向援鄂医疗队员专供各种医用物资和生活用品，既提供口罩、护目镜、防护服等医用物资，也提供牛奶、功能性饮料、巧克力、自热方便食品等生活用品，更为援鄂医疗队员们提供放松心情的一大途径。

“三八妇女节”，102枝玫瑰致敬最美巾帼英雄。仁济支援湖北武汉的医疗队中，女性医务人员占了三分之二。她们夜以继日、英勇战斗在疫情防控的第一线，展现了救死扶伤、医者仁心的崇高精神。“三八妇女节”那天，仁济医院工会特地细心准备了102枝红玫瑰从仁济医院发往武汉雷神山医院，并携手各科室医务人员为援鄂女队员们寄去了明信片，将暖暖的话语印在纸上，向战斗在一线的女英雄们致以最特别的祝福，让她们在紧张的前线也能体会到节日的温馨和快乐。

在这场抗击新冠肺炎疫情斗争中，仁济医院全体职工都行动了起来，投身于这场没有硝烟的战斗。医院全体领导班子成员冲锋在前，忘我工作，一直坚守在抗疫工作一线，连续数月无一人休息，彰显了共产党人的政治本色与责任担当。他们以自己的实际行动，默默影响着、引领着全院职工的前进方向。职工中有人勇敢冲在了武汉和上海防疫最前线，有人先后两次支援北京、新疆等地核酸检测工作，有人牢固镇守着医院的疫情防线，有人默默保障着医疗工作的正常运转。所有仁济人都在为这场艰苦的抗役斗争无私奉献着自己的一切，用自己的行动书写着“仁术济世”的精神。

经过大家的共同抗战，仁济医院圆满完成了疫情防控阶段性工作任务，医院各项工作已经逐步恢复正常。在常态化疫情防控中，医院将深入贯彻落实习近平总书记系列重要讲话和指示批示精神，组织引导各级党组织和党员干部，进一步统一思想和行动，高度警惕麻痹思想、厌战情绪、侥幸心理、松劲心态，团结带领广大职工群众，持续用力、顽强拼搏，统筹做好疫情防控和日常医疗工作，进一步把党的政治优势、组织优势、密切联系群众优势转化为统筹推进新冠疫情防控和日常医疗工作的强大优势，让党旗继续在抗击疫情歼灭战和医院持续稳定发展战的第一线高高飘扬。

三、总结经验　制定对策　完善思路

这次新冠肺炎疫情，是新中国成立以来我国遭遇的传播速度最快、感染范围最广、防控难度最大的一次重大突发公共卫生事件。这既是一次危机，也是一次大考，是对仁济医院公共卫生应急管理能力的大考，也是对仁济医院长期以来对职工的价值观塑造、科学素养培养、健康生活理念养成的大考。

习近平总书记指出，一个民族的复兴需要强大的物质力量，也需要强大的精神力量。人无精神则不立，国无精神则不强。战胜疫情需要强大的物质力量也需要强大的精神力量，医院全体职工在这场疫情大考中风雨同舟、同心同德，汇聚成无坚不摧的磅礴力量，为抗疫斗争的阶段性胜利提供了强有力的思想道德支撑。

在防控疫情工作的第一线，基层党支部充分发挥战斗堡垒作用和党员先锋模范作用。接到支援命令后，党委迅速组建抗疫队伍，各党支部党员带头积极响应、纷纷请战，短短一夜集结成队。在疫情的最前线武汉，医院相继派出四批共 172 人的援鄂医疗队奔赴金银谭、武汉三院、雷神山，援鄂医疗队中党员有 84 名，党委组建了党员突击队，在武汉一线全力以赴提高救治率，一个党员就是一面旗帜，他们用过硬扎实的技术、不畏艰难的精神诠释党员的责任与担当；他们用“最美逆行”践行医者使命，以仁术济世的情怀奉献人间大爱。在支援武汉的同时，医院还选调全国卫生系统先进工作者、医院重症医学科党支部书记、科主任皋源带领的 28 人重症医学医护精锐奔赴上海市公共卫生临床中心开展上海新冠肺炎重症患者的救治工作。皋源带领团队成员在 A3 病区整整驻守了 83 天，成为坚守上海市公卫中心时间最久的“战疫天团”。

占领科普宣传制高点，让科学成为抗疫斗争取得胜利的最有力武器。战胜新冠肺炎疫情，需要引导广大群众用科学精神护卫自身安全，以科学素养培育健康文明习惯。这次新冠肺炎疫情，医院医务人员不但积极做研究、写论文、参与一线疫情防护，而且积极面向公众进行科学传播。利用微信服务号和公众号两大自媒体宣传阵地，对大众进行科普宣教。科普内容紧贴需求，契合不同阶段防控要求，涵盖疾病基本知识、居家注意事项、返岗防护要求等，受众面广，满足普通公众、特殊疾病患者、医务工作者等不同人群需求。科普宣传不仅提高了人民群众自我保护的能力，而且更有助于人民群众克服因疫情导致的不安焦虑情绪，使人民群众懂得用科学态度对待疫病、用科学手段防治疫情，大大增强了人民群众战胜疫情的信心。

仁济医院以这次疫情应对为契机，进一步培养职工健康生活习惯。针对性地开展精神文明教育，加强对健康理念和传染病防控知识的宣传教育，引导广大职工提高文明素质和自我保护能力。新冠肺炎疫情是对职工的生活方式、生活理念的大考，职工的文明素养、生活方式、生活理念事关疫情防护能力的高低。新冠肺炎疫情让医院职工开始重新审视自己的行为习惯、生活方式。合理膳食、适量运动、戒烟限酒、充足睡眠，勤洗手、多通风、少串门，出门戴口罩、聚餐用公筷这些有利健康、减少感染的生活方式、行为方式日益得到重视。简约适度、绿色低碳、文明健康的生活风尚，正逐步成为医院职工生活的主流文化。

作者简介：
闵建颖，上海交通大学医学院附属仁济医院党委副书记
阚　谦，上海交通大学医学院附属仁济医院精神文明办副主任

非营利组织在家庭文明建设中的实践与思考

——“美好时光”项目的启示

沈奕斐

摘　要： 对上海家庭时光社区服务中心的“美好时光”项目分析发现，“美好时光”项目依托社区高峰讲坛、家长沙龙与亲子坊三大活动逐级干预家庭教育的“认知—行为”层面，线上线下联动形成“预防—补救—发展”功能服务链，系统影响参与对象的家庭教育认知，发掘解决家庭教育问题的方法，提供促进家庭教育的工具，在家庭关系调试和家庭教育指导方面呈现积极的效果，形成了可复制、可持续发展的家庭教育服务新模式。“美好时光”项目的实践探索对当前非营利组织参与家庭文明建设实践提供了有益启示。

关键词： 非营利组织　“美好时光”项目　家庭教育

近几年来，随着家庭文明建设不断推进，越来越多的非营利组织参与其中，并发挥着不可忽视的影响和作用。成立于 2014 年 7 月的上海家庭时光社区服务中心，秉持“素质教育家庭化，家庭教育快乐化”的核心理念，旨在为 3—6 岁、7—12 岁和 13—18 岁儿童、青少年及其家庭提供科学育儿理念、亲子咨询以及亲子游戏指导等专业服务，为家庭文明建设提供支持。

一、主 要 实 践

“美好时光”项目是上海家庭时光社区服务中心（简称家庭时光）承接

的虹口区社会组织公益服务项目。基于社会变迁下中国当代家庭教育的急剧转型所带来的“亲子沟通障碍”、“家庭教育知识碎片化”、“父亲角色缺席”等现象，家庭时光着眼于当今家庭教育中的需求与问题，旨在通过设计和开展专业化服务项目，依托社区高峰讲坛、家长沙龙、亲子坊三大形式系统地指导家庭教育、调试家庭关系。历经短短两年的成长，家庭时光成功探索了一整套行之有效的工作模式，凸显了专业化、系统化、标准化的机构特色。专业化，即家庭时光积极链接教育系统、高校（复旦大学、同济大学、上海交通大学等）与社会组织的合作，来自家庭教育不同领域的专家团队保障了机构在提供家庭服务方面的专业性。系统化，即家庭时光开发了一整套家庭教育指导与操作体系，如社区高峰讲坛、家长沙龙、亲子坊，以及家长沙龙线上微课与海上畅谈广播等，构建了一条完整细化的功能服务链，形成“预防—补救—发展”的服务体系，这对于非营利组织的功能定位与未来发展具有前瞻性意义。标准化，即运用视频、教具和流程控制，使得家庭教育的服务标准化，成功创立了一套可持续、可复制、可推广的家庭教育服务模式。

（一）模式内容

美好时光基于对家庭教育问题的把握与理解，主要工作重点与内容包括以下三个方面：

第一，社区高峰讲坛，关注家庭教育认知，即家长如何正确看待和认识家庭教育。旨在关注和改变家长在家庭教育中的不合理认知，传递科学育儿理念。通过社区讲座的方式，一是向社区居民传达育儿理念和亲子陪伴的重要性；二是说明和澄清现有家庭教育中的问题和误区，如碎片化的知识体系、网络伪科学泛滥、盲目套用西方育儿观念等；三是切实转变家长在家庭教育上的错误理念。讲座邀请沪上相关领域的资深专家，内容包括儿童发展心理学、网络成瘾以及孩子如何认知自己的身体变化等，满足家长的多元需求。

第二，家长沙龙，关注家庭教育问题与需求，即家长在家庭教育过程中的迫切需要与疑惑。着眼于家长需求，有针对性地分析家庭系统问题，形成支持性团体缓解家长的育儿焦虑；依托家长沙龙科学评估儿童的家庭状况，了解各年龄段孩子及其家庭的迫切需求，提供一个“家长增能”平台给予相互支持。

第三，亲子坊，关注家庭教育指导的工具，即一套能够行之有效协助家庭教育的操作方法。亲子坊强调在实践层面提升家长在家庭教育和沟通方面的能力，通过引入游戏化教育理念，以现场参与的方式，教会家长如何和孩子一起快乐玩耍，如何让玩的过程更有价值。活动使用沈奕斐老师团队独创的游戏卡牌，邀请专业的游戏治疗师带领，资深的心理观察师进行亲子互动观察，在游戏的过程中传递家庭教育理念和技巧，帮助家长自我觉察家庭沟通问题并及时修正。

围绕三大工作重心与服务内容，家庭时光提出了一套家庭关系调试和家庭教育指导的功能服务链，即“预防—补救—发展”。

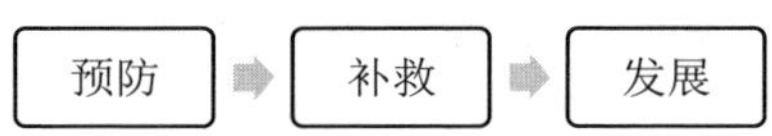

图 1　家庭时光功能服务链

预防型功能，即针对存在高危风险的家庭提供服务，如组织大型专家讲座，呼吁家长关注自身对家庭教育的不合理认知，通过输送科学育儿理念，协助其转变观念，以此减少家庭教育中可能存在的问题。

补救型功能，即针对部分有紧迫需求且已产生问题的家庭采取一定的补救措施，如家长沙龙为家长提供咨询专家和搭建互助网络的机会，有针对性地协助其分析家庭系统中存在的问题，形成支持型团体缓解家长们的育儿焦虑以及提供解决方案。

发展型功能，即以一般家庭为服务对象，通过引入工具与游戏化教育理念，手把手教授家长如何运用游戏教育和指导孩子，协助其更好地适应与胜任亲职角色，在达成教育目的的同时形成良好的亲子关系。

（二）运作模式

家庭时光以“互联网+”理念，采取线上线下联动的形式组织开展服务活动，具体运作模式如下：

第一，依托社区高峰讲坛完成组织宣传与会员储备。在社区高峰讲坛中，通过强大的讲师团队吸引和发掘一批新的会员；通过微信预告与宣传的方式在较大范围内提高社会大众对机构的认知度，在一定程度上也极大保障了家长沙龙和亲子坊参与人员的招募工作。

第二，依托家长沙龙满足部分家长对育儿技巧的需求。会员群中有特定需求的人员可流动至家长沙龙，我们将根据会员需求，灵活策划主题活动，如“正面管教”、“非暴力沟通”、“21 天习惯养成法”、“家庭系统排列法则”等，不同于讲坛“单一式”的服务形式，家长沙龙通过丰富的体验式互动与角色扮演等形式，协助家长真正内化家庭教育的方法与技巧，有针对性地解答育儿疑惑。

第三，依托亲子游戏卡牌实操性传授育儿技巧。通过亲子桌游，进行一对多的教学实践，更具操作性和实用性，真正实现把科学的育儿工具与理念带回家，有效巩固了服务成效。另外，活动以培育“达人父母”的形式，通过课程教学和能力考核真正让家长习得正确的育儿技能与方法，同时邀请他们独立开展家长沙龙，结合自身过往的优秀经验，为更多有着同样困扰的家长传授理念与技巧。

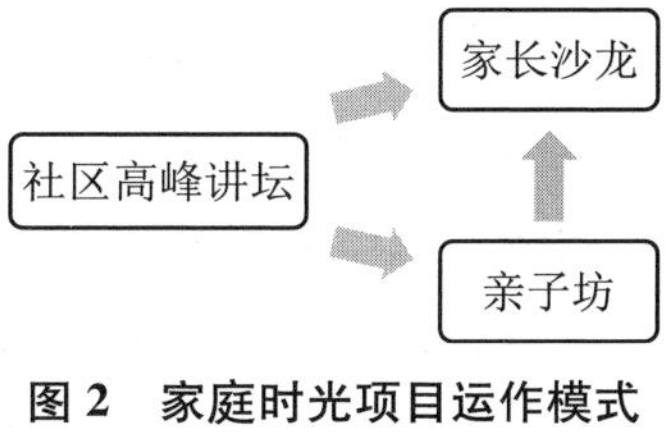

图 2　家庭时光项目运作模式

家庭时光在宣传工作上亦形成了一套体系化的运作模式。为打破传统非营利组织公众知晓度低和社会影响力不足的困境，在宣传工作上，家庭时光主要通过线上线下组合宣传的方式打开机构的知晓度与影响力。具体内容包括：第一，通过公众微信号发布活动预告和干货推送或者以会员群组的线上微课、联播、广播等形式进行机构和活动宣传，如家庭时光通过与“海上畅谈”广播就家庭时光育儿专题的合作达成共识，共推出 12 期节目，节目播出后对音频资源进行二次加工、二次推广。第二，通过社区高峰讲坛吸纳新会员、办公场所张贴活动预告等形式进行宣传。

二、经验与亮点

第一，项目普及面广，真正实现“零门槛”专业服务。社区高峰讲坛邀请沪上著名育儿专家开展免费讲座，相比于市场上昂贵的早教与培训，家庭时光收费低（家长沙龙与社区高峰讲坛均免费向家长开放，亲子坊一期活动仅收取200元游戏卡牌印刷费），因此，群众参与面较广。

第二，项目成果显著，打造家庭教育指导和操作体系。依托社区高峰讲坛、家长沙龙、亲子坊三大形式，引入先进的游戏化教育理念，通过建立“认知—需求—方法”模式服务案主，改变教育理念与行为。项目有效启发了非营利组织参与家庭教育指导的实践模式，成功建立指导家庭教育的新模型。

第三，项目影响广泛，受助群体不断扩大。家庭时光活动直接参与者达到7 795人次，广播辐射的人次更是高于122.88万人，远超项目预计服务人次。同时，项目的社会影响力也在不断扩大。据统计，目前家庭时光微信公众号共有固定用户3 120人，其中女性2 513人，男性600人。除线下服务，项目也与“海上畅谈”新媒体平台达成合作，在更广范围内向上海家庭宣传科学育儿知识与理念，营造以家庭教育为重的社会氛围。

第四，项目可持续强，服务对象的认同感、积极性较高。根据访谈与问卷调查，社区居民对“美好时光”项目的认同较高，表示参与活动能够增长家庭教育的知识，启发自身对家庭沟通与家庭关系的反省，有效满足育儿需求与解答育儿困惑。在参与积极性上，案主自评分均值为6.502分，服务对象对于后续活动抱有较强的期待，表现出极大的参与积极性。

第五，项目主题优质，紧扣当下家庭教育热门议题。服务主题基于科学严谨的需求调研进行设计和策划，契合居民需求，代际教育、父职参与、夫妻关系等相关主题，可为不同人群提供行之有效的指导与解决策略。

第六，项目运行规范，具有较高的成本效益比与资源利用率。服务初期，家庭时光为减缓机构发展初期的风险因素，通过引进专业管理人才，改变了过去由于缺乏统一管理与财务制度所出现的重复购置物资、财务混乱的现象，在严格遵循新制度的情况下，取得了组织管理运行稳定的新局面。另外，在项目开支上，建立了预算—结算以及审批、汇报制度，真正做到专款专用，从而保证、发挥了资金的最大效益。

项目之所以可以取得以上成绩，主要原因在于：

第一，政府大力扶持，机制逐渐完善。虹口区妇联高度重视对家庭教育事业与家庭教育活动的扶持与促进，在项目执行中给予了大量的支持，如增设桌椅物资、招募服务对象等，为项目成功提供了有力保障。家庭时光亦重视与政府购买方的沟通与联系，建立沟通机制，形成双向互动模式。

第二，专业服务团队，保证服务质量。复旦大学专家团队极大地保障了机构在提供家庭服务方面的专业性，保证输送科学理念、专业能力与教育工具，提升了服务质量与服务水平。

第三，发挥资源整合优势，提高服务效率。项目运行过程中，家庭时光发挥自身优势，积极整合高校、教育系统及社会组织等多方教育资源，优势互补、凝聚合力，切实提高家庭教育服务供给质量。另外，通过建立与其他组织的长期合作机制，不断提高机构的管理水平，提升竞争力与行业发展的敏感度。

第四，加强标准化建设，规范服务流程。家庭时光运用视频、教具和流程控制，不断提高家庭教育的服务标准化水平，进而规范服务秩序、提高服务质量、增强机构核心竞争力，为家庭关系调试与家庭教育指导提供技术支撑。

三、总结与展望

基于前文的分析和探讨，对未来家庭教育事业提出如下展望与建议：

第一，合理定位机构发展，明确品牌与服务亮点。只有打造自己的“品牌项目”，才能在激烈的竞争中获得长远发展。家庭时光应加强与其他非营利组织的研讨与经验交流，在学习与比较中进一步明确家庭时光在家庭教育服务供给上的特色与优势，在今后的服务项目设计上更加聚焦，进一步突出品牌服务的亮点。

第二，理顺机制，进一步完善管理制度。“没有规矩，不成方圆。”家庭时光从成立发展至今仅仅两年，组织架构尚不稳定，管理制度仍需完善，人员稳定性也较为欠缺。基于此，从制度入手，用制度管人、用制度管事，建立健全规范和适用的管理体系，构建特色管理模式是未来家庭时光发展的重要议题。

第三，增加培训，提升专业化与职业化水平。培训对象包括社会工作者、项目主管、协办单位、志愿者等；培训内容涵盖社会工作理念、专业伦理、专业手法、服务文化、家庭教育科学理念与技巧，提高人员素质，提升项目绩效。

第四，积极反馈，建立更有成效的反馈与沟通机制。尤其是加强资金来源与去向、服务困难与需求、服务理念与文化的沟通与交流，定期组织机构内部的互动活动，鼓励沟通交流。

最后，在发展环境方面，政府角色应逐渐淡出，开放竞争，家庭时光也应抓住契机，进一步加强自身能力建设，制定中长期的愿景和发展目标，培养、建立扩大一支专业的工作团队，在上海的家庭教育事业开拓与发展中扮演更为积极的角色。

作者简介：

沈奕斐，复旦大学社会发展与公共政策学院副教授

传承黄杨文化，建设美丽乡村

——上海市首批乡村振兴示范村试点缩影

李 健 葛 佳

摘 要： 崇明区港沿镇园艺村是上海市首批乡村振兴示范村试点建设单位之一，围绕黄杨这个重点产业，港沿镇和园艺村努力讲好黄杨故事，将黄杨树坚韧不拔的精神与园艺村文化内涵相结合，不断提升园艺村的黄杨文化品牌。面向未来，立足于黄杨文化建设和经济发展双赢目标，园艺村积极与规划、运营机构配合，规划设计系列活动提升黄杨产业文化内涵，以文化提升促进乡村文明创建，展现一个“产业兴旺、生态宜居、乡风文明、治理有效、生活富裕”的世界级生态岛美丽乡村新形象。

关键词： 园艺村 美丽乡村 乡村文明

园艺村隶属崇明区港沿镇，位于崇明本岛中部偏东地区。近一个世纪以来，园艺村始终将花卉苗木作为主要产业，园艺村冠以“园艺”之名的直接原因就是这个村子以园艺为业、以园艺闻名。其中，黄杨是园艺村最具代表性的种植苗木，其艰苦朴素、坚韧不拔的特性，正是园艺村的文化象征。挖掘园艺村黄杨文化的发展内涵，一是讲好园艺村黄杨故事，特别是老一辈奋发图强、寻求发展之路的进程，剖析黄杨树坚韧不拔的特性与园艺村文化象征的融合。二是策划系列文化活动，通过挖掘黄杨地方文化内涵、开展黄杨特色活动、搭建黄杨经济发展论坛、开发黄杨文化衍生产品等多重行动，不断提升黄杨文化品位。三是以文化提升促文明创建，推动黄杨产业发展和黄杨文化相结合，带领村民参与美丽乡村建设，实现经济发展和社会文明提升的双赢。

一、讲好园艺村黄杨故事

（一）萌芽成长期

根据村民顾洪春回忆，黄杨树的种植始于顾洪春的祖辈。20 世纪初，因花卉种植收入好，所以最初顾洪春的爷爷对苗木并没有兴趣，只是空闲时在宅前屋后栽几棵黄杨树。但爷爷栽植的黄杨树伴随着孙辈们一起成长，他们兄弟四个经常在黄杨下玩耍、捉迷藏。1958 年顾良元（顾洪春的父亲）协助园艺场第一任场长陈元兴办起第一个园艺场花卉苗圃基地，并在园艺场内广泛种植黄杨树。1959 年到 1961 年三年经济困难时期，崇明水仙、瓜子黄杨为代表的花卉苗木产业一度跌至历史发展最低谷，甚至遭受毁灭性打击。

在三年经济困难时期过后，勤劳智慧的园艺村村民再次将衰落的花卉苗木产业做起来。据《上海园林志》记载，1965 年以园艺场为中心的合兴公社有苗圃 1 个，花卉种植面积达 300 亩，包括花卉地载面积为 295 亩，另有温室花棚面积 5 亩，在当时上海市郊县花木生产队中种植面积名列前茅。根据记载，园艺场苗木产业成为当时崇明的模范产业，在上海地区拥有一定知名度。

（二）转型发展期

早期的园艺场以“花果木林”为核心发展模式，借着改革开放的春风，曾经一度让园艺场的村集体财富实现急剧增长，成为崇明岛上少有的几个富强村之一。到 1985 年，园艺场村“两委”班子凭借敏锐的商业嗅觉，开始发展花卉种植业，形成以种植剑兰为主、苗木种植为辅的发展模式，探索出“农户种植+村委代销”的经营模式。种植顶峰时，园艺村还将花卉苗木种植延伸到周边村域，种植面积达 800 余亩，这让园艺场的花卉苗木产业在崇明小有名气。

20 世纪 90 年代后期由于市场变化，花卉效益降低，造型苗木效益逐渐提升，园艺场又开始由花卉种植转向造型苗木种植，特别是造型瓜子黄杨发展一枝独秀，并一直延续至今。发展造型瓜子黄杨一方面让一批村民发家致富，另一方面也让园艺村成为造型瓜子黄杨原产地，有“瓜子黄杨之乡”的美称。借助近半世纪的种植历史、较大的种植面积和群众基础，园艺村的花卉苗木产业在全国具有一定的影响力，不仅带动园艺场一大批村民先富，也带动了周边村民的后富，较好响应了当时国家“先富带后富，实现共同富裕”的口号。1992 年全面实行社会主义市场经济体制后，上海地区其他苗圃开始发展壮大，园艺场的花卉销售市场也受到一定影响，园艺村也逐渐调整为“花卉种植为主，苗木种植为辅”的农业种植模式。

（三）合并壮大期

2000 年 12 月，合兴乡与港沿镇合并，园艺场也因面积狭小，集体实力较强，被要求与相邻大港村合并。到 2004 年园艺场与大港村合并，正式更名为园艺村，合并之后村域可耕地面积为 3 750 亩，村总户数 786 户。在该阶段，由于江浙沪地区城市绿化基础设施建设加快、造型观赏苗木市场兴起，园艺村花卉种植面积逐渐减少，瓜子黄杨日渐畅销。园艺村苗木种植大户抓住市场机遇，利用几十年瓜子黄杨种植经验、造型技术的优势条件，开始在园艺村大面积种植瓜子黄杨树，并在原有造型风格基础之上融入了江苏如皋地区的造型风格，形成独特的“崇派”造型风格。时至今日，园艺村黄杨产业初具规模，种植面积达 1 085 亩，其中树龄在 10 年以上的苗木约 20 000 株，年产值保守估计约 3 000 万元。村域可耕地面积增加和农技推广速度的加快，为园艺村黄杨产业发展打下坚实基础。

二、丰富园艺村文化活动

园艺村文化建设的方向和目标仍然离不开黄杨树。一方面要发扬艰苦朴素、坚韧不屈的核心价值观，凝练黄杨文化，持续培育和提升园艺村黄杨精神气质。另一方面，黄杨文化发展也可以成为乡村经济发展的重要内容，通过设计一系列文化活动，培育黄杨文化创意产业，提升黄杨产业经济产出。

（一）造型黄杨创意大赛

为激发广大黄杨造型手艺人的创造兴趣，搭建征集、展示我国造型黄杨文化创意的“众创空间”，地方政府、企业、行业协会以及个体种植户可以协作开展黄杨造型创意大赛。比赛活动不局限于崇明当地，还可以通过网络、电视、报刊媒体向全国甚至向全世界造型手艺人征集方案，广邀有志于此的手艺人参与进来。同时组成专业评审委员会，经过专家初评和终评，评选出各个奖项，并对获奖者（或团队）进行表彰。这样一方面可以激发当地种植户的积极性，提升他们造型的动力，另一方面比赛过程也是一个互相学习的过程，五湖四海的黄杨造型人才可以互相交流经验，共同提升。这就能在很大程度上提升崇明园艺村造型黄杨的知名度，推动黄杨产业转型提升。

（二）举办黄杨树特色节庆活动

几千年来中国传统的、民族的、民间的、宗教的、法定的节庆活动数以千计，影响甚大。特别是改革开放以来，冰雪节、美食节、登山节、啤酒节等现代节庆活动如雨后春笋般地出现在祖国大地上，演绎出中国文化的无穷魅力。一个节庆往往是一种融合文化、社会、经济等诸多因素的大型活动，增强节庆活动吸引力、影响力，就要突出“重点、亮点、热点、卖点”。崇明区黄杨特色节庆活动举办，首先是要注意挖掘本地的黄杨文化资源，用丰富多彩的活动内容展示这些资源，使黄杨节庆既有鲜明主题，又有显著地方特色；既体现传统黄杨的精华，又展示现代造型的魅力。其次，崇明黄杨树特色节庆推广一定要广泛，宣传方式可更加多样化，如网络平台、媒体广告、宣传单、路演等。再次，在节庆活动的过程中，坚持政府引导、社会参与、市场运作相结合模式，注重艺术性、市场性、公益性三者结合。要让崇明黄杨树特色节庆活动走出崇明、走出上海、走向全国，使得崇明黄杨家喻户晓、名扬四海。

（三）举行黄杨科普展览

事实上，造型黄杨并不是花卉那样大众化的植物，而是比较珍贵的苗木，价格也相对高昂，并非为大众所熟知。这种情况下，就要积极举办黄杨科普展览活动，提升社会大众对黄杨树的认知度，让公众易于理解、接受和参与。园艺村目前有许多百年造型黄杨，这些是非常珍贵、稀有的黄杨树。在这种情况下，崇明区政府可以建设一个黄杨树博物馆，专门用于展示年份久远的造型黄杨、特色创意黄杨等珍贵黄杨树。造型黄杨大赛中的前三甲可以放到黄杨博物馆中进行展示，标上造型人、获奖原因等，这都是非常吸引人的亮点。黄杨博物馆还可定期举办各类黄杨展览，或是黄杨衍生产品的展览。久而久之，黄杨博物馆也会成为人们休闲度假、文化熏陶的重要地点，可以吸引更多人前来观赏。

（四）搭建黄杨经济发展论坛

论坛是重要文化交流渠道，同时也是推动经济发展的重要平台。崇明区政府和港沿镇政府可以积极搭建黄杨经济发展论坛这一交流平台，吸引黄杨造型人、农户、种植企业、造型专家及园艺专家等各类黄杨产业生产主体积极参与。通过搭建黄杨经济发展论坛这一特定平台，实现各类生产主体深入交流，将黄杨产业造型—生产—衍生品—市场流程逐渐明晰化，更好地把握黄杨产业市场发展情况，将黄杨产业做大、做精、做深。

三、提升园艺村乡村文明

乡村文化建设是社会主义新农村建设的重要内容，在推动乡村全面和谐发展、促进乡村文明进步中发挥着重要作用。以文化提升促进文明创建，推动黄杨产业发展和提升黄杨文化培育，将村民群众对美好生活的向往与自身创造美好生活的主观意愿紧密结合，带领群众参与美丽乡村建设，带动全村共同创建文明村镇，实现经济发展和社会文明的双赢。

（一）把握乡村文化建设的总体方向

推进乡村文化的繁荣发展，坚持“一主多元”文化格局，正确处理“主旋律”与“多样”的关系。始终坚持用“主旋律”统领乡村多元文化的发展方向，按照全面建设小康社会、努力构建和谐新农村的总体要求，以构建乡村公共文化服务体系、丰富村民精神文化生活、提高村民文化素质为目标，以夯实乡村文化基础设施、巩固乡村文化建设队伍、完善乡村文化体制机制为重点，以保障广大村民文化权益、满足村民精神文化需求为核心，统筹新农村文化建设，促进乡村文化事业可持续发展。

（二）推进乡村文化建设的观念创新

乡村文化观念是指长期生活在乡村文化环境中的村民逐步形成对乡村自然环境、乡村社会与自身基本、比较一致的认识与信念。事实上园艺村村民在某种程度上仍然是固守传统的模式，如在黄杨造型上仍然坚持传统类型，观念保守。经济为乡村文化夯实基础，文化为乡村经济增添生机，乡村各项建设和社会事业的发展因文化而生动，文化为乡村经济的可持续发展提供强大的助推力。为此，必须大力推进乡村文化建设的观念创新，加大宣传力度，改变村民的思维定式，结合黄杨文化建设和黄杨产业发展，努力推动乡村文化建设深入开展。

（三）创新乡村文化建设的内容形式

要着眼于增强乡村文化的吸引力和感染力，使乡村文化更加具有鲜明的实践特色、地域特色和时代特色，园艺村可以突出其黄杨文化特色。随着经济社会的不断向前发展，广大村民精神文化需求有新的发展变化，必须准确把握乡村文化生活的新特点和村民的新期待，对乡村文化从内容到形式都要进行积极探索和大胆创新。要大力推动现代科技在乡村文化领域的广泛运用，加快构建传输快捷、覆盖广泛的乡村文化传播体系，不断丰富乡村文化的生产方式与表现形式，增强乡村文化产品的表现力、吸引力和影响力，推动传统文化与现代文化、乡村文化与城市文化的相互借鉴与融合，促进各种形式文化的相互包容，共存共荣。通过挖掘黄杨地方文化内涵、造型黄杨创意大赛、开辟黄杨经济发展论坛、举办黄杨科普展览等文化活动，不断创新当地农村乡村文化建设的内容和形式，不断提升黄杨产业文化品位。

（四）提升乡村文化产业的发展价值

当前，随着文化与科技融合进一步加深，需要不断创新乡村文化业态，加快乡村文化产业发展，是乡村文化建设的必然要求。为此，港沿镇政府要明确乡村黄杨文化产业的发展定位，积极培育特色黄杨文化企业，加强文化产业基地建设，打造乡村文化产业品牌。同时，大力推进乡村黄杨文化资源的开发利用，加强文化资源的宣传推介。要以市场为基本取向，促进黄杨文化产品的深加工和精加工，提高其附加值，提升文化产业对乡村经济的贡献率。应加快对乡村文化市场的培育和引导，提升乡村文化的产业效益，努力把乡村黄杨文化优势转化为产业优势，把产业优势转化为品牌优势，把品牌优势转化为经济优势，通过文化产业的纽带作用，形成乡村各相关产业集聚，推动产业优化升级，促进乡村相关产业的可持续发展，更好地推进社会主义新农村建设。

作者简介：

李　健，上海社会科学院城市与人口发展研究所研究员

葛　佳，中共上海市嘉定区委党校讲师

荣膺五项国家荣誉 小乡村何以实现大治理

——金山区漕泾镇护塘村的探索

薛艳杰

摘　要：适应新阶段、新情况和新要求，加强和改进乡村治理，推进乡村治理体系和治理能力现代化，是深入实施乡村振兴战略的基本要求与重要保障。近几年来，各地积极探索创新乡村治理机制模式，取得了较明显的成效，分类总结推广其中成功的经验案例，有助于促进更多乡村加快实现有效治理。金山区漕泾镇护塘村具有大都市郊区乡村的典型特征，外来人口和人户分离人口多，历史和现实因素交织，乡村事务纷繁复杂，乡村治理面临诸多困难和挑战，在此背景下，护塘村通过践行"四张清单"管理制度，探索"三个到底"工作机制，构建多种载体促进文化建设等做法，有效改进了乡村治理机制模式，其一些具体做法及将制度规范化、操作精简化、方式多样化的经验，对其他乡村，尤其是情况相似的乡村，具有较高的示范推广价值。

关键词：乡村治理　郊区乡村　治理转型

乡村治理是国家治理的基石。治理有效，既是实施乡村振兴战略的总要求之一，也是实现乡村振兴的重要保障。但我国地域辽阔，乡村发展条件和发展水平千差万别，治理要求与实施路径也不尽相同。近几年来，贯彻落实党中央、国务院关于实施乡村振兴战略及乡村治理的重要决策部署，全国各地积极探索创新乡村治理的机制模式，涌现出一批批亮点纷呈的典型案例，为我国乡村有效治理提供了多种经验模式。例如，上海乡村地处城市化水平高、经济发达的大都市郊区，受城市作用影响强烈，乡村地域系统发生深刻变化，类型结构复杂多样，乡村治理所涉事务更多、要求更高，面临的困难和挑战更大。适应新情况、新问题和新要求，近几年来上海不断加强乡村治理体系和治理能力现代化建设，取得明显成效，已有 2 个区 1 个镇 10 个村成为全国乡村治理典型案例、全国乡村治理体系建设试点和全国乡村治理示范村镇。其中，金山区漕泾镇护塘村，自 2017 年以来，已先后荣获全国文明村镇、全国民主法治示范村、全国农村幸福社区建设示范单位、全国乡村治理典型案例、全国乡村治理示范村等与乡村治理相关的五项国家级荣誉，其乡村治理的做法经验，对我国乡村有效治理，尤其是与之情况相近的大都市区乡村加强和改进乡村治理具有积极的借鉴意义。

一、背 景 概 况

护塘村，位于上海市金山区漕泾镇西南部，因位于村域内的西护塘小集镇而得名。该镇市在宋朝时期便已形成，历史悠久，新中国成立前后曾是乡、村治驻地，新中国成立以后，所在区域历经多次乡、村建制调整，1984 年撤乡建镇，大队改为行政村。现护塘村于 2002 年 6 月由原护塘村与邓桥村合并而成，村域面积 5.29 平方公里，2018 年末全村常住人口 3 228 人。村基层组织主要包括：护塘村总支部委员会、村民委员会、经济合作社和村务监督委员会。村庄合并以来，由于国家项目、高压线项目、环境综合整治项目等重要工程项目建设原因，已有 400 多户村民搬迁到城镇地区，约占全村户数的 56%，但人口迁出，户籍未动，相关社会管理和服务职责仍由护塘村承担；村内就地安置的护塘小区共有居民 350 户，其中 161 户来自本镇其他 9 个村，占比 46%，这部分村民的户籍仍留在原村，2011 年后实行属地化管理，管理服务任务落在护塘村。此外，护塘村有多家实地实业型企业，全村常住人口中，来沪人口占 2/5 以上，本村老龄人口 1 000 多人，约占户籍人口的48%。总体来看，随着发展，村集体经济不断壮大，但人户分离人口多、流动性大，历史和现实因素交织，乡村管理事务变得纷繁复杂，乡村治理遇到了诸多困难和挑战。面对新情况、新问题，护塘村积极探索创新，不断调整完善乡村治理机制，转变治理方式，提升治理能力，取得了显著成效。2004年起，多次获得“上海市金山区文明村”、“金山区先进基层党组织”、“上海市民主法治村”、“上海市文明村”、“上海市安全小区”、“上海市村务公开民主管理示范村”、“上海市党支部建设示范点”等多项荣誉称号。2017年以来，先后获得“全国文明村镇”、“全国民主法治示范村”、“全国农村幸福社区建设示范单位”、首批“全国乡村治理典型案例”、“全国乡村治理示范村”五项国家荣誉。

二、主要做法

近几年来，在加强和改进乡村治理的过程中，护塘村坚持党建引领，建立党员议事会制度，充分发挥党群服务站（点）、骨干党员和党员志愿者的作用，践行党建+“四张清单”管理制度，探索党建+“三个到底”工作机制，开展党建引领下的大文化建设，主要做法如下：

1. 践行“四张清单”管理制度

2015年，结合上海市委提出创新社会治理、加强基层建设的要求，漕泾镇探索提出村居治理的程序、责任、制度、考核“四张清单”，护塘村将其积极贯彻落实到村务管理工作实践中，逐步发展为党建+“四张清单”乡村管理制度模式。其中，“程序清单”，明确规定了村级重要事项的办理步骤和程序，护塘村共梳理村级重要事项清单3类25项，按照务实管用简便的原则，每个事项绘制了办理程序流程图。“责任清单”，重点明确了村的职责边界和履职内容，参考民政部门提供的村委会协助政府履职事项，结合地区实际，护塘村制定出本村协助政府管理的责任清单共26个类别118项。“制度清单”，明确了涉及村民利益的重要事项制度规定，共涵盖8个大类48项。“考核清单”，结合年度目标管理考核，明确了考核项目和指标、计分标准、考核依据和考核责任单位，考核结果与年底分配及各类评先推优挂钩。每项清单内容都清晰地印制于办公墙面上，便于查看，公开透明（见图 1）。

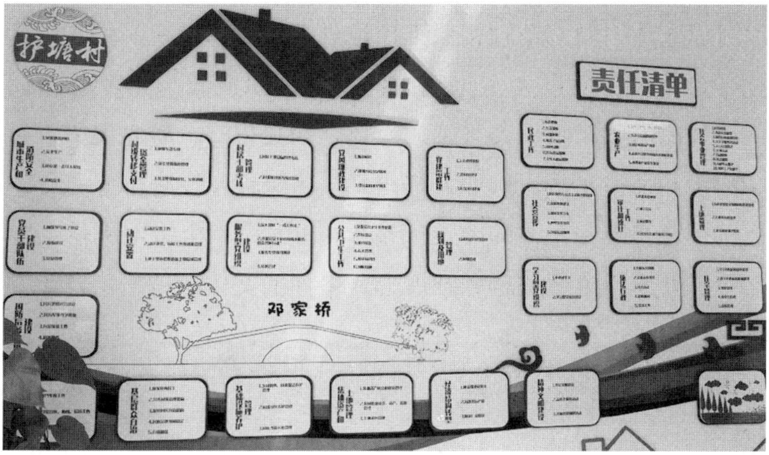

图 1　护塘村“四张清单”之“责任清单”

2. 探索“三个到底”工作机制

2016 年，结合本村实际，护塘村首创了“三个到底”的群众工作机制，并在实践中不断发展完善，逐步形成党建+“三个到底”工作机制。“三个到底”的主要内容包括：一是“村干部为民解忧服务到底”，即每位村干部以包干形式挂钩联系 3—4 个村民小组，每周必须 1—2 次深入分管区域与村民零距离接触，了解村民的意愿和困难，面对面沟通解决问题。二是“小组长驻守一线负责到底”，每名小组长身兼宣传员、信息员和调解员多种身份职责，对自己组内的村民（党员）负责到底，架通村干部与村民之间的桥梁。其中的小组长包括了村民小组长、党小组长和妇女小组长，是联系和服务群众最直接、最基层的“三支队伍”。为了提升他们的思想、素质和能力，护塘村首先在人员上选优配强，其次建立了“三支队伍”联系服务群众的责任制，第三相应建立了工作补贴与考核奖励相结合的激励机制。三是“骨干党员引领示范包干到底”。护塘村根据党员居住地的实际情况，挑选了38名身体好、有一定文化程度和组织能力的骨干党员，实行1名党员负责1个大宅基的服务网格，在宅基头宣传党的方针政策，传达村里工作，协调邻里关系，化解邻里矛盾纠纷，充分发挥骨干党员的引领示范作用。

3. 构建多种载体促进文化建设

护塘村以党建引领，结合相关工作推进、项目建设及开展专项活动，搭建多样化平台载体，促进大文化建设，让百姓积极参与到乡村建设管理中来，增强了村民的归属感、荣誉感、幸福感和获得感，凝心聚力，提升了乡村自治、法治和德治水平。例如，推出党员星级评定、喜事好事榜、百姓大舞台等展示荣誉喜事和才艺的“三面墙”，如本村学生考上大学、参军都会在榜上展示，并给予资金奖励；开展形式多样的文体活动，每月举办一次村

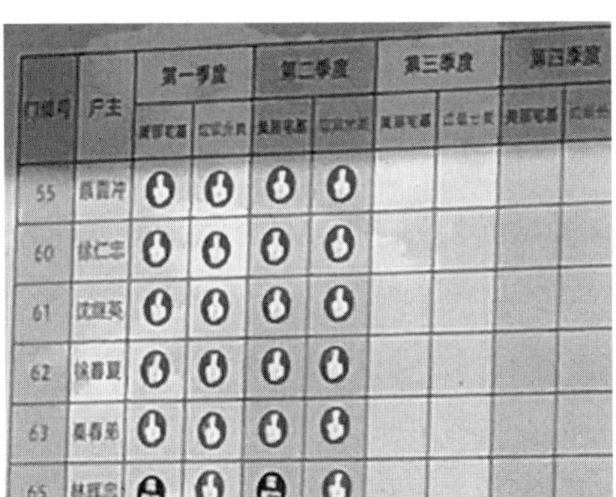

图2　护塘村美丽宅基及垃圾分类推进情况展示

民运动会，项目内容五花八门，但多与符合乡村特征、传承农业农村文化相关，如既有拔河跳绳比赛，也有插秧干农活比赛等，全民参与，包括本村各组村民和村内企业人员；发掘传统文化，打造宅基文化，培育乡贤文化，依托“党建服务站点”、“15 分钟学习圈”、“法语漕堂”等开展好人故事宣讲，设立“文化长廊”，建立“漕泾好人园”，展示护塘文化底蕴，发现和宣传身边的先进人物事迹，传播正能量，增强榜样带动作用；对美丽宅基创建及垃圾分类推进情况每季度落实到户进行检查评估，结果在村中心的公开墙上进行展示（见图 2），并在完善村规民约的同时，进一步探索实施积分制办法，每次抽查情况进行量化记分，村民可以用这些积分换取为老人上门理发等服务或兑换小礼品，多种方式调动村民的积极性；开设村微信公众号，其中首创“一周掠影”，主动宣传村发展动态，吸引青年群体关注，召开大学生座谈会，让大学生关注了解本村发展情况。下一步工作中，护塘村将继续通过广泛征询意见，进一步破解短板问题，2021 年计划在破旧俗树新风方面实现新突破，并通过建设“法治公园”，开设司法课堂等多种形式，进一步深化普法教育。

三、经验思考

护塘村在加强和改进乡村治理的实践探索中，坚持以党建引领为方向和主线，加强党对各项工作的核心领导作用，推进村级民主政治建设，建立党员议事会制度，完善党群服务站（点），选优配强村党支部书记，加强党员队伍建设，先后获得金山区先进基层党组织、上海市党支部建设示范点等荣誉称号；在推进乡村治理的具体工作中，党员干部、党小组长、骨干党员和党员志愿者发挥了重要的组织领导、引领带动和服务群众等作用。在党建引领下，其主要经验包括：

1. 制度规范化

乡村是我国最基础的治理单元，每个乡村行政区域单元虽小，但建设发展也涵盖经济、政治、文化、社会、生态等各方面，乡村治理工作中遇到的许多是实施层面的问题，既琐碎细小，也关系着农民的切身利益。尤其是随着区域城镇化水平提升和经济社会发展，乡村治理所涉事务内容明显增多，其中既包括贯彻落实国家和地方政府政策规划、建设发展任务需要完成的工作，也包括各村可能特有的情况和问题，事无巨细，村干部都需负责，任务加重，要求提升，对村干部的素质、能力包括时间精力分配等形成巨大考验。护塘村通过践行“四张清单”制度，明确了村基层组织及成员的职责边界、职责内容及重要事项办理程序等，村务工作公开透明，将权力关进了制度的笼子里，让村干部有法可依、有章可循，既规范了村干部职权，也提高了工作效率，使乡村治理走向规范化、长效化轨道。

2. 操作精简化

从护塘村来看，近几年“两委”班子成员共约 5—6 个人左右，全村辖 21 个村民小组和 1 个动迁安置小区，经梳理，本村需协助政府管理事务 26 类 118 项，涉及村民利益的重要事项 8 大类 48 项，具有人员少、事项多、内容细、情况杂等特征。护塘村通过探索实施“四张清单”制度和“三个到底”机制，遵循有效精简和便民利民的原则，任务有效分解，明确责任片区，对象全覆盖。例如，为了让村干部双脚沉下去，提升为民解忧服务能力，要求每名村干部联系 3—4 个村小组，785 户农户 5 位村干部包干负责，每人每年约联系 150 户左右，分解到每月约 12 户左右，细化到每周约 1—2 户，对农户的问题村干部能解决的当场解决，当时无法解决的带回来协商解决，不能解决的做好解释工作，做到事事有回应。以此，化繁为简，既保障了“该做的必须做，要做的必须做好”，也密切了干群关系，提升了村干部解决实际问题的能力，使乡村治理工作更好地推进落实。

3. 方式多样化

乡村治理不是孤立存在的，不仅涉及乡村制度建设，还要以乡风文明为支撑，以物质文明为基础，同时建立规则容易，但转变思想观念和行为习惯则需要一定的时间过程，乡村治理也是一个渐进的、长期的过程。护塘村乡村治理成效的取得，是根据环境条件变化，直面问题挑战，积极响应新要求和新需求，不断探索实践的结果，除了完善治理制度，优化治理体系，改进治理方式外，也与努力促进经济社会发展，改善村民收入、居住和生活条件，促进乡风文明建设等多种举措紧密相关。例如，除了发展现代农业外，护塘村有多家实地实业型企业和注册型企业，发展壮大集体经济，增加村民的集体经济收益分配。2015 年，护塘村建成全镇第一个百姓大舞台，在全镇率先实现村级主干道亮灯工程。2016 年，率先在全市郊区农村建成了村级健身房。2016 年，开始安装监控探头，全天候 24 小时运行并配专人值守，通过技防人防网格化精细管理，杜绝了村域内此前多次出现的入室盗窃等治安案件；在护塘小区西侧，开辟开心菜园，划分给外村迁入的农户，切实解决居民的现实需求，消除了毁绿种菜的问题；重新修订村规民约，在征求每户村民意见和反复修改讨论的基础上，由村民签字认可实施，内容中将违章搭建、毁绿种菜等一些乡村治理中的难题纳入，使村民自发遵守和执行。护塘村不是简单地就治理谈治理，而是搭建多种有形和无形的平台载体，采取多样化的机制方式，逐步构建形成党建引领、自治为基、法治保障、德治教化的乡村治理体系，提升乡村治理能力。

薛艳杰，上海社会科学院城市与人口发展研究所副研究员

营建多元文化家园　凸显时代文明乡风

——宝山区月浦镇月狮村全力打造“三园”活力图景

月浦镇月狮村党支部

摘　要：上海市宝山区月浦镇月狮村以增强全体村民“三感”为出发点，通过党建引领凝聚多支村民自治团队、不断完善各类机制等工作手段，营建月狮村多元文化家园。月狮村始终坚持党的领导，充分发挥党员干部先锋模范作用；善于发掘乡土文化并加以传承与发扬；紧跟时代潮流，在乡风文明建设中不断创新服务方式。月狮村在打造“三园”文化方面也取得了引人注目的成绩，并成功入选首批全国村级“乡风文明建设”优秀典型案例，通过第三批上海市乡村振兴示范村遴选。

关键词：乡风文明　创新服务　“三园”文化　人居环境

宝山区月浦镇月狮村地处沪北西北部，三面环水，7 个自然宅组成，村庄临近郊环线，村境交通便捷。村域面积共 1.034 平方公里，耕地面积 743.935 亩，林地覆盖率达 31.1%。全村户籍总人口 846 人，外来人口约 2 600 人。月狮村基于美丽乡村建设，结合自然禀赋，充分发挥基层党组织战斗堡垒作用，呈现生态宜居、文化深植、产业多元的活力图景，携手共建新型乡风文明新格局。

一、工 作 机 制

1. 组织架构。村党支部为引领，建立党员志愿者、巾帼志愿者、爱卫志愿者、平安志愿者、护村队、保洁队、公益服务社、社区通、聚议堂、老书记工作室、村民小组长、人民调解员、村委会、乡贤能人、村民代表等自治队伍。

2. 机制建设。包括党建科普工作机制、文化建设工作机制、文娱活动工作机制、人居环境工作机制等。

3. 激励机制。对于在推进文明乡风建设方面做出表率的模范家庭和先进个人，优先作为“最美家庭”“文明家庭”推荐户，奖励机制与年终分红、村民福利相挂钩。

二、工作对象

工作对象为月狮村的全体村民。重点对象包括党员、村民骨干、“非遗文化”爱好者、文体活动爱好者、新村民。

三、工作方法与步骤

通过组建自治组织、制订自治约定、建立自治载体、丰富自治活动等步骤，一步步推进月狮村乡风文明的建设，使乡风文化深入人心，主要有以下四项措施：

1. 健全乡风文化自治组织。月狮村自发地成立了巾帼志愿者、爱卫志愿者、平安志愿者、护村队、保洁队等队伍，其中最为典型的是2019年初，成立月狮村垃圾分类志愿者团队，在住户分布较为集中的周姚村宅率先实行“定时定点”分类投放，成为月浦镇首家实施“定时定点”分类投放的村宅，把垃圾分类小事做出月狮特色、做成月浦标杆，并获得2019年宝山区垃圾分类“百佳”志愿服务集体称号。

2. 建立乡风文明自治约定。通过“四议两公开”[①]程序，修订群众认可、

---

① 四议两公开：“四议”是指村党支部会提议、村“两委”会商议、党员大会审议、村民代表会议或村民会议决议；“两公开”是指决议公开、实施结果公开。

切合实际、约束有力的《月狮村村规民约》，作为约束村民的“草根宪法”，强化群众自我教育、自我管理、自我服务、自我监督。

3. 自建乡风文明自治载体。建立月狮村村史馆；开通“社区通”平台，众文空间打造家门口的“文化客厅”，花间睦邻点内，手工针织、农家点心制作、花艺交流、品茶对弈成为村民自发聚集的固定活动；成立上海月浦米立青年活动指导工作室；建立“月狮村农户花卉种植园”。

4. 打响乡风文明特色节庆。已连续举办三届花艺展，实践验证了文旅产业发展的美好前景。

四、具体做法

（一）以党建引领为魂，让党员成为乡风文明的传播者

1. 党员干部传扬文明乡风。充分发挥基层党支部和党员的带头作用，发挥党员在村内德治方面的帮、传、带作用，由党员带头示范，传扬好党风、树立好作风，带动好村风、营造好民风。线上依托“社区通”，24 小时收集民意，服务村民，线下组织党员干部入户走访大调研，收集、解决村民关心、关注的问题。实现党员干部走访群众全覆盖，近年来收集民情民意 142 条。

2. 党员课堂播撒月狮美德。利用村党建服务站和“花漫月狮”服务点、睦邻点等党员群众聚集地，定期开展道德宣讲活动，实现“身边人讲身边事，身边事教身边人”，进一步发挥基层党员的先锋模范作用。

3. 党员群众合力打造标杆。通过“四议两公开”程序，修订群众认可、切合实际、约束有力的《月狮村村规民约》，作为约束村民的“草根宪法”，强化群众自我教育、自我管理、自我服务、自我监督。在垃圾分类工作推进元年，住户分布较为集中的周姚村宅率先实行“定时定点”分类投放，成为月浦镇首家实施“定时定点”分类投放的村宅，把垃圾分类小事做出月狮特色、做成月浦标杆。

（二）以文化传承为基，让百姓成为乡风浸润的受益者

1. 村史馆里承载乡愁文化。月狮村注重挖掘文化元素，培育乡村文明，依托“百年姚氏老宅”经村民自筹和协助，落成月狮村村史馆。在村史馆内，村民自发捐献的残缺的独轮车、斑驳的木犁、破旧的油灯、泛黄的粮票等一件件富有乡村特色和泥土气息的物件勾起了不少人的记忆，让村民回忆起“乡愁”，保持文化传承。村史馆的建设，凝聚人心，记录历史，把月狮村的发展过程、红色历史记忆、变迁过程完完全全地展现出来，进一步传承优秀村风、家风，倡导乡风文明，让村民记住承载生活历史文化传承的精神家园，让乡愁文化得以延续。

2. 村头坊间孕育非遗文化。月狮村是一个有着浓厚文化底蕴的村落。在这里，有着不屈不挠的龙狮精神，有着巧手慧心的农家手工艺，还有那缕炊烟带来的记忆和乡愁。龙狮坊：走进龙狮坊，神龙与丰收锣鼓的组合，寓意着风调雨顺、五谷丰登的美好祝愿。月狮人更是将不屈不挠、勇往直前的龙狮精神淋漓尽致地展现在村庄发展中，在村容环境更美好、人民生活更富裕的道路上一步一个脚印地走着。手工坊：月狮村定期开展竹编、手工编织、泥塑等非遗文化展示活动，让更多的村民了解非遗，培养兴趣爱好，将非遗文化弘扬传承下去。美食坊：月狮村成立民间小吃坊，旨在将传统民间小吃传承和发扬下去，让更多的人尝到地方美食。

3. 品牌活动弘扬传统文化。在元宵节、端午节、重阳节等重大传统节日前，根据节日特点开展品牌文化活动，突显传统特色，弘扬和传承中华民族传统文化。作为月浦镇两届花艺节的承办村，立足农耕文化，发掘民俗文化，传唱村落文化，弘扬乡贤文化，月浦八景之一元夕观灯落地，“农业+文创”将农村特色农耕、非遗文化推上现代舞台，通过发展踏青赏花游、民俗风情游等特色项目，花卉产业知名度和地域影响力已齐备，吸引都市城镇游客。

（三）以创新汇智为引，让时代成为乡风覆盖的连接器

1. 线上拓展推动平台创新。把乡风文明建设阵地拓展到线上，一网集聚，一呼百应。巧用“社区通”平台，月狮村积极打造乡村发展共同体，乡风文明建设参与实现了从“少”到“多”，从“老”到“青”，从“被动”到“主动”，从“浅尝辄止”到“深度介入”的显著转变。实现两个突破：一是突破了“时空壁垒”，线上随时收取村民诉求，并且村干部要随时响应；二是突破了“少数代表多数人壁垒”。

2. 众文空间带动载体创新。众文空间打造家门口的“文化客厅”，上海美术学院乡村画展、花艺展、竹编课堂等节目轮番推出，有效推动“15 分钟文化圈”的建设，打通农村公共文化服务“最后一公里”，2020 年总计举办文化活动 40 余次，儿童、老人、青少年等参与文化服务活动，全面提升村域文化氛围；花间睦邻点内，手工针织、农家点心制作、花艺交流、品茶对弈成为村民自发聚集的固定活动，在一派田园花香氛围中度乡里时光、话百姓生活、续近邻情谊。

3. 志愿服务推进服务创新。志愿服务主体拓展，来自社会力量、镇政府和本村人员各个年龄层的志愿者大手拉小手，走村入户点对点、面对面指导月狮村推进移风易俗、乡风文明工作。由月浦镇团委主办，上海月浦米立青年活动指导工作室承办，月浦镇“YUE 聚青年”枢纽型青年中心建设项目中的累计两百余人次的“志愿心”志愿者团队走进月狮，在花艺展等群文活动中以美丽乡村建设为抓手，引导群众提高文明素养，不断提振群众的精气神。

五、实 施 成 效

1. 社会治理打造绿色家园。开放、包容是上海鲜明的旗帜，外来租客居民已成为上海发展不可或缺的一部分，而针对这些“新居民”的旧有观念转变，月狮村不断提升社会治理能力，将刚性政策和柔性智慧结合起来，通

过建立“月狮村外来流动人口综合管理办公室”，以相关政策、村规民约为基准，落实外来人口综合治理。以“软文化”为突破口，集科普教育宣传、文化墙、睦邻点居民互动、文化节目配送、法律法规知识讲座、志愿服务活动等为一体，齐参与，共治理，引导“新居民”树立健康、积极的婚恋观、奋斗观、价值观，达到春风化雨的效果，在“留风守俗”中完成“寻风觅俗”的融合进步。

2. 设施升级打造庭院花园。“推窗见绿，移步换景”是当前月狮村的真实写照，庭院花卉种植、花艺培训和实践打开了村民接触花文化的窗口，生活方式由种菜吃菜转变为种花赏花，审美志趣的改变带来的是村民素质的全面提升。村委会推进文化设施建设，将供人休憩的凉亭升级为“文化亭”，将其打造成晨昏人们最喜爱的文化交流处，供村民品花茶、象棋对弈、交流花卉种植心得等，营造出浓厚的月狮文化氛围，打造出充满文化气息的庭院花园。

3. 文化提升打造幸福乐园。花卉文化是一种物质文化，也是一种精神文化。中国花卉文化的源头可追溯至春秋战国时代，花卉不断被注入人们的思想和情感，融进了人们的生活。社会资本配送百姓花园，打造特色花卉景色展示区，为居民提供休闲场地，培育居民赏花、爱花，彰显花卉文化。花文化带来的不仅是生态优势和管理领先优势，月狮村紧抓时代机遇，以“花漫月狮”为主题，建立“月狮村农户花卉种植园”，以“龙头企业+合作社+农户”合作模式，村民从赏花、爱花到规模化种植，以花卉产业促进花卉文化，以经济效益反哺花卉文化，发挥村民的主动性、积极性，花卉文化和花卉产业并驾齐驱为乡村振兴厚植产业根基和人文根基，给月狮村带来了无限的机遇和广阔的发展空间，村民变身“花艺文化传播者”，形成了种花、护花、赏花、普花的文化基调。

六、下一步努力方向

结合农村地区常态化疫情防控的要求，结合宝山区创建全国文明城区

（提名区）的要求，结合移风易俗及“厉行勤俭节约，反对铺张浪费”的要求，重点在以下三个方面下功夫：一是在创新农村婚丧宴席举办方式上下功夫；二是在完善农村人居环境长效管理机制上下功夫；三是在发挥村民主体更大作用上下功夫。月狮村将始终把村民的幸福感作为初心使命，把乡风文明作为乡村振兴的重要动力源，助力乡村高效治理。

垃圾分类深化治理 精准施策凝聚民心

——长宁区华阳路街道的实践

陈 颖

摘 要： 上海作为全国垃圾分类的先行城市，必须结合自身城市发展战略和管理现状，提出城市生活垃圾分类管理的发展方向和对策。依据长宁区华阳路街道的楼宇特点，探索不同类型小区的正负面清单，指出目前小区在垃圾分类中存在的一些问题并分析了其产生的原因，同时深入探讨“党建引领”在街道垃圾分类中的应用，改善社区环境品质，全面提升居民人文素质。在此基础上给出相应的对策和建议，总结街道在垃圾分类工作上的经验和获得的体会，为突破目前上海垃圾分类瓶颈提供借鉴。

关键词： 垃圾分类 党建引领 居民自治 精准施策

华阳路街道坚持以习近平新时代中国特色社会主义思想为统领，全面贯彻党的十九大精神和习近平总书记考察上海重要讲话精神，深入学习习近平总书记关于精神文明建设的重要论述，认真落实上海市精神文明建设工作会议精神和工作部署，按照长宁区委建设全市“最干净、最有序、最安全、最文明城区”的要求，坚持以人民为中心的发展思想，以培育和践行社会主义核心价值观为主线，以满足人民日益增长的美好生活需要为宗旨，以推进生活垃圾分类减量工作为重要抓手，大力弘扬良好文明风尚，广泛凝聚思想共识，提高城区精细化管理水平，共建共治共享美好家园，不断增强群众感受度和满意度，提升市民文明素质和城区文明程度，推动精神文明建设工作向纵深发展。

一、工作推进情况

1. 任务指标。根据市和区垃圾分类工作动员大会精神，华阳路街道对照任务目标、时间节点、工作要求等，于3月初重新调整工作节奏，制定最新创建进度表，全覆盖推进，全方位动员，全流程提速。街道共98个小区，2019年需完成98个“两定”①小区，占比100%，创建垃圾分类达标小区。89个单位创建垃圾分类示范单位。723家沿街商铺实现垃圾分类上门收集，参与度100%，每天回收干垃圾118桶，湿垃圾76桶，可回收物120余公斤，沿街小包垃圾从190袋下降至20包左右，降幅达90%。

2. 社会关注。街道垃圾分类新时尚得到各级领导和社会公众的重视与关注。中央文明办、市委宣传部、区委与区政府领导等多次到华阳路街道视察垃圾分类工作；人民网、新华网、《解放日报》、《新民晚报》、上海电视台等主流媒体及多个新媒体多批次采访报道了华阳路街道垃圾分类工作成效与做法；先后接待浙江金华市、成都市武侯区、苏州市、宁夏回族自治区、大连市、南京市等单位参观团。

二、主要做法

根据《三年行动计划》，华阳路街道采用分类治理的理念助推垃圾分类工作，在售后公房小区、商品房小区、高层大楼、无环卫里弄四种不同类型小区边探索边实践，为整区域全覆盖推进生活垃圾分类工作提供宝贵经验。

（一）党建引领带头示范，为垃圾分类工作提供坚强保障。

1. 建立“一机构四制度”，切实发挥组织保障作用。街道组建“垃圾分类

① 两定：生活垃圾定时定点分类投放。

工作示范街道创建领导小组”，党工委书记和办事处主任任组长，分管领导任常务副组长、相关职能办公室主任、各中心主任和居民区书记、主任为组员，明确工作目标、任务和时间节点。抽调各办公室工作骨干进入“创建领导小组办公室”，形成工作合力，全面推进垃圾分类工作。认真排摸垃圾分类小区和单位底数，同时建立健全四项制度，多措并举提供强有力工作支撑。建立宣传动员制度，鼓励居民区围绕垃圾分类主题开展宣传活动，提高居民参与垃圾分类志愿服务积极性，提升小区自治管理水平。建立激励保障制度，通过提高“绿色账户”积分兑换含金量、提供志愿者队伍经费支持、将垃圾分类工作纳入物业管理一体化激励考核等多种手段，激发工作积极性。建立专项监督制度，由党代表、人大代表、政协委员、社区代表组成“垃圾分类专项监督小组”，帮助街道查找问题，推进落实各项目标任务。建立考核评价制度，开展日常检查和定期通报，将居民区垃圾分类达标情况纳入年终考核评价指标，将机关联络员对居民区指导情况纳入个人年终绩效考核，将垃圾分类工作纳入文明单位创建评比考察内容，从各层级全面落实后续监管机制。

2. 强化党建引领“一统三全”，发挥基层党组织的战斗堡垒作用。各居民区坚持党建引领，统一思想。两委①班子自觉带头学习分类知识，党组织引领居委会、物业公司、业委会“三驾马车”各司其职，全力配合垃圾箱房改造和箱房周边环境布置。氛围营造全覆盖，居委会利用小区电子屏、黑板报、宣传海报、微信群等阵地，营造垃圾分类氛围。宣传发动全覆盖，对党员、楼组长、团队负责人开展分层分批专项培训，创设形式多样的活动，为小区居民普及垃圾分类常识。志愿者组建培训全覆盖，广泛发动招募志愿者，组建垃圾分类志愿者队伍。

3. 形成“一组三员”，发挥党员先锋模范作用。居民区结合组织生活会、居代会、楼组长会等形式，进行广泛的宣传和动员，指导组建“垃圾分类自治工作小组”。党员带头示范引领，自发组成楼组宣传队，担当“宣传员”，

---

① 两委：居民区党组织和居委会。

向邻里介绍分类知识，为不理解的居民耐心解释。组织党员轮班担任“指导员”，帮助指导居民正确分类、湿垃圾破袋、绿色账户积分。陶家宅居民区党员带头签订《“两定”投放承诺书》。组成巡检队担当“巡逻员”，华一居民区党员每日对金谷苑小区楼层撤桶开展巡查，在职党员利用周末时间参与箱房值守和小区巡查工作。在党员、志愿者的示范带头下，更多居民主动加入志愿者队伍，街道的垃圾分类志愿者已达近千人。

（二）加大投入，建章立制，推进售后公房小区垃圾分类

针对售后公房小区垃圾分类“负面清单”，包括公共设施老旧、物业管理不到位、垃圾箱房周边环境差、房屋出租率高、人员流动频繁、作息不规律等突出问题。街道梳理出售后公房小区的“正面清单”，包括邻里关系融洽、居民自治基础好、参与度高、热心服务社区的志愿者数量充足等优势。通过分析，街道着力加强小区外环境和垃圾箱房两方面硬件改造，抓好垃圾分类自治队伍和租客两类重点人群，建立落实志愿者管理、垃圾箱房管理和工作例会三项制度，形成售后公房小区“2+2+3”垃圾分类推进模式。

1. 加大公共资源投入，提升小区环境品质。街道结合精品小区建设、家门口工程等政府实事项目，将更多公共资源向售后公房小区倾斜，改善老旧的小区面貌，提升小区的宜居水平，让售后公房小区居民切实感受到生活环境变化，增强获得感和归属感，有效提升居民自觉分类的积极性。

2. 改造完善垃圾箱房功能，设施细节人性化。综合居民提出的意见建议，街道进一步做细垃圾箱房改建方案，形成“6+X”建设标准，即一个规范箱房，一套规范标识，一块公示图板，一个便民遮雨棚，一个照明设施，一个便民洗手池，外加志愿者休息小屋等多项叠加措施。一系列配套设施和举措化解了居民原先对垃圾分类的种种顾虑，对垃圾分类“两定”模式的认同度显著提高。

3. 制度管理到位，体现志愿服务软实力。居委会依托各小区自治小组的扎实基础，分别成立了垃圾分类志愿者队伍和箱房管理员队伍，坚持落实志愿者管理制度、工作例会制度和垃圾箱房管理制度，保障垃圾分类工作常态

长效推进。陶安小区的“和陶”自治队，安阳小区的“安阳之友”等自治队，在垃圾箱房周边形成了一道志愿者服务的美丽风景线。

4. 做实源头管理，多渠道督促租户分类投放。针对售后公房租户多的情况，重点抓住四股工作力量，即居委会干部、物业公司、楼组长、房东。居民区抓好源头管理，督促房东在签约时对租户进行垃圾分类的倡导和约定。物业公司和楼组长紧密配合，在新租户办理入住时再次宣传告知。居民区结合“电子日志”走访，重点关注租户的垃圾分类投放情况，定期联系房东和中介，督促租户文明居住。经过志愿者们的不懈努力，租户普遍能做到科学分类，两定投放。

（三）精确定位，精准施策，激发商品房小区居民参与热情

商品房小区正面清单包括硬件配套条件较好，垃圾分类职责明确，箱房管理到位。但在推进垃圾分类过程中的负面清单主要体现在：大多数小区物业管理规定中约定居民生活垃圾在楼道投放；居民在职比例高，志愿者数量一时难以满足；家政人员投放垃圾的情况较普遍，对投放时间有特殊要求等。针对上述特点和问题，街道着重精准施策，形成“2 正 1 特”①推进模式，进一步激发商品房小区居民的参与热情。

1. 发扬凝聚力工程优良传统，串百家门正面宣传。居民区成立由居委干部、党小组长、党员骨干、楼组长、志愿者骨干组成的“垃圾分类专项团队”，采取“一对一”“一对多”“组团式”的方法进行入户宣传，做好分类解释工作，提高商品房小区居民自觉分类的意识。通过垃圾分类工作，居委会干部工作能力也得到锻炼和提升。

2. 创设楼组评比活动，比学赶超正面激励。商品房小区居民总体素质较高，分类意识强，注重荣誉感，为了激发居民热情，扩大参与度，各小区纷纷举办楼组评比活动，定制楼组分类情况公示牌，每天更新楼组分类投放情况，通过邻里互促共同推进，居民参与率和垃圾准确投放率均显著上升。

---

① “2 正 1 特”：正面宣传、正面激励和特制方案。

3. 贴近需求巧设时段，特制方案暖民心。针对部分商品房小区的垃圾投放人员多为家政人员，扔垃圾习惯与一般业主有区别的现象，居民区通过走访排摸，为不同小区打造个性方案，为家政服务员增设垃圾投放时间段。这一暖心措施得到了居民和家政人员的赞许，垃圾箱房非开放时段垃圾随手扔的比例大大下降。

（四）因地制宜，另辟蹊径，打造无环卫设施老式里弄“移动垃圾箱”

街道老洋房、老式弄堂负面清单因不具备设置垃圾箱房的条件，居民习惯将垃圾打包扔到弄堂外的马路沿街一角，靠道路环卫工收集，推行“两定”工作先天不足，但是居住在此的居民有着强烈的改善小区卫生面貌的意愿。受沿街商铺垃圾上门收集成功经验的启发，这些小区以“垃圾不落地”为推进目标，遵循“全员宣传，全员征询，广泛发动，广泛招募，积极实施”的“五步工作法”，探索出无环卫设施老式里弄垃圾“两底两到位”的工作模式，并加以复制推广。

1. “底数清”换来“底气足”。飞乐居民区党组织坚持党建引领开展居民自治，率先选取武夷路70弄小区作为试点，对弄堂内自住屋、出租屋、空置屋的20户居民的生活作息、垃圾产生量、产生类型进行蹲点式入户调查，精准掌握居民情况，并由党员骨干带头签订承诺书，带领楼组长上门宣传征询，居民对开展垃圾分类的同意率达100%。

2. “配套到位”得来“配合到位”。居委会挨家挨户发放干湿分类的垃圾桶和分类知识宣传册，设置垃圾分类宣传版面，召集发动小区志愿者骨干，在垃圾收集时间现场示范讲解，引导协助电动收集车定时定点上门收集每户居民放置在家门口的干湿垃圾。由于居委宣传到位、志愿者服务到位、收集单位作业到位，居民配合度高，有的居民还帮助上班的白领代投垃圾。武夷路70弄的试点工作取得喜人效果，弄堂环境变得干净，居民生活更加舒心，邻里氛围更加和谐。

3. “一条弄堂”延至“一批弄堂”。街道认真总结武夷路70弄小区经验模式，将其成功复制到武夷路 40 号、52 弄、92 号和安西路 260 号、280 弄等 9 条小弄堂，覆盖居民 150 户，既解决了居民垃圾没处扔的难题，又提高了垃圾分类推进的覆盖面，居民对宜居社区的获得感明显提升。市人大代表调研组专门到街道调研此项工作并给予认可，《解放日报》《新民晚报》和上海外语频道也进行了系列宣传报道。

（五）社会动员多元参与，引入社会组织助力推进高层小区垃圾分类

高层小区垃圾分类首先要解决的是楼层撤桶难题。街道先在华一居民区金谷苑小区进行了试点探索，前期采取每层楼加设湿垃圾桶方法，但因无法进行监督，居民参与度低，实际效果不佳。街道决定引入第三方社会组织凝爱青年公益中心协助推动，坚持“党建引领、党员先行、社会动员、多元参与”的工作思路，形成“三先三后”推进模式，实现金谷苑、金衡小区、长宁大厦等“零桶计划”。

1. 先商议后决议，打破楼层撤桶难。社会组织发挥其中立优势，先行对金谷苑小区三幢高楼的 518 户居民开展全覆盖调研。通过上门走访，召开居民议事会、开放空间讨论等形式充分收集、听取居民心声，将多方的意见建议统计分析总结，结果显示，居民的顾虑主要集中在：楼内老人多，因身体原因无法下楼投放；垃圾房关闭后，可能出现垃圾在楼内堆放的问题；居民带着湿垃圾下楼电梯卫生不能保证；垃圾集中堆放点异味问题等。随后居民区党组织根据广泛的意见建议，拟定规章制度，制定解决方案，经居民表决通过后实施。这种让居民提意见做方案并参与决策的方式，有助消除居民对垃圾分类的各种疑虑。

2. 先引导后实施，下好宣传一盘棋。在金谷苑小区，垃圾分类引导宣传元素随处可见。在社区醒目位置悬挂横幅；六棱镜中发布垃圾分类相关知识；每栋楼下放置易拉宝；楼道内宣传栏张贴海报；对于外国租客也不遗漏，社会组织上门开展多语种宣传并要求其签订承诺书。居民还自发编排《垃圾分类我先行》《环保之花处处开》等原创歌曲，创作的小品《垃圾要

分类》深受居民喜爱。举办启动仪式、零桶我能行、健康走、环保特攻队、小小志愿者等形式多样的主题宣传活动，积极宣传垃圾分类知识，凝聚居民共识，为实施“零桶计划”打下扎实基础。

3. 先骨干后居民，全民参与共推进。垃圾分类对居民来说是一项长期坚持的行为约束，金谷苑小区制定了撤桶分类时间进度表，垃圾箱房开放时间及志愿者服务方案等，循序渐进推进垃圾分类工作。党员、楼组长、居民代表、志愿者家庭率先践行垃圾“两定”分类投放，以实际行动做邻里表率。垃圾箱房关闭期间，由楼组长负责巡楼，对扔在楼内的垃圾，寻找线索上门劝导；安排志愿者轮班值守，监督垃圾清运，劝阻垃圾不分类行为，促使居民养成文明习惯。平稳完成三幢高层住宅的楼道撤桶任务，实现“两定”投放目标。

（六）居民自治，3+3 模式，推进高档商品房小区垃圾分类工作

针对高档商品房小区推行定时定点分类制度，居民对是否楼层撤桶意见不统一的问题，街道根据《上海市生活垃圾分类定时定点制度实施导则》要求，在兆丰嘉园推行由居民区党组织牵头居委、物业、业委会组建垃圾分类工作小组，并制定兆丰嘉园业主公约，通过约定内容，规范业主垃圾分类投放行为，推进小区垃圾分类工作。小区业主代表积极响应，主动承担入户宣传、动员和签约工作，工作小组和居民代表不定期地开展楼层分类质量巡检工作，保证楼层分类实效，推行至今楼层分类准确率逐日提高，分类质量进步明显，已近 80%。参照此模式，街道已在金庭八八、凯欣豪园、鸿凯湾、悦达花园二期等高档商品房小区推行，激发业主参与热情，提升小区自治水平。

三、工作成效

1. 环保理念生根，分类意识增强。从“随手扔”到“随手分”，居民群众爱护环境、服务社区的意愿明显增强。生态环境和人文环境得到较大

提升。

2. 资源整合优化，管理体系完善。整个社区的物业配置得到充分利用，社区管理者和志愿者组成的队伍优化了社区人力资源配置。“两定”模式和绿色账户积分制度为垃圾分类工作固定了管理样式，实现了社区公共服务的职能，强化了公共资源配置。

3. 分类多做加法，社区治理创新。街道将垃圾分类与党建引领、社区公益、社会资本培育、自治能力提高、熟人社区构建、公共产品供给等有效联连，实现了从“垃圾分类”到“垃圾分类+”的转变，呈现出“垃圾分类+党建”“垃圾分类+自治”“垃圾分类+共治”“垃圾分类+公益”的社区治理多重格局。

4. 合理约束引导，道德风尚强化。各居民区以垃圾科学分类为目标，以强力管理约束为手段，以人文关怀为落脚点，为居民创造了一个绿色环保、温情和谐的社区。垃圾分类投放点正在成为社区“谈心角”“休闲点”“邻里会客室”，“社区事大家议”的氛围初步形成，为社区家门口工程、精品小区建设、美丽楼道等工程开展创造了有利条件。

作者简介：
陈　颖，上海市长宁区华阳路街道党工委书记

依托网格化党建　厚植社区文明土壤

——静安区石门二路街道精神文明建设的实践探索

杨舒雯

摘　要： 上海市静安区石门二路街道以网格化党建为依托，围绕制度设计和实际执行下功夫，建构起以区域化党建、居民区党建、“两新”组织党建、机关党建“四个党建”为横向基础，以“街道总网格—街区联盟网格—居民区网格—微网格”“四级网格”为纵向格局的“四横四纵”总体架构，经近三年实践和理论探索，在党建引领下为社区解决了一批实际问题，也提供了基层精神文明建设新模式新样板。

关键词： 网格化党建　党建引领　协同治理

一、案例的实施开展情况及具体做法

（一）案例的实施开展情况

上海市静安区石门二路街道东起成都北路，南临繁华的南京西路，西至江宁路折武定路接泰兴路，北枕南苏州路，区域面积 1.09 平方公里，居民区 11 个，常住居民约 4.2 万人，户籍人口约 3.7 万人。街道南部为南京西路两侧高端商务商业集聚带，北部紧邻苏州河为苏州河两岸人文休闲创业聚集带。石门二路街道为上海市地域面积最小的街道。

石门二路街道从 2018 年 6 月开始正式启动网格化党建工作，经过探索实践，搭建起以区域化党建、居民区党建、“两新”组织党建、机关党建

“四个党建”为横向基础，以“街道总网格—街区联盟网格—居民区网格—微网格”“四级网格”为纵向格局的“四横四纵”总体架构，建立1个街道总网格、4个街区联盟网格、11个居民区二级网格，以及由43个居民区党支部、18幢商务楼宇党支部组成的61个微网格，明确政治联学制度、网格议事制度、问题解决机制、监督反馈机制、考核评估制度5项工作体制机制，依托党建引领解决了社区治理中一批实际问题，在制度设计、实际执行、理论建设等方面取得阶段性成果，实现了基层党建和社区治理的同步推进、精细落实。

（二）案例的具体做法

随着时间的推移和工作的推进，石门二路街道网格化党建主要经历三个阶段的变化发展，工作思路和模式得到持续完善，形成了当前更为饱满、更行之有效的体系。

1. 搭建以架构逻辑框架、做实顶层设计为主的“邻里石二”网格化党建1.0体系。

一是建网划格，搭起网格化党建“四梁八柱”。明确以街道党工委为核心，以社区党委和行政党组为两翼，依托区域化党建、居民区党建和“两新”组织党建，建立“街道总网格—居民区网格—微网格”三级工作架构，明确各层级工作职责。二是建章立制，厘清网格化党建“七经八络”。建立和完善政治联学制度、网格议事制度、问题解决机制、监督反馈机制、考核评估制度等五项机制。三是建实落细，伸展网格化党建“三头六臂”。根据微网格微小、灵活、易参与的特点，街道将微网格根植于居民区党员群众和楼宇白领职工中，把关口前移，促进问题早发现、早解决，推进党建、行政、服务“三网融合”，全面整合社会力量，形成全员参与治理、全域覆盖服务的协同治理格局。

2. 完善以增加机关党建、形成科学格局为主的“邻里石二”网格化党建2.0体系。基于“邻里石二”一体化党建品牌的基础和疫情防控中机关党建力量下沉的实践经验，街道以网格化党建为纽带，增强条块联动，将街道机关党支部建设与居民区网格互通互融，机关 4 个独立支部的 11 个党小组分别下沉到 11 个居民区网格，街道党政领导和机关党员联络员做好指导和联络工作，推动资源、管理、服务下沉，原有“三横三纵”格局完善为“四横三纵”新格局。同时，街道按照最新的党组织规范设置情况，对网格进行再梳理，最终明确了 1 个街道总网格、11 个居民区二级网格，以及由 43 个居民区党支部、18 幢商务楼宇党支部组成的 61 个微网格。

3. 夯实以提升党群服务、构筑“共同家园”为主的“邻里石二”网格化党建 3.0 体系。街道从大力推进包含“美丽楼组”“幸福小区”“和谐街区”三大项目的“共同家园”建设和建强“街道社区党群服务中心—党群服务站—党群服务点”三级党群服务阵地体系两个方面入手，促使网格化党建进一步在街道全域范围内发挥提升社会治理水平的作用，增强辐射影响力。其间，街道以城市运行管理工作中划分的 4 个网格为基础，在 2020 年完成 4 个“石二分之一”街区党建联盟的创建，业主代表、街区商家、商务楼宇等成为街区党建联盟成员，各类主体、要素、资源、空间在街区中再链接、再融合，建立多方协同共建机制，深化精细化治理。自此，街区党建联盟新增为 4 个街区联盟网格，街道网格化党建再升级为“四横四纵”新格局。

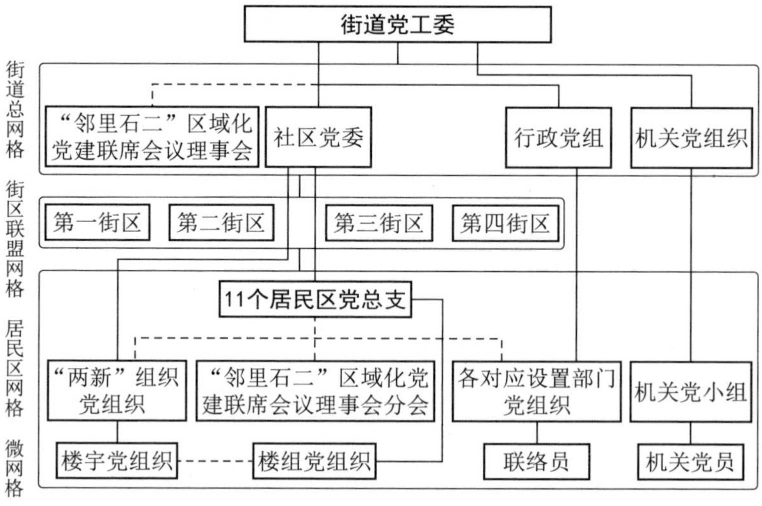

图 1　2020 年上海市静安区石门二路街道网格化党建组织架构图

二、案例的社会效益

（一）案例的现实意义

石门二路街道在网格化党建工作中形成“数据库”“议题库”“案例库”等“三库”成果，解决了一批社会治理实际问题，在相关考察调研中受到市、区级相关领导的肯定，也得到《文汇报》《组织人事报》、东方网、上海基层党建网、上海组织工作等媒体的宣传报道，扩大了宣传影响力。

一是形成网格化党建“数据库”。从架构来看，街道2020年已建立1个街道总网格、11个居民区二级网格，以及由43个居民区党支部、18幢商务楼宇党支部组成的61个微网格；从问题来看，截至2020年末，街道总网格已协调解决问题近300个，居民区召开网格议事会近300场、解决问题近800个，微网格发现并解决问题约1 500个。以“数据库”信息积累为基础，街道着力于加强数据信息的分析，做好普遍性问题和特殊性问题的专题研究，从数量中进一步追求工作质量。

二是形成网格化党建“议题库”。街道网格化党建形成丰富党建联学联建共融共享内涵、提升区域化党建融合发展水平、指导党建引领下业委会组建、维护社区公共安全、成功化解楼宇劳资冲突问题五个方面加强基层党建和创新社会治理主要议题。同时，还引申了相关具体议题：推进生活垃圾分类、组建和管理业委会、推广“红色物业”、助推旧区改造和小区综合改造、解决楼宇企业问题纠纷等。这些议题发现于网格、解决于网格，街道各方面资源力量进一步聚焦到这些议题上来，促使以更具针对性的工作视角、更强劲的干事姿态推动民生问题的切实解决。

三是形成网格化党建“案例库”。各层级网格在落地实践中获得成功案例，解决了一批群众遇到的大小事。此外，街道整理归纳“五个一”方面内容，形成“邻里石二”网格化党建特色案例成果，包括了一份关于“夯实党群服务阵地，做实网格化党建”街道整体推进网格化党建专项调研报告，一套包含网格化党建实施细则、网格化党建下新冠肺炎疫情联防联控机制等内容的工作机制，一系列涵盖新福康里居民区综合试点、开展“楼楼联动”、“共同家园”建设等内容的具体案例，一份街道网格化党建宣介方案，一个以新福康里居民区为主体的参观学习点位。

（二）案例的理论意义

目前，国内多地正在开展网格化党建相关实践，涌现出了多样形式、多种特色、多元内涵的案例。作为实践者、见证者和宣传者中的一员，石门二路街道坚持贯彻习近平新时代中国特色社会主义思想，运用其中蕴含的价值观和方法论，系统梳理、总结提炼经验做法，形成具有“邻里石二”党建特色的做法与模式，深挖可复制、可推广的网格化党建路径与范式，探究内在价值与基本规律，为丰富党建理论研究提供石二样本、贡献石二智慧。

三、案例的启示

基于近三年的实践，我们对网格化党建的路径和范式有了更深刻认识，将网格化党建应当具备的要素归纳为：第一，必须有党组织作为网格核心主体，持续强化引领；第二，必须建立相应的一套运转体制和基本路径，使其常态和有效工作；第三，必须以党建的力量联动整合优势资源，将资源充分汇聚至网格，显现网格参与基层社区的作用。

（一）党组织:网格化党建的核心主体

“网格姓党”，需在网格化党建中持续突出党组织主体地位，发挥其引领网格工作的核心作用，激发党组织自身“携带”的领导能力、应对能力、组织动员能力、贯彻执行能力“四大强劲基因”。党建引领社区网格治理，要把精力集中到以下三个方面：一是保持党组织引领性，解决指引工作方向、推动政策执行、强化动员组织等重要问题。二是运用好居民群众对于党组织和党员的信赖，确保党组织的队伍、人员在网格中落实到位、充分参与，为群众表达和完成民意诉求。三是有效联结党组织和党员力量，拓宽网格“朋友圈”，把资源优势尽可能地最大化和最优化。

（二）配套机制:网格化党建的“中枢神经”

网格化党建有其灵活性，但它必须在一定配套机制下运转，确保常态化长效化的有效运作。这些配套机制包括且不限于以下五个内容：要有工作例会制度，将联席会议固定为常规，确保工作不间断、不停歇；要有政治联学制度，促使各类党组织粘连，形成思想共识；要有问题解决机制，让群众最直接看到网格成效，使网格中发现的问题有最快速的反应和处理流程；要有监督反馈制度，确保成效不断巩固，避免问题反弹；要有考核评估制度，使网格有背后的自生激励动力，在考核评估里检验实效。

网格实际发挥作用时，主要聚集“三步”：第一步，责任的落实，确定网格相应责任，明确涉及的部门、单位、组织的党组织，以网格成员身份加入。第二步，力量的动员，将党员干部、党员骨干、志愿者、楼组长、区域单位人员等纳入网格，组建强有力的网格人员队伍。第三步，实务的处理。由需要解决的具体事务决定问题处理的形式和方式，各支力量间加强协同合作，聚力于网格，保障问题切实解决。

（三）资源力量:网格化党建的运转动力

网格化党建依托于其他多种形态、多种领域的党建而生，例如石二坚持在区域化党建、居民区党建、“两新”组织党建、机关党建的融合基础上推行网格化党建。其中，居民区党建是社区治理的“主战场”“根据地”，区域化党建全面助力网格中的资源联结，为社区网格供应和补给能量；“两新”组织党建是强大的支撑，特别是在石二的微网格层面是促成居民区与楼宇（园区）间“楼楼联动”的重要抓手；机关党建则是社区建设背后重要的保障。正是多方面的党建资源力量汇聚，才能助推网格化党建工作的顺利开展。

杨舒雯，上海市静安区石门二路街道社区党建办公室一级科员

建立楼宇社委会新平台
开创社区文明新篇章

——以黄浦区瑞金二路街道探索实践“楼宇社委会”工作为例

程扬勇　祝长江　刘　冲

摘　要： 企业是街道辖区经济发展的主要载体，是街道经济服务的直接对象，营造良好的企业发展环境和街区管理氛围是街道履行公共服务职能的应有之责。上海市黄浦区瑞金二路街道从坚持“发展是第一要务”的角度出发，提出“党建引领下的街区营商生态营造”研究课题，构建楼宇社委会工作新机制，探索应对后疫情时期营商生态优化和楼宇社区治理挑战的新路径，以机制创新和组织重构，进一步释放制度创新助推社区经济发展的基层社会治理新动能。

关键词： 楼宇社委会　楼宇党建　营商生态　楼宇治理

当前，世界正经历百年未有之大变局，百年未遇之疫情全球大流行使这个大变局加速演变，单边主义、贸易保护主义上升，国际格局深刻调整，不稳定不确定因素明显增多。习近平总书记指出：“越是面对挑战，我们越是要遵循历史前进逻辑、顺应时代发展潮流、呼应人民群众期待，在更加开放的条件下实现更高质量的发展。”2020 年，黄浦区立足上海“心脏、窗口、名片”独特优势，在做好疫情防控常态化的同时，贯彻新发展理念，努力营造一流营商环境，推动经济高质量发展。瑞金二路街道紧密结合区域经济发展、楼宇党建创新、“一网统管”落地等工作实际，探索建立楼宇社委会工作机制，以制度优势的确实性，应对外部变化的不确定性，努力提升营商生态和社会治理能力。

一、背景和起因：疫情后经济发展和“一网统管”客观要求

企业是街道辖区经济发展的主要载体，是街道经济服务的直接对象，营造良好的企业发展环境和街区管理氛围也是街道履行公共服务职能的应有之责。新冠肺炎疫情发生以来，企业发展遇到了前所未有的困难和挑战，需要街道统筹各项资源，重构服务组织体系，优化营商生态，帮助企业在变局中开新局、危机中育先机。

（一）疫情防控常态化下辖区企业面临的实际困难

截至 2020 年底，瑞金二路街道辖区内共有商务商业楼宇 36 幢，其中 14 幢位于淮海中路沿线，总建筑面积约 66 万平方米；实有企业 1 202 家，其中楼宇企业 808 家，楼宇外企业 394 家；注册和经营地均在黄浦区内的有 699 家，占比 58%；注册在外区、经营在黄浦区的有 503 家，占比 42%；内资 878 家，占比 73%，外资 324 家，占比 27%，外资以中国的港澳台地区和日本企业为主。目前，街道辖区内已形成以淮海中路为中心的现代贸易、批发和零售服务业，广告业和律师事务所等现代服务业；以瑞金医院和交通大学医学院为轴心的大健康产业；以衡复风貌区为依托的宾馆、旅游业；以绍兴路出版一条街、8 号桥园区为载体的文化创业产业；以市公安局、城投集团为龙头的保安押运、建筑设计等配套产业。

新冠肺炎疫情发生以来，辖区内现代服务业、贸易和零售商业企业受到冲击较大，主要表现在：企业资金链紧张，中心城区商务楼宇租金较高，房租、工资、贷款利息压力较大；专业人才流动大，一些员工因探亲、出入境、离职等给企业全面复苏带来困难；境内外市场需求萎缩，以餐饮、旅游为代表的服务业生存危机较大。与此同时，企业普遍反映，对政府扶持政策

效果，但对于谋求长远发展的企业来说注定行而不远、不可持续。街道作为基层社会治理最重要的组织者，在打造更加优越的营商环境中，应当既具备按照区级部署，快速整队的工作效率，也要具有提高能谋善断的治理水平，要有“登高望远”的战略眼光，以谋全局、求长远的态度来打造街区营商生态，这就迫切需要街道进行制度创新和流程再造，综合改良企业发展的土壤和环境。

二、探索与实践：创新建立瑞金二路街道楼宇社委会机制

2020 年以来，为应对疫情对经济发展的不确定性冲击，瑞金二路街道从坚持“发展是第一要务”的角度出发，提出了“党建引领下的街区营商生态营造”研究课题，并借鉴居民区的治理模式，贯彻“楼宇是竖起来的居民区”工作理念，整合服务企业、基层党建、文化活动等队伍和资源，探索构建楼宇社委会工作新机制。以高质量推进楼宇党建发展、高品质服务楼宇企业、精细化治理楼宇社区为目标，使安商稳商软服务与行政管理硬支撑相互叠加，实现企业各类诉求快速响应处置。

（一）多格合一、划片定责，实现布局体系化，做好零距离服务的“店小二”

街道在“一网统管”的要求下，按照片区划分成立了三个综合网格工作站，推动实现市场监管所、城管中队、派出所等 9 个部门人员入格，形成“九宫格”工作构架，楼宇社委会是其中重要的组成部分，全面纳入到片区综合管理当中。楼宇社委会由党建群团、企业服务工作人员组成，市场监管、城管、公安通过综合网格站渠道共同参与统一运行。辖区内每一幢楼宇均设置了专门的“店小二”，全面负责该片区楼宇、企业等管理服务与“两新”组织党群工作，进一步打破部门与条线的工作分割，做到力量聚合、资源整合、工作融合，让企业能够就近就便享受各项服务，解决各类涉及街道的管理问题。同时，通过建立“店小二”定期走访制度，及时掌握楼宇企

业需要解决的问题，发现企业高管变化和经营异动，对租期临近等反映企业经营变化的情况，做到底数清、情况明、回应快。

（二）重构框架、理顺机制，实现运转实体化，做实条专块统的“工作站”

2020 年，楼宇社委会实现了片区属地办公和实体化运作。在参照居委会条块结合运转经验的基础上，以网格片区为“块”，工作业务为“条”，综合设置安商留商、两新党建、工会建设、统战妇联、信息宣传、志愿服务、综合服务 7 个条线业务，按照“条专块统、以块为主”的原则开展工作。与此同时，进一步制定和完善了楼宇社委会工作机制，实现了楼宇社委会与属地综合网格站的交叉任职，由社委会书记担任网格站副站长，赋予一定的服务企业问题站内综合协调、推动处置的权力，可以对市场监管、城市管理等队伍力量进行综合指挥调配，更好地为解决企业实际需求服务。在此基础上，街道制定并完善了楼宇社委会任务清单、赋能清单和管理制度清单，落实落细楼宇社委会任务派单、条块运转、特色培育等工作机制，尤其是将企业服务需求纳入街区案件综合来源，实行闭环化全流程督查督办，进一步实现了楼宇社委会制度化、规范化运作。

（三）培训赋能、整合资源，实现功能综合化，做优一口服务的“全岗通”

进一步建立楼宇社委会专业化保障机制，定期组织服务企业、党群工作等专题业务培训，推动楼宇社委会服务人员迅速掌握各类业务政策，熟悉服务企业的业务流程，培养服务企业和楼宇党建“全科医生”。进一步满足楼宇活动阵地建设、日常运行经费和企业活动组织资源的全面支持，保持街道各类资源向楼宇社委会倾斜，持续下沉各类政策资源、信息资源、工作资源，将服务企业资源的资源攥指成拳，做到对企业有呼必应，打造楼宇企业“零距离服务圈”，使楼宇社委会真正成为服务楼宇企业与白领的金牌“店小二”。

三、成效和经验：楼宇社委会切实帮助辖区企业解决难题

楼宇社委会实体化运作以来，初步实现了统筹整合社区资源，做实做优服务的工作目标，增强了楼宇企业的获得感、白领的满意度，优化了区域营商环境，增强了街道在楼宇企业中的组织力、凝聚力。

（一）实现服务企业机制优化，提高精准回应企业诉求能力

楼宇社委会围绕防流失和二次招商等重点工作，在常态化走访联系企业的基础上，建立了包含50余项要素的“以楼管企”法人库，及时关注企业股权变更、租赁期限等情况，扎牢企业防流失“篱笆墙”。通过定期召开楼宇物业联席会议和营商生态圈企业家沙龙，邀请楼宇物业代表、业主代表，招商公司等参加，增强了政企、企业之间的信息交流与联动，平台效用凸显。通过平台对接，成功促成街道商会成员单位参与引进美国流行炸鸡旗舰店 Popeyes、日本潮流品牌 niko and 等在淮海中路落地开业。积极打造楼宇企业“零距离服务圈”，在日常走访中注重对企业诉求的排摸化解，做到“需求及时发现、资源精准匹配、问题有效解决”，近年来为辖区企业解决各类诉求50余个。TX 百联盈展因增开餐饮铺面，产生了较大的夜间泊车需求，楼宇社委会全面对接城汇大厦，顺利解决了停车位问题。

（二）加强部门联勤联动，推动楼宇片区精细化管理

楼宇社委会以片区工作站为主阵地，推动党建网格与管理网格有机衔接，通过交叉任职，派单处置、闭环管理等机制，实现不同网格力量在楼宇企业管理服务上的有效协作，做实一网统管下的“楼宇社区”精细化管理服务。新机制运行以来，楼宇社委会与街道城市运行中心、各职能科室、居民区密切进行联勤联动，快速、精准处置了装修备案、店招店牌管理、垃圾清运、区域治安等多起楼宇社区管理难题，得到了辖区企业的一致好评。

（三）推进党群组织覆盖，提升党在楼宇社区中的组织力

楼宇社委会着眼做实“两新”组织规范化管理，开展片区“两新”支部分类定级评价，通过量化评估、分色定级式的“政治体检”，持续整顿软弱涣散党组织，实现片区“两新”党建工作高质量覆盖。通过日常走访联系，推动多年未能建立工会的外资企业上海九海百盛广场有限公司顺利建会。在防疫期间，发动大批“两新”党员、团员参与社区志愿执勤。同时，持续配送党群资源进楼宇，制作“便民服务地图”、“网红地图”，指导“两新”组织开展“四史”学习主题活动，持续开展“瑞金白领研读院”、“我爱瑞金”摄影大赛等街区活动，不断提升楼宇白领归属感和获得感，增强了基层党组织的凝聚力和向心力。

四、完善和深化：深入推进楼宇社委会机制的思路和措施

面对高标准探索的预期、多样化的企业需求，街道将在企业服务中，进一步以楼宇社委会为抓手，更加突出问题导向、目标导向、效果导向，在不断优化机制建设上下功夫，进一步释放制度创新助推社区经济发展的基层社会治理新动能。

（一）以提升为目标，进一步完善楼宇社委会体制机制

聚焦“高质量推进楼宇党建发展、高品质服务楼宇企业、精细化治理楼宇社区”目标，进一步理顺条块关系，优化楼宇社委会与职能科室、居民区的联动机制；加大业务培训力度，通过赋能“店小二”，为楼宇社委会推动工作提升能级；进一步统筹各方力量，整合社区党务、政务、法务等各类资源，为楼宇社委会融合发展凝聚强大合力。在此基础上，街道将进一步重视制度性安排的重要作用，将原本打散的、还没有进行整合的条块服务工作以楼宇社委会为载体重新整合起来，将走访联络同专业服务紧密结合起来，多部门步调一致、统一指挥，坚持有服务意识才有认同意识、有专业性才有依

靠性的建设路径，让企业在遇到发展困难、现实困难的时候，能够看到街道、想到街道、依靠街道、信任街道，切实提高街道服务企业存在感，最终实现整个街区的良性发展、有序发展、健康发展。

（二）以联动为核心，促进政街企协力优化营商生态

街道将紧扣“帮助企业降低综合营商成本、提升发展动能”的优化营商生态目标，全力保障辖区法治清明、商务便捷、管理优良的营商基础条件。通过加强“三个联动”，全方位、立体式服务企业，扩展企业与辖区及整体环境的互通力，推动资源要素无障碍流动，助力提升企业竞争力。一是与区招商平台联动，共同推进“筑巢引凤”“腾笼换鸟”工作。发挥信息精准、快速优势，将楼宇招商信息与区招商平台对接，发挥各自优势，推动企业在黄浦区、瑞金二路街道辖区范围内兴业发展、落地生根。二是与区属商业企业联动。充分结合淮海中路建路 120 周年和商业结构调整，抓好联动切入点，撬动企业存量楼宇、房屋资源，有针对性地开展配套合作，优化招商引资和服务企业的软、硬环境，共同促进区域经济的健康快速发展。三是与区属相关部门、各中心联动。汇集服务企业优势，加强需求传导、政策惠企，有效帮助企业解决发展中遇到的资金、人才、技术等各方面问题，提升企业在市场的综合竞争力。

（三）以升级为驱动，提高街区商业发展能级与活力

一是以“十四五”规划启动为契机，精准定位区域高集聚度产业发展态势，发挥中心城区地缘优势、资源优势和服务优势，放大产业引领、聚合效益。街道牵头，通过空间载体联动整合、功能业态复合叠加、活动品牌共推共创等方式实现多元融合、跨界赋能，激活全时空的商业活力。二是会同区商务委、金融办等职能部门，充分挖掘和释放淮海中路深厚的商业底蕴和综合优势，持续汇聚一批国际顶级品牌，传承发扬一批“名、精、特、优”特色品牌，全面提升淮海中路的消费贡献度、时尚引领度、品牌集聚度、消费创新度、消费满意度。三是在重点服务辖区高税收企业发展的同时，兼顾

小微企业和沿街商铺在吸纳就业、活跃市场、改善民生、便利群众等方面的重要作用，因地制宜实施后街支马路调整转型，强化文化休闲定位，推动后街支马路与淮海中路主街的差异化业态布局，形成人文关怀有温度、文化传承有厚度的商业休闲漫步区，加快形成新的经济增长点。

作者简介：
程扬勇，上海市黄浦区瑞金二路街道党工委副书记
祝长江，上海市黄浦区瑞金二路街道党政办公室副主任
刘　冲，上海市黄浦区瑞金二路街道社区发展办公室一级科员

匠心服务进博　品质擦亮名片

——上海豫园旅游商城（集团）股份有限公司的“工匠精神”

摘　要： 习近平总书记在党的十九大报告中提出：“建设知识型、技能型、创新型劳动者大军，弘扬劳模精神和工匠精神，营造劳动光荣的社会风尚和精益求精的敬业风气。”进入新时代，企业迫切需要建设一支富有工匠精神的高技能人才队伍。豫园作为上海的城市地标，随着上海进博会的成功举办，无疑是一张亮眼的城市名片，而蕴含其中的“工匠精神”，既是厚植城市文化与企业文化，营造良好社会风气的需要，也是激发员工主观能动性，提高一线创新创造力，助力提升经营效益、增强核心竞争力的需要。豫园股份始终坚持用匠心服务进博，树品牌擦亮名片，向世界展现中国文化、上海品牌、豫园味道。

关键词： 工匠精神　传承　企业文化　城市名片

一、背景及意义

2019 年 11 月 5 日—10 日，第二届中国国际进出口博览会在上海成功举办。此次盛会延续“新时代，共享未来”的主题，共有 181 个国家、地区和国际组织参会，3 800 多家企业参展，超过 50 万名境内外专业采购商到会洽谈采购，展览面积达 36 万平方米。作为上海四大品牌的参与建设者，豫园股份携一众老字号品牌与文创产品亮相进博会，向海内外来宾全方位展示豫园品牌的文化积淀和国潮魅力。而豫园股份更是承担了中法外交团队在豫园的重要外事接待。

为了能在进博会外事接待中彰显中华文化、上海品质，公司认真做好各项前期保障，并通过“融合创新、以赛带教、匠心育人”等模式，贴合行业特性，丰富内容形式，弘扬工匠精神，在进博会期间展现海派餐饮魅力以及上海精神风貌。

二、主要做法及经验

（一）融合创新，彰显文化名片

进博会吸引着世界目光，也吸引着全球宾客来上海体验，而豫园作为城市经典地标，责无旁贷地承担起传播文化、弘扬精神、擦亮名片的重任。结合“不忘初心、牢记使命”主题教育，豫园股份各餐饮门店利用晨会、班组会等平台，邀请劳模工匠、标杆典型分享自己的从业初心、技艺初心，感悟传承创新、变革精进的心路历程。其中，有绿波廊的元首夫人套点、进博会荷韵套点等国宴名点的背后故事，有王时佳明酥操作法、游玉敏南翔小笼双擀操作法等市级先进操作法的探索路径，每一个故事案例都包含了豫园人不畏艰辛、勇于破题的精气神，让更多人能在他们身上看到精神的力量。激励广大员工、党员、入党积极分子时刻牢记初心使命，热情迎接八方来客，努力擦亮城市文化名片。

特别是在第二届进博会期间，国家主席习近平在豫园会见法国总统马克龙，豫园股份更是承接了中法外交团队的外事接待任务。在接到任务后，一支以上海工匠陆亚明、上海劳模王时佳等党员领衔的核心技术团队迅速组建，拟定接待方案、调整配方口味、制定各项预案，反复研究并最终创意推出“事事如意套点”。由翡翠核桃、象形柿子果、迷你寿桃、时尚拎包酥等四款点心组成的套点，寓意着第二届进博会汇聚更多展品，结出更多硕果，受到了两国外交团队的赞许。这也是继 2018 年首届上海进博会欢迎晚宴上绿波廊推出“荷韵”套点后，又一次向世界贵宾展现了中国餐饮文化和上海服务品质。

（二）以赛带教，培育工匠精神

在更加注重发展品质的时代，“工匠精神”是备受关注的热点，也是豫园股份践行社会主义核心价值观，传承企业文化脉络的核心价值理念。公司始终坚持把劳动竞赛作为赋能发展的“引擎”，不断夯实锻造匠心匠技的主阵地。针对进博会服务保障，公司先后开展50多项劳动竞赛，投入资金527万元，4 000余名一线员工参与其中，围绕食品安全、后厨管理、安全生产、现场管理等方面，以赛带教，传承和弘扬工匠精神，提升一线员工的职业素养和技能水平。

继首届厨王争霸赛后，2019年为迎接第二届进博会，公司顺势推出本帮厨王挑战赛，以及传统节令食品创新大赛、简·设计原创盘饰大赛等专项技能竞赛。每一场厨艺比拼，每一次赛场PK，都是一次精神面貌的锻造、品牌文化的锤炼，一大批“90后”厨师新星脱颖而出。公司工会则联合行政将比赛中的优秀作品进行改良包装，融入到门店出品菜单中，进而转化为实际经营效益。通过各类竞赛的舞台，传承培育了匠人匠心，更为一线职工提供了职业发展平台与空间，为豫园发展汇聚力量，也为上海打响“四大品牌”注入不竭动力。

（三）匠心育人，传承品牌根脉

除了进博会场外的匠心传承，在进博会场馆内，豫园股份旗下南翔馒头店、春风松月楼、宁波汤团店、老松盛等一众知名品牌也纷纷入驻上海特色小吃馆，一方面保障进博会餐饮食品供应，另一方面用豫园人的精神风貌向中外宾客展示上海餐饮品牌和特色文化。

南翔小笼作为享誉全球的上海特色名点，其包捏工艺繁复，且现包现蒸才能原汁原味呈现。面对进博会大客流，由南翔小笼非遗传人游玉敏等党员同志带头，打破企业间的技术壁垒，主动为场内其他门店的点心师傅传授小笼包捏秘诀。忙中偷闲，不同企业相互学习松月楼素菜包、宁波汤团店汤团等技术手艺，名师传承，技艺保障，将上海的美食名片送到五湖四海的宾客心中。在这“现学”的技艺帮衬下，服务进博会的各色名点受到了世界宾客的广泛好评，并获得了进博会用户满意服务明星班组的称号。

此外，工会携手行政启动“中华老字号非物质文化遗产项目传承人候选对象甄选”活动，通过公开招募，将一批技能等级在技师以上、获得过市级以上比赛奖项、从事餐饮行业8年以上的高潜苗子进行筛选。辅以现场操作考评演示、品牌熟知度答辩等方式，最终确认传承候选人。一批熟悉和了解南翔馒头和本帮菜烹饪制作技艺的优秀人才陆续出现，这既是对品牌根脉最好的传承，也确保了老字号人才梯队的稳定。

三、总结经验，展望未来

“融合创新”推动海派菜革新，“以赛带教”丰富了比拼舞台，“匠心育人”带动青年骨干推陈出新，豫园人将企业发展、个人成长与时代进步紧密结合起来，用匠心服务进博，树品牌擦亮名片，向世界展现了中国文化、上海品牌、豫园味道。

（一）文化传播力显著增强

豫园股份致力于为全球家庭制造快乐生活。近几年来，围绕“文化复兴、经典时尚”进行全方位的产业升级和老字号焕新，发扬传统和创新的融合，让经典再添时尚魅力。进博会的举办恰好给了豫园股份一个向世界展示其经典文化魅力的舞台，向海内外来宾全方位展示品牌深厚的文化积淀和传承创新的文化魅力。海纳百川、兼容并蓄的海派文化，演绎古朴与现代、经典与时尚完美融合；众多老字号品牌的地道美食文化，展现百年老字号的蓬勃生命力；精益求精、奋斗不息的工匠文化，呈现“最上海、最中国、最世界”的国潮魅力。

（二）品牌影响力不断扩大

进博会上，豫园股份老字号引领新国潮，豫园文创带来新时尚，更有国家级非遗项目豫园灯会大放异彩。在进博会期间，豫园商城完成了包括中法两国元首豫园会晤、斯洛伐克副总理来访等多项外事接待，同时豫园股份进博会展区也完成了多位高级别领导接待。媒体传播方面，豫园股份参展第二届进博会引发了中央媒体、地方主流媒体高度关注，达到400余篇核心报道及数千篇外围传播。公司的品牌影响力得到了大幅提升。

（三）人才凝聚力持续提升

进博会是一个大舞台，豫园股份在这个舞台上顺势而为、抢抓机遇、展现风采。通过以赛带教、技能竞赛等，培养和炼就了一批技能人才。近几年来，先后有17对师徒结对，其中6对成功申请上海市总工会带教奖励，兑现奖励2.4万元；17名一线员工实现了职业技能晋级，兑现奖励3.8万元，员工队伍中高级技师的比例持续上升。更有在进博会期间做出特殊贡献的沈莉萍和绿波廊酒楼服务组分别被评为“上海市巾帼建功标兵”和“上海市巾帼文明岗”的荣誉称号。还有上海工匠罗玉麟、技能大师工作室领衔人陆亚明、劳模创新工作室领衔人王时佳，首席技师项目带头人游玉敏等一大批技能骨干脱颖而出，成为学习的榜样。

起于进博会，但不止于进博会。豫园股份的发展史，本身就是匠心传承、创新求变的奋斗历程，其间也凝聚着豫园一代代、一批批匠人们的心血。党建引领、赋能发展，弘扬工匠精神，以工匠精神来打磨锻造新时代的匠心匠技，引领企业与员工同频共振、共同成长，将上海城市文化名片擦得更亮！

执笔：徐露露

“满天星”志愿服务助力和谐企地关系构建

——上海石化股份公司担当社会“守门员”

陈　雯

摘　要：上海石化股份公司地处上海市金山区，公司绝大部分员工是金山城区居民。为更好地服务周边居民、履行企业的社会责任，助力和谐企地关系的构建，上海石化充分发挥国有企业的优势，围绕建设和谐企业、和谐社区的共同愿景，以党员和团员青年为主体的“满天星”志愿服务队深入到周边社区、校园开展志愿服务项目，努力促进周边社区自治能力、自治水平的提升，打造上海石化公司的精神文明建设品牌，得到了社会的一致好评。

关键词：志愿服务　和谐　社区自治能力

一、案例的实施开展情况

1. 上海石化“满天星”志愿服务工作机制

上海石化于1996年成立了志愿服务队以来，积极开展便民服务、帮困助学、义务捐献、参与社会公益及大型志愿服务等活动。2015年，为进一步推进公司精神文明建设，塑造良好的企业形象，上海石化确定了“满天星”为公益活动品牌名称，并聘请专业设计公司设计吉祥物，实现了活动主体、活动名称、视觉识别系统的统一，推动上海石化志愿服务驶入品牌建设“快车道”。

近几年来，上海石化根据上海市的统一部署，以上海志愿者网为依托，建立了上海石化“满天星”志愿服务总队、各单位成立服务队的管理体系。公司 8 087 名员工已有 4 321 人注册成为志愿者。上海石化注重强化对“满天星”志愿服务项目的规范管理工作，逐步建立起志愿服务活动“全员性参与、平台化运营、常态化开展”的管理模式。一是推进志愿者网上注册，广大党员、团员青年带头。二是有效推行志愿服务活动线上管理工作。三是推广志愿服务活动开展渠道，以企业基层党组织、团组织与周边社区、学校的“结对共建”为依托，根据对方需要常态化开展各类志愿服务活动，助力社区自治能力、自治水平的提高。

2. 依托党建共建联建实现志愿服务活动常态化开展

上海石化充分发挥区域化党建平台和基层服务型党组织建设的优势，以二级单位党组织、基层党支部、广大党员为依托，积极推进完成了公司党委组织部与金山区石化街道、烯烃部党委与金山区漕泾镇、公用事业部党委与金山区山阳镇、环保水务部党委与金山区金山卫镇和平湖独山港镇的党组织结对共建活动，通过党员进社区、基层党支部结对共建、认领公益项目等途径，组织开展环保知识讲座、用电安全宣传、石油化工科普等志愿服务活动，推动志愿者深入社会各个角落开展志愿服务活动。2019 年，上海石化共有 49 个基层党支部与周边社区结对共建，全年共开展共建活动 287 次，覆盖 5 973 人次，认领公益项目 32 个。2020 年疫情防控期间，“满天星”志愿者积极参与属地志愿服务。一是担当“城市守门员”。针对节后返沪 G15 高速（沪浙）道口压力大的问题，“满天星”志愿者迅速组织 50 人队伍，配合金山区交警执勤，对过往车辆及人员进行检查、登记。二是担当“社区守门员”。配合金山区石化街道党工委，集结 75 名“满天星”志愿者前往石化街道的 26 个居委会报到，配合做好疫情防控政策宣讲、返沪人员信息确认、口罩预约登记、体温测量、消毒防护、卫生保洁、移风易俗劝导等社区志愿服务。

3. 结合自身实际开展特色志愿服务项目

上海石化努力发挥自身在化工生产、安全、环保、节能方面的特长，深度结合周边社区的实际需要，广泛开展相关志愿服务项目，解决居民实际困难，不断提升志愿服务活动的独特性，体现自身特色，赢得社会公众的认可和好评。

2020 年上海石化在积极落实复产复工的同时，积极参与企业志愿服务。一是保障社会防护物资的供应。塑料部“满天星”志愿者在优化聚丙烯医用牌号专用料上下功夫，比原计划超产 200 吨医用料产品。金昌公司“满天星”志愿者放弃休息，与专家们一起攻关成功口罩熔喷布专用料，缓解口罩熔喷布专用料的紧张局面。二是关爱集中隔离人员。“满天星”志愿者服务集中隔离观察的返沪员工，为员工代买生活用品、代取快递包裹，担当“快递小哥”；发起“隔离不隔爱”活动，开启微信沟通、电话关心、视频聊天，缓解隔离焦虑情绪，为他们提供全方位关爱，确保顺利复工。

上海石化截至 2020 年 12 月，共有 6 名员工成功捐献造血干细胞，这在全国企业中也是极为少见的，形成了“上海石化现象”。为进一步围绕造血干细胞开展相关志愿服务项目，提升影响力，上海石化组织开展了“传递爱心，点燃生命”——造血干细胞征集入库活动，至 2020 年 12 月，共有 1 600 余名志愿者加入了中华骨髓库。公司员工毛俊自 2010 年成功捐献造血干细胞后，便踏上了公益之路，他倡议成立了“鑫青年之家”，下社区、走企业、进学校、跑医院，开展捐献造血干细胞科普宣传。

针对上海市金山区外来务工人员数量多的情况，上海石化积极开展志愿服务项目，关心关爱外来务工人员子女的学习情况。以团员青年为主体，上海石化同外来随迁子女占学生总人数的 90%以上的石化第五小学开展“带你飞翔、伴你成长”结对共建活动，已延续近十年；2016 年，志愿者服务队又与金山区查山小学结对共建。通过结对共建，青年志愿者伸出关爱之手，努力给这群学生一个温暖的童年，陪伴“绿苗苗”和“红领巾”们快乐成长。除此之外，每逢“六一”国际儿童节、9 月初开学等，青年志愿者们来到校园开展结对共建活动，比如开展“一堂特殊的科普课”，即带领 200 多名学生参观上海市爱国主义教育基地——上海石化展示馆；开展“我是校外辅导员”专题活动，即书籍赠送、圆梦行动、欢度“六一”、温情大派送；开展“我们毕业了”系列主题实践活动，并建立起“石油宝宝奖励机制”。

二、案例实施成效

1. 推动了和谐企地关系建设助力企业发展。上海石化在社区开展志愿服务的过程是企业履行社会责任的过程，是推广塑造展示企业良好形象的平台，是推动和谐企地关系建设的有力抓手。上海石化“满天星”志愿服务，积极向周边居民、学生传播上海石化履行“三大责任”情况，尤其是在安全环保、疫情防控方面所做的工作及取得的成效，展示国有企业的大格局、大担当、大作为；努力推进科普进社区、入校园，让公众更加客观准确地认识石油石化行业和上海石化，助力产城融合发展，避免“邻避效应”。

2. 推动了社区自治能力的提升。上海石化发动全体党员到所在社区报到，作为志愿者解决社区自治人手紧张的难题，通过“8+3”作息制度（即在原来8小时工作时间的基础上，向晚上延伸3个小时），参与居民区的晚间巡逻、政策宣传等一系列便民服务。此外，聚焦民生工程、文化工程，在党支部结对共建中组织策划“民生实事服务月”“环保知识宣传月”“党委沟通月”系列活动，实施了村级道路亮灯工程、河道清理和定期维护、建立绿化带、赠送环保垃圾桶、文艺汇演、捐建党建主题公园等项目，为当地百姓办实事、解难题，助力社区自治能力的提升。

3. 提升了“满天星”志愿服务品牌知名度。经过多年打造，上海石化“满天星”志愿服务品牌已经在金山区具备了一定的知名度和影响力，特别是在金山城区，广大居民因为较多地得到了上海石化志愿者的志愿服务，对这一志愿服务品牌非常认可。上海石化及志愿者在上海市、金山区等各类平台进行志愿服务的交流、宣传展示，也进一步提升了“满天星”志愿服务品牌的影响力和美誉度。新冠肺炎疫情防控期间，上海石化“满天星”志愿者道口执勤、服务社区的事迹先后被人民日报客户端、中国新闻网、新民网、新华网、宣传通讯、《新民晚报》等多家媒体报道，进一步扩大了品牌知名度。

三、案例进一步完善的思路和对策

1. 要利用志愿者大都为党员的优势，充分发挥党员干部带头作用，重视党员干部志愿服务活动工作的作用，广泛宣传在职党员志愿服务活动的重要意义，弘扬社会新风，促进文明建设的协调发展。

2. 继续打造“满天星”志愿者特色服务品牌，提升服务质量，确保志愿者活动的专业性、创造性。积极围绕公司党政中心工作大局和人民群众需求，实施扶贫助困、社区建设、绿色环保、抢险救灾、关爱农民工子女等重点志愿服务等项目，通过志愿服务活动，积极履行企业的社会责任，塑造上海石化良好的企业形象。

3. 持续深入宣传营造氛围，树立精神文明建设典型。积极宣传志愿服务文化，树立优秀典型，表彰和奖励优秀志愿者和志愿服务组织。充分发挥传统媒体的舆论引导主渠道的宣传作用，合理利用网站、微信、微博等新媒体的强大宣传优势，做到宣传不留死角，努力营造更良好的志愿服务工作氛围。

4. 进一步完善制度建设，向社会提供全面、细致、优质、高效的志愿服务。加强志愿者招募、注册、登记和管理、培训等制度建设，逐步壮大志愿者队伍，不断提高志愿者素质和志愿服务水平，建立志愿者参加志愿服务的长效机制。要努力做好志愿服务的制度化推进工作，依托上海志愿网，有效整合志愿服务活动资源，实现志愿者、服务对象和活动项目的有效对接，向社会提供全面、细致、优质、高效的志愿服务。

作者简介：
陈　雯，上海石化党委宣传部

打造弘扬和实践优秀企业文化的“七彩”步梯

——国网上海市电力公司市南供电公司打造行业示范品牌

蒋琳燕

摘　要：近几年来，国网上海市电力公司市南供电公司（以下简称“公司”）以《新时代公民道德建设实施纲要》（以下简称《纲要》）为指引，把社会主义核心价值观、上海城市精神和国家电网公司战略体系融为一体，把公民道德建设作为精神文明建设的重要内容，使员工道德修养与综合素质提升相结合，与推动公司高质量发展相结合，与核心价值观实践相结合，精心打造弘扬和实践优秀企业文化的“七彩”步梯。通过多年实践积淀，形成了具有行业影响的“七彩”示范品牌，获得中国电力创新奖二等奖、上海企业创新文化“十佳”品牌等荣誉。

关键词：社会主义核心价值观　“七彩”步梯　精神家园

一、实施开展情况

（一）工作机制

通过“七彩”喻人喻事喻精神，立体化构建起精神文明建设的实践主体，多维度提升载体活动的生动性和感染力，紧密结合每年的形势任务要求和业务工作重点，加强顶层设计和载体运用，从培育卓越员工、打造卓越班组、创新卓越服务、深化红色文化引领实践，稳步推进优秀企业文化融入员工行为，融入班组建设，融入专业管理和重点领域，融入幸福企业建设，融入智慧党建探索，融入精神文明创建全过程。

（二）工作对象

从2015年开始，公司制定并实施《六年行动打造卓越实践“七彩”步梯》工作计划，每年确定一个主题，每一位员工、每一个团队都是企业文化建设的实践主体，多维度增强载体活动的生动性和感染力，不断促进员工主人翁意识、个人创造性和工作投入度的提升，使企业氛围更加多姿多彩、充满活力。

（三）工作方法与步骤

1. 奠基之“梯”：打造典型示范，激发内生动力。首先在发现、培育、选树、弘扬先进典型上拓展思路，突出典型类型诠释创新、典型选树机制创新、典型宣传方式创新，使先进典型的选树实现有特色、可推广、能长效。

2. 融合之“梯”：注重内嵌融入，提促中心工作。积极构筑“文化+业务双链融合模式”，结合国网上海电力致力打造智慧服务工程的重点任务，推进优秀文化与道德实践内嵌到企业专业管理和重点领域中，实现与专业工作深度融合、相融共进。

3. 传承之“梯”：彰显红色引领，构建精神家园。结合国网上海电力打造“守护共产党人精神家园领航灯”红色品牌，进一步突出红色引领在“七彩”文化实践中的作用，引导广大干部员工争当红色基因的传承者、弘扬者、实践者。

4. 赋能之“梯”：聚焦战略落地，提升综合实力。聚焦上海建设“具有世界影响力的社会主义现代化国际大都市”和国网公司建设“具有中国特色国际领先的能源互联网企业”，在涵育文明素养、优化营商环境、助力生态文明建设等方面深化创建实践，为国网公司战略落地赋能聚力。

（四）具体做法

1. 打造“七彩”典型矩阵，推进核心价值观在员工及班组落地生根

广泛选树“七彩市南人”，通过“赤”情相约、推“橙”（陈）出新、“黄”金搭档、“绿”动先锋、“青”春无悔、“蓝”色胸怀、“紫”（孜）孜不倦七大色彩主题，分层分类选树先进员工，多角度挖掘和宣传普通员工身上的闪光点，使典型选树多元、个性、具象、生动。以国网公司企业文化建设示范点为榜样，引导基层一线从已有优势能力起步，形成集合作、高效、创新、管理、技能、服务、学习七项能力为一体的“七彩”班组素质模型，打造先进典型团队群体，形成一批可分享、可借鉴、可推广的基层一线企业文化建设经验。

2. 构筑“七彩”卓越服务价值链，推进核心价值观融入专业管理和重点领域

结合国网上海电力致力打造智慧服务工程的重点任务，在“全面构建卓越服务价值链”中进行深入实践。赤情聚力、精诚协力、黄金实力、绿色动力、青苗助力、蓝营活力、智慧电力，“七彩”卓越服务的每一个色彩主题，都对应一项与其内涵相匹配的服务创新举措，并通过举办精神文明推进大会、开展“七彩”服务窗口评选、“七彩”服务故事讲述、“七彩”服务案例汇编等，把“人民电业为人民”的企业宗旨体现在服务理念和服务流程中，促进核心价值观在专业管理和重点业务领域落细落实。

3. 红色引领绘七彩，守护“共产党人精神家园”领航灯

面向全体党员和干部员工开设“守护共产党人精神家园领航灯”线上微党课，推出“党史上的今天”“党章诵读接力”“党章内外的故事”三大专栏，形成“音频+图片+文字”的微党课创新模式。以“成就他人的人最幸福”为主题，开设“七彩”大讲堂，搭建学习、赋能、分享、协作、传承、创新、公益等活动载体，为员工实现自我发展注入文化滋养和实践动力。强化党建日常管理与信息化运用的深度融合，开展“党史我来讲”“红歌一起唱”“传统文化大家谈”“党务知识小课堂”等支部网状联学直播，

融合智慧党建优势，构建红色“思·享”阵地。

4. 扎实开展“七彩‘心’动力　文明耀申城”主题实践，为上海建设具有世界影响力的社会主义现代化国际大都市赋能聚力

以争当国网公司战略落地排头兵为目标，聚焦“中国特色”“国际领先”“能源互联网”与上海“具有世界影响力的社会主义现代化国际大都市”的战略融合点，积极开展“七彩‘心’动力　文明耀申城”主题实践（培育“红色先锋”，凸显“正心”引领；聚焦“橙色关爱”，实施“聚心”行动；注重“黄色提醒”，筑牢“安心”屏障；倡导“绿色理念”，升华“舒心”体验；关注“青色成长”，激发“慧心”实力；致力“蓝色创新”，实施“匠心”筑梦；孕育“紫色品质”，彰显“励心”成效），对内统一思想行动，激发干事创业积极性和创造力；对外展现公司责任担当，塑造良好企业形象，彰显电力央企三大责任。

二、案例实施成效

公司从员工个体、班组团队、企业行为，经过六年的积累沉淀，层层铺垫，使“七彩”内涵逐步深化，实践范围不断拓展，使“七彩”品牌深入人心，为新时代公民道德建设提供了示范模板。

一是注重自上而下加强顶层设计，培育公民道德实践深度落地的土壤。“六年行动”既一脉相承，又根据年度重点工作任务不断推出新主题、赋予新内涵，始终保持着精神文明建设的活力与激情。公司被授予第六届全国文明单位称号，公司党委荣获国网公司“企业文化建设专业标杆”、上海市经信系统“最美家园”等荣誉。

二是促进自下而上达成深度认同，提升载体活动的吸引力和感染力。从员工最感兴趣的视角切入，通过微视频展映、网络互动、直播联学等形式，内容切中兴趣，形式活泼生动，有效增强员工的参与度和感受度。1 部微电影获首届“中国能源微电影大赛”金奖。员工原创 MV《传承》，在学习强国、《新民晚报》客户端等媒体累计播放量突破 50 万次，在第八届全国品牌

故事微电影比赛上海分赛区中荣获优胜奖。

三是通过内外共进达到卓越共赢，辐射引领带动作用充分发挥。对内统一思想行动，激发干事创业积极性和创造力；对外展示公司责任担当，塑造良好企业形象。精神文明建设工作在凝聚力量、激励创新、促进管理、规范行为、支撑内质外形建设等方面的作用充分发挥。涌现出全国青年文明号、上海市优秀党员示范岗、国家电网公司电网先锋党支部、企业文化建设示范点等先进集体，以及上海工匠、上海市技术能手、上海市劳动模范、上海市优秀志愿者、国家电网公司抗击新冠肺炎疫情先进个人等一大批优秀员工。

三、进一步完善的思路与对策

1. 加强新时代公民道德建设，必须始终保持公民道德建设的社会主义方向。《纲要》把筑牢理想信念之基作为新时代公民道德建设第一位的重点任务。公司将进一步把习近平新时代中国特色社会主义思想贯穿融入到典型培树、优质服务、党员教育、文明创建等公民道德建设的各环节全过程，强化传承红色基因的责任感和使命感，筑牢信念之基，引领人生方向，带动道德追求。

2. 加强新时代公民道德建设，必须深化道德教育引导，推动道德实践养成。《纲要》指出，各类阵地是面向广大群众开展道德教育的基本依托。公司将继续有针对性地搭建平台、设计活动，根据形势任务要求和年度重点工作不断推出新主题、赋予新内涵，推动公民道德建设强基固本、常态成效。

3. 加强新时代公民道德建设，必须突出以文化人，让优秀文化的力量更彰显。《纲要》指出，充分发掘文化经典、历史遗存、文物古迹的丰富道德资源，弘扬古圣先贤、民族英雄、志士仁人的嘉言懿行，让中华文化基因更好根植于人们的思想意识和道德观念。公司仍将大力弘扬以马克思主义为指导、以中华优秀传统文化为基础、以革命文化为源头、以社会主义先进文化为主体、充分体现中国共产党党性的党内政治文化，凝聚强大的精神力量，坚守共产党人的精神家园。

作者简介：
蒋琳燕，国网上海市电力公司市南供电公司

“幸福加油站”

——上海石油分公司以 EAP 平台提升员工获得感、幸福感、安全感

摘　要： 自 2018 年以来，中国石化销售上海石油分公司（以下简称“上海石油”）秉承中国石化“为美好生活加油”的企业使命，以“一大目标，两个融合，五点聚焦”为总体战略定位，持续深入开展员工关爱项目（EAP），牢牢把握“探索销售企业 EAP 新模式”这个总体目标，以“幸福加油站”App 平台为核心，进一步融合线上线下 EAP 服务及运营新模式，在党的建设、深化改革、思想政治、企业文化和经营管理五个方面实现了深度聚焦，有效地支撑了企业在深化改革中对员工身心健康和思想动态的关注及影响，同时在助力企业可持续发展方面取得了一定成效，获得 2019 年上海市商业行业服务职工优秀实事项目。

关键词： 以人为本　创新思想　企业文化

一、主 要 做 法

1. 制定与企业发展相适应的实施方案。为深入贯彻党的十九大提出的“坚持以人民为中心”“使人民获得感、幸福感、安全感更加充实、更有保障、更可持续”等基本方略要求，2018 年以来，公司秉承“为美好生活加油”的企业使命，进一步加强人文关怀和心理疏导，结合企业实际情况，制定了《关于深入推进员工帮助计划（EAP）的实施意见》，通过建立 EAP 服务平台（“幸福加油站”关爱++App）、加强 EAP 宣传普及、开展 EAP 深度

调研、进行EAP心理测评、提供EAP咨询服务、开展EAP培训、EAP活动阵地建设，以及危机预警及干预、组织项目管理及效果评估9项工作，全面深入推行适应企业发展的EAP工作，坚持以人为本、文化引领，帮助员工以积极阳光心态投入工作和生活，实现“快乐工作、幸福生活”。

2. 创新开展思想政治工作。通过公司不断磨合，员工逐渐习惯通过“幸福加油站”App企业圈发布工作和生活动态，公司各级党组织书记密切关注企业圈中员工发布的动态，通过点赞和评论等方式，主动关注员工的思想动态，及时靠上去进行教育和疏导，特别是在新冠肺炎疫情期间，尽力帮助员工解决实际困难，持续增强员工的获得感、安全感，坚定战胜疫情的信心和决心。平台企业圈使用人次由一期的1 600多人次提高到二期的13 000多人次。截至2020年12月底，“幸福加油站”App已实现近6 300人95%的激活率，日激活率近8.76%，共发布1 025余项内容，吸引了37万余人次浏览，约7万人次参与了线上活动。企业圈模块已累计约2.6万人次发布各类文字、视频或图片，在员工中广受好评。

3. 深度融入公司各项管理工作。通过全面运用心理关爱平台应用模块，实行网上信息上传下达，实现员工精神福利价值最优化，项目开展至今共推送了480余篇公司新闻。公司相关职能部门积极通过平台发布新闻和信息，有意识地在加大廉洁等方面教育，导入理念，分享案例，通过心理学知识的潜移默化，防控安全、廉洁方面的风险。比如，发布员工处罚与处分办法和社保政策，普法题材的微电影以及内控风控知识竞赛，加油新八步法、百日竞赛、最美微笑、服务月报，施工改造现场安全管理PPT、安全生产事故警示教育视频、创建绿企知识问答等，通过“在线培训”栏目建立公司安全教育线上平台，开展HSSE培训考试。通过管理部门的积极参与，“幸福加油站”App平均日活跃度由一期的5.6%上升到二期的7.9%，2020年12月日活跃度达11.48%。

4. 进一步推动企业文化建设。公司相继开展了“快乐工作、最美笑容”“我爱宪法、我守规则”“发现身边的美”“抗疫英雄”等晒照活动；公司年度人物、年度十件大事、上海石油气质优秀践行者、“最优秀党建特色品牌”“声动祖国”配音比赛等投票评选；开展了“抗击疫情、健康生活”知识竞赛、“学习四史，聚力前行，健步走活动”、安全生产月知识竞赛活动、工会会员满意度测评、疫情期间心理测评等；发布了新春拜年视频、文化艺术节巡礼片、EAP项目启动会花絮纪念视频等。在加强企业阵地建设方面，公司将“幸福三宝”（减压小器具、缓解情绪小手册、心理健康小贴士）送到600多个基层网点（加油站和发卡服务部等），使每名员工都能随时体验EAP，增强应对压力挑战的信心和能力。特别是疫情肆虐期间，公司及时开展“面对疫情，EAP与您并肩作战”宣传，推出“新型冠状病毒防护指南宣传视频”“众志成城抗击疫情，凝心聚力恢复经营”等新闻报道共40余篇；推出《为您的心理穿上防护衣》《疫情下，复工时，如何做好员工辅导》《理解别人，成就自己，共情的力量》等微课；心理辅导师主动拨打疫情关怀电话，针对个别员工对疫情和担心完不成经营指标产生的焦虑情绪进行了关心关爱，受到了员工的肯定。

5. 持续关心关爱重点人群。公司通过关爱平台开展网络调研和心理测评，5 800多名员工参与了需求调研分析问卷和工作环境质量、心理健康体检、幸福指数评估问卷。专业人士分析和客观评价员工心理健康状况，形成心理状态团体评估报告，用于识别、监测、改善和预测员工心理状态，筛查并关注高危风险人群，主动介入，消除潜在不稳定因素。公司通过第三方“幸福到家，管理到心”服务模式，开通24小时员工关爱热线，对公司各区域进行合理划分并进驻班组，把访谈融入心理干预，为员工提供一对一的咨询辅导服务，一年内实现了对220余座加油站、560多名员工的关心关怀。2020年，心理咨询师通过手机短信通知，致电、后续跟踪、汇总反馈等流程，主动电话关爱了170多名员工，通话时间400多分钟。在公司改革的关键时期，EAP更发挥了“转型突破，化为危机”的重要功能。在推行加油站家庭承包期间，公司邀请心理顾问在崇明、宝山、浦东、奉贤、闵行等区域加油站开展访谈，了解员工诉求，感受员工情绪，进行现场辅导，引导员工建立对情绪的科学认知，尝试对未来职业生涯进行合理规划，从而理解改革、参与改革。在公司物流中心进行三项制度期间，开展了《员工在三项制度改革中负面情绪的发现与疏导》课程，引导管理者建立起对情绪反映的科学认知，对负面情绪防患于未然，提高管理者情绪觉察与识别能力，帮助员工顺利度过改革“阵痛期”。

二、对于今后工作的几点思考

（一）深入推进 EAP 工作，为企业改革发展保驾护航

要充分发挥 EAP 工作凝聚人心的功能，牢牢结合思想政治工作，促进员工对油品销售企业“坚决打好成品油市场攻坚战，凝心聚力推进现代化综合服务商建设”的认同感、归属感和使命感，为改革发展提供精神动力和专业支持。继续通过心理健康调查、培训、讲座、咨询热线等方式给予员工帮助、建议。高度关注改革中的重点人员，加强 EAP 平台日常数据跟踪、分析、预测，做好稳定风险评估，由专业心理顾问提供心理咨询，深入评估心理健康状况，建立心理健康档案，将员工思想问题处置在萌芽状态，为企业和谐稳定健康发展增加一道 EAP 防线。

（二）深入推进 EAP 工作，为企业价值引领添砖加瓦

要倡导幸福是靠奋斗出来的价值导向，引导其积极应对挑战、主动创造价值，树立“只有享受工作快乐，才能拥有幸福生活”的阳光心态。通过“幸福加油站”App，讲好企业故事、加强典型选树，传播正能量、树立新形象，把基层员工爱岗敬业的优秀事迹宣传好，把企业履行国有企业政治责任、社会责任、经济责任宣传好，把关乎员工切身利益热点问题，倡导阳光心态的心理健康知识宣传好，进一步提高员工、客户满意度，增强企业向心力和凝聚力，在成风化人、润物无声中使 EAP 工作深入人心，生根发芽、开花结果。

（三）深入推进 EAP 工作，为企业队伍建设焕发活力

要进一步培养壮大企业内部的关爱大使队伍，提升内部 EAP 专员实战